문화농촌·창조농촌

# 문화농촌·창조농촌

2015년 12월 20일 초판 인쇄
2015년 12월 25일 초판 발행

지은이 | 임학순 외
펴낸이 | 이찬규
펴낸곳 | 북코리아
등록번호 | 제03-01240호
주소 | [462-807] 경기도 성남시 중원구 사기막골로 45번길 14
　　　우림2차 A동 1007호
전화 | 02-704-7840
팩스 | 02-704-7848
이메일 | sunhaksa@korea.com
홈페이지 | www.북코리아.kr

ISBN 978-89-6324-459-4(93300)
값 20,000원

# 문화농촌·창조농촌

## : 농촌의 가치와 문화전략

임학순 외 지음

북코리아

# 차례

## 제2부 문화전략을 활용한 농촌 활성화 사례

# 농촌의 가치와
# 문화전략

배우 최불암이 진행하는 〈한국인의 밥상〉이란 방송 콘텐츠를 좋아한다. 무엇보다 농촌·어촌·산촌의 소박한 삶 속에서 우리가 함께 공감할 수 있는 가치를 발견해내기 때문이다. 밥상의 인문학이다. 도시의 관점이 아니라 농촌의 관점에서 밥상의 의미를 캐고 있다. 〈한국인의 밥상〉은 도시인들에게 삶의 의미를 깊이 성찰할 수 있는 계기를 만들어주면서 동시에 농촌·어촌·산촌 사람들의 삶이 의미 있었음을 깨닫게 해준다.

이 책은 〈한국인의 밥상〉의 접근방법과 농촌의 가치에 대한 재인식에서 기획되었다. 농촌의 가치를 적극적으로 발굴해서, 문화농촌·창조농촌이라는 새로운 농촌모델을 제시하고자 했다. 농촌 사람들의 이야기 속에서 우리 사회가 함께 공유할 수 있는 소중한 가치들을 찾아내는 방법을 논의하고자 했다. 이와 관련하여 최근에 일어나고 있는 사회현상들, 예컨대, 귀농·귀촌 트렌드, 농촌 관광객의 증가, 창조계급인 예술가들의 농촌이주 등을 '농촌화' 개념으로 접근하였다. 이러한 농촌화 현상에는 자연, 생활문화, 공동체, 총체성 등의 문화코드가 내포되어 있다.

이 책은 이러한 농촌화 현상이 문화전략 맥락에서 갖는 의미가 무엇이고, 문화전략의 실천 사례로는 무엇이 있는지를 탐색하고자 하였다. 그 결과 이 책에서는 농촌의 문화발전과 관련된 측면뿐 아니라 문화전략을 활용한 농촌 활성화 측면도 모두 고려하였다. 예술가들이 농촌 현장에서 활동하는 다양한 사례들을 논의하였으며, 예술인, 문화공간, 장소성, 문화이벤트 및 축제, 지역공동체, 지역경제, 문화정책 사업 등 다양한 시각으로 농촌 문화전략을 이해하고자 하였다.

이제 "소외된 지역", "문화 사각지대", "도시의 주변"이라는 시각으로 농촌에 접근하는 것은 한계가 있다. 오히려 적극적으로 새로운 가치를 창출하는 문화농촌, 창조농촌 시각으로 접근할 필요가 있다.

이 책에 대한 구상은 2014년에 시작되었다. 그동안 연구자들의 워크숍과 현장 탐방이 이루어졌다. 처음에는 농촌에 대한 관심이 늘어나고 있는 현상을 어떻게 문화전략의 맥락에서 이해할 것인가에 한정되었으나, 농촌 현장에서 활동하는 예술가, 문화기획자, 문화활동가분들을 만나면서 구체적인 실천 사례를 연구하는 수준으로 확대되었다. 문화정책 맥락에서도 이 책을 구상하는 초기 단계에서는 정책을 지원하는 대상이라는 관점에서 농촌을 바라보았지만, 실천 사례들을 연구하고, 토론하면서 점차 농촌을 주체적이고, 창조적인 관점에서 접근하는 것이 필요하다는 것을 인식하게 되었다. 또한 문화예술과 문화전략이 농촌 활성화에 중요한 자원이 될 수 있다는 점도 확신할 수 있다.

함께 참여해주신 집필진 여러분께 감사드리고, 이 책의 기획·편집 과정에서 열정적으로 참여해준 문화비즈니스연구소의 임영숙 실장님과 조수아 연구원에게 감사드린다.

임학순

# 제1부
# 농촌화 현상과 문화농촌·창조농촌

# 제1장 농촌화 현상

임학순

# 1 농촌화 현상의 도래

## 1. 농촌화의 의미

농촌의 가치가 새롭게 조명 받고 있다. 농촌의 삶을 소재로 한 콘텐츠들이 인기를 끌고 있으며, 농촌을 찾는 도시 사람들, 농촌으로 이주하는 귀농·귀촌인들이 늘어나고 있다. 예술가를 비롯한 전문가들의 농촌 이주 또한 늘어나고 있다. 농촌에 살던 도시 사람들이 다시 농촌으로 회귀하는 경우도 있지만, 도시에서 살아온 도시 사람들 역시 농촌으로 이동하는 경우도 있다. 농촌을 찾는 사람들 중에는 은퇴한 노인뿐 아니라 젊은 세대들도 포함되어 있다. 그렇다고 현재의 농촌이 경제적으로, 사회적으로 풍요로운 것은 아니다. 여전히 도시생활에 비해 농촌생활은 불편하다. 농촌은 경제적으로, 사회적으로 소외된 지역이라는 인식 또한 자리 잡고 있다.

그럼에도 불구하고, 농촌에 대한 관심은 계속 커지고 있으며, 농촌을 바라보는 시선 또한 변화가 일어나고 있다. 농촌을 경제적 측면에서 접근할 경우, 농촌의 매력은 낮지만, 농촌을 정신적 측면에서 접근할 경우, 농촌의 매력은 크다. 현재는 농촌의 경제적 가치와 정신적 가치에 대한 기대가 공존하고 있다. 그래서 농촌을 떠나는 사람과 농촌을 찾는 사람들이 교차하고 있는 것이다.

이러한 현상은 근대화, 산업화 과정에서 일어났던 도시화와는 사뭇 다르다. 도시화 과정에서 도시와 농촌은 중심과 주변이라는 이분법적 구도로 이해되었다. 농촌사람들은 돈을 벌기 위해, 일자리를 찾기 위해 도시로 이동했다. 도시는 기회의 땅이었고, 정치, 경제, 사회, 교육, 문화의 중심지였다. 정신적 풍요보다는 물질적, 경제적 풍요가 농촌사람들의 도시이주 요인으로 작용했다. 그러나 최근에 일어나고 있는 농촌에 대한 관심은 물질적, 경제적 풍요를 누리기 위한 것이 아니다. 오히려 도시화가 추구한 물질 숭배, 상업화, 경제적 풍요, 치열한 경쟁 등에 대한 비판적 성찰에서 비롯된 측면이 있다. 더 나아가 이제 농촌은 새로운 꿈과 활력을 주는 창조지역으로 인식되고 있다. 농촌의 가치에 대한 재발견이 시작된 것이다.

이러한 농촌에 대한 관심은 잠깐 솟았다 사라지는 일시적 유행이 아니라, 앞으로도 지속적으로 나타날 사회트렌드라고 할 수 있다. 이 글에서는 이러한 사회적 현상을 '농촌화'라는 용어로 개념을 정의하고자 한다. 여기서 '농촌화'는 '농촌의 가치를 적극적으로 인식하고, 농촌의 경험, 지식, 문화, 자연을 학습·체험하며, 농촌에서의 삶을 추구하는 사람들이 늘어나는 사회현상'을 의미한다. 이러한 개념 정의에는 농촌의 가치를 적극적으로 인식함으로써 '소외된 지역'이라는 이미지를 탈피하고, 꿈과 미래를 생성하는 희망의 이미지가 담겨 있다. 이러한 접근은 도시와 농촌을 중심과 주변으로 바라보는 이분법적 사고에서 벗어나야 한다는 것을 의미한다. 농촌은 이제 '떠나야 하는 곳'이 아니라 새로운 삶의 대안공간으로 인식되고 있다.

또한 '농촌화'의 개념에 관한 정의에는 '농촌의 경험, 지식, 문화, 자연'을 우리가 함께 공유해야 하는 소중한 자원으로 접근하고 있다.

농촌의 경험, 지식, 문화, 자연은 농업, 농촌 역사와 생활, 농촌 문화, 농촌 자연, 농촌사람들의 생활양식 등 다양한 범주를 포괄하고 있다. 농촌의 가치는 이러한 농촌의 경험, 지식, 문화, 자연에서 비롯된다. 그리고 '농촌화'의 개념에는 '농촌에서의 삶을 추구하는 사람들이 늘어나는 사회현상'이라는 점을 강조하고 있다. 농촌을 체험하고 싶은 관광객, 농촌에 정착하기 위한 귀농·귀촌 사람들, 그리고 창조계급인 예술가들의 이동 등이 대표적인 농촌화 현상이라고 할 수 있다.

## 2. 농촌화 현상의 징후들

### 1) 농촌을 체험하는 관광객

농촌 체험을 희망하는 농촌 관광객들이 늘어나고 있다. 아직 농촌체험 관광이 전체 관광에서 차지하는 비중은 적다. 그러나 한국농촌경제연구원(2012)의 『농촌관광의 새로운 방향과 정책과제』 연구보고서에 따르면, 도시인들의 농촌에 관한 관심은 꾸준히 높아지고 있는 것으로 나타났다. 이 자료에 따르면, 2012년 도시민의 농촌관광 경험 비율은 24%로 2003년 9.95%에 비해 크게 증가하였으며, 농촌관광 의향 또한 2003년 43.4%에서 2012년 69.3%로 증가한 것으로 나타났다. 농촌 관광 동기에 관한 조사에서는 '휴식·휴양'이 53.8%로 가장 높게 나타났으며, '지역축제'가 7.9%, '농업체험'이 6.3% 순으로 나타났다.

또한 김동원·박혜진(2014)의 『농업-농촌에 대한 2014년 국민의식 조사 결과』에 따르면, "올해 관광을 목적으로 농촌을 방문한 적이 있다"는 도시민은 19.9%로 조사되었다. 그리고 2~3년 전에 비해 농촌 관광의 전반적인 만족도가 '높아졌다'는 평가는 43.6%로, '낮아졌다'는 평가 2.5%에 비해 높은 것으로 나타났다. 이러한 농촌 관광에 대한 관심은 농촌의 가치에 대한 새로운 인식이 형성되면서 앞으로도 확대될 것으로 전망된다. 이와 함께 농촌은 여가자원, 관광자원으로 인식될 필요가 있다.

## 2) 귀농·귀촌하는 도시인

농촌은 도시에 비해 교통, 의료, 교육, 문화, 경제 환경이 열악하다. 그럼에도 불구하고, 농촌으로 귀농·귀촌하는 도시인들은 증가하고 있는 추세이다. 농림축산식품부 자료에 따르면, 귀농·귀촌 가구 수는 2001년 880호에서 2010년 4,067가구, 2011년 1만 503가구, 2012년 2만 1,501가구, 2013년 3만 2,424가구, 2014년에는 4만 4,586가구로 증가하고 있다. 귀촌 가구가 귀농 가구보다 많다. 2013년의 전국 귀농·귀촌가구 32,424가구 중에서 귀촌가구는 21,501가구로 귀농가구 10,923가구보다 많다. 연령별로는 40대 이하 젊은 층의 농촌 유입이 지속적으로 늘어나고 있다. 2013년의 경우, 40대 이하 귀농·귀촌 가구 수는 1만 2,318가구로 집계됐다. 40대 이하 가구 수는 2001년 647가구에서 2010년 1,841가구, 2012년 1만 729가구 등으로 증가하고 있다.

이러한 귀농·귀촌 현상은 1990년대 들어와서 나타나기 시작하였는데, 최근에는 하나의 사회현상으로 자리 잡고 있다. '도시인들의 탈출'이 시작된 것이라고 볼 수 있다. 이러한 귀농·귀촌 현상이 일어나고 있는 데에는 사회문화적 요인과 경제적 요인이 복합적으로 작용하고 있다고 볼 수 있다. 귀농·귀촌에 영향을 미치는 사회문화적 요인으로는 도시인들의 세계관과 생활 양식의 변화를 들 수 있다. 예컨대, 도시인들의 세계관이 경쟁, 성과, 경제적 부 등을 추구하는 패러다임에서 여유, 과정, 정신적 행복, 건강 등을 추구하는 패러다임으로 변화하고 있다. 농촌은 여유, 과정, 정신적 행복, 건강이 있는 삶의 공간이라는 인식이 귀농·귀촌 현상에 작용하고 있다고 볼 수 있다.

귀농·귀촌에 영향을 미치는 경제적 요인으로는 도시의 경제위기를 들 수 있다. 1997년 IMF 경제 위기 상황은 도시인들의 귀농·귀촌을 촉발하는 요인으로 작용하였다. 저성장이 지속되고, 고용이 불안정한 최근 경제 상황 또한 도시인들의 귀농·귀촌을 부추기는 측면이 있다. 다른 한편으로는 농촌경제가 어려움에도 불구하고, 농촌의 6차 산업화를 비롯한 농촌경제 활성화에 대한 관심이 생겨나고 있는 점 또한 도시인들의 귀농·귀촌 현상에 긍정적으로 작용하고 있다.

귀농·귀촌 현상이 일어난 요인을 탐색하는 방법 중의 하나는 귀농·귀촌인들의 동기를 조사하는 것이다. 김동원, 박혜진(2014)의 『농업-농촌에 대한 2014년 국민의식 조사 결과』에 따르면, 은퇴 후, 귀농·귀촌하고 싶은 가장 큰 이유로 '자연 속에서 건강하게 생활하기 위해'를 가장 많이 꼽았으며(50.1%), 다음으로 '시간에 얽매이지 않는 자유로운 생활을 하고 싶어서'(21.4%), '농업을 경영해 안전식품을 자급하기 위해'(9.7%), '농촌에 거주하면서 생계의 한 수단으로 농사를 짓기 위해'(8.9%) 순으로 응답한 것으로 나타났다. 이것은 도시 시민들의 귀농·귀촌 현상에 경제적 목적보다는 사회문화적 목적이 더 중요하게 작용하고 있다는 것을 의미한다고 볼 수 있다.

이러한 귀농·귀촌 흐름에 대하여 정부는 2009년에 『귀농·귀촌종합대책』을 수립하여, 귀농·귀촌 현상을 정책적으로 접근하고 있으며, 지방자치단체 또한 귀농과 귀촌을 활성화하기 위한 정책을 추진하고 있다. 그러나 이러한 귀농·귀촌 현상이 농촌의 문화지형에 어떤 의미를 갖고 있으며, 그 영향과 과제는 무엇인지에 대한 논의는 거의 없는 실정이다. 또한 문화적 접근을 통해 귀농·귀촌 현상이 갖고 있는 문제점들을 해결할 수 있는가에 대한 논의 또한 취약하다.

### 3) 농촌으로 가는 창조계급 예술가들

도시에서 농촌으로 이주하는 예술가들이 늘어나고 있다. 그동안 농촌지역의 예술가들은 주로 전통문화 분야에 한정되었다. 농촌은 예술 관련 인적 자원이 매우 취약한 지역으로 분류되어 왔다. 현대의 다양한 예술가들이 농촌지역에는 많지 않았기 때문이다. 그 결과, 농촌 문화정책 사업을 수행하는 과정에서 도시지역의 예술가 및 문화기획자들이 농촌지역에서 활동하는 경향이 많았다. 또한 농촌지역은 문화소외지역이었기 때문에 도시 예술인들이 농촌 마을로 찾아가는 형태의 문화 사업이 많았다. 이와 같이 도시의 예술 인력들이 농촌지역에서 활동하는 경우에는 정책 사업이 종료될 경우, 사업의 지속성을 담보하지 못하는 경우가 많았다. 농촌 예술가들이 지역사회에 애정을 갖고 문화예술 프로그램을 기획하고, 지속적으로 추진할 수 있는 여건이 마련되지 못했다고 볼 수 있다.

이런 맥락에서 최근에 늘어나고 있는 도시예술가들의 귀촌 현상은 농촌지역의 문화예술계에 영향을 미칠 것으로 전망된다. 리처드 플로리다는 예술가를 창조계급(creative class)으로 분류하고, 이러한 창조계급이 지역 활성화의 중요한 요소로 작용한다고 진단하고 있다. 농촌은 이제 예술가들의 창작소재에 머무르지 않고, 창작 공간, 정주 공간이 되고 있다. 예술가들의 창작 공간은 농촌주민들의 문화 사랑방이 되기도 한다. 이러한 예술가들의 농촌 이주는 장기적으로는 예술자원이 취약한 농촌지역에 새로운 변화를 가져올 것으로 기대된다.

임학순

# 2 농촌화 현상의 문화코드

## 1. 문화콘텐츠가 발견한 농촌 가치

농촌의 가치를 담아내는 소설, 방송, 만화, 게임 등 문화콘텐츠들이 늘어나고 있다. 소설가 김훈은 2000년 8월에 『자전거 여행』을 출판한 이래 자전거 여행을 계속하고 있다.[1] 『자전거 여행』에서는 마을과 사람들의 이야기, 역사, 문화, 숲, 흙, 일상을 소개함으로써 삶의 현장이 주는 가치와 의미를 체험할 수 있게 한다. 『자전거 여행』의 많은 부문이 농촌, 산촌, 어촌의 이야기를 담고 있으며, 이러한 이야기는 도시인들에게 공감을 불러일으키고 있다. 소설가 공지영의 『지리산 행복학교』또한 지리산을 둘러싼 사람들의 이야기를 진솔하게 담아내고 있다. 『자전거 여행』과 『지리산 행복학교』 모두 소박하고 진솔한 사람들의 이야기를 통해 우리 자신을 성찰하고, 새로운 희망을 탐색하는 경

---

1    김훈, 『자전거 여행』, 문학동네, 2014.

험을 갖게 만든다.

최근에 농촌을 소재로 다루고 있는 방송콘텐츠들이 꾸준히 인기를 얻고 있다. 〈한국인의 밥상〉의 경우, 농촌, 산촌, 어촌 등의 삶의 현장에서 소박하게 살아가는 사람들의 음식문화를 진솔하게 보여줌으로써 밥상에 내포되어 있는 삶의 진정한 가치를 제시하고 있다. 〈한국인의 밥상〉의 음식이야기에는 지역과 사람의 이야기가 담겨있다. 소박하면서도 긴 생명력을 간직한 이야기들이다. 평범하고 소박한 사람들의 삶이 새로운 의미로 조명되고 있다. 이제 농촌, 산촌, 어촌은 현대인들이 함께 공감할 수 있는 의미를 창조하는 공간으로 새롭게 변화하고 있다.

최근에 많은 인기를 얻고 있는 방송콘텐츠 〈삼시세끼〉의 경우, 도시인들이 농촌 생활과 어촌 생활에서 겪는 일상적인 경험들을 다루고 있는데, 불편하지만 직접 체험하는 과정을 통해 자연과 농부, 어부의 삶이 주는 가치를 보여주고 있다. 〈삼시세끼 정선편〉에서는 자연의 시간에 맞춰 직접 농사짓고, 음식을 만들고, 설거지 하고, 동물친구들과 어울리는 과정이 재미있게 소개되어 있다. 시청자들은 농부의 삶을 통해 자연, 느림, 여유, 웃음, 나눔, 치유 등의 가치를 체험할 수 있다. 〈삼시세끼 어촌편〉에서는 불편하지만 감동과 치유가 있는 어촌의 삶을 재미있게 보여주고 있다. 배우 차승원과 유해진의 역할 설정을 통해 힘든 생활 속에서도 가족의 의미가 무엇인지를 보여주고 있다. 또한 〈삼시세끼〉는 몸으로 직접 경험하고 실천하는 총체적인 삶을 보여주고 있다. 이러한 총체적인 삶은 도시인들의 분절되고 단절된 삶에서는 경험하기 어렵다.

방송콘텐츠인 〈나는 자연인이다〉 프로그램과 〈갈 데까지 가보자〉 프로그램 또한 산촌 사람들의 이야기를 진솔하게 다루고 있다. 이 프로그램들은 모두 자연과의 공존을 통해 도시생활이 주는 상처를 치유하고, 건강하고 평화롭게 살아가는 모습을 보여주고 있다. 〈나는 자연인이다〉 프로그램과 〈갈 데까지 가보자〉 프로그램에 등장하는 산촌

사람들은 산촌생활을 통해 아픔을 치유하고 새로운 희망을 갖게 된다. 산촌생활은 도시에 비해 불편한 점이 많지만, 정신적 건강을 회복시켜 준다. 그리고 방송콘텐츠인 〈에코빌리지 즐거운 家!〉 또한 집짓기와 주말농장을 통해 친환경 농촌 생활을 다루고 있다.

만화에서도 농촌은 중요한 소재로 등장하고 있다. 최민호 만화가의 〈텃밭〉(2012)은 텃밭 가꾸기 과정을 통해 농촌사람들, 농부, 농작물, 흙의 의미를 재조명하고 있다. 만화 〈텃밭〉에는 삶, 생명, 마음, 성찰을 배우는 텃밭이 담겨있다. 웹툰 작가 김용회의 〈한여름밤의 꿈〉(2012)은 농촌마을을 소재로 갈등, 치유, 화해의 이야기를 담고 있다. 주인공 연구가 숲에서 만난 연이는 산신령이자 땅의 신인 '마고'로서 생성과 치유의 능력을 갖고 있다. 만화가 김동화의 〈빨간 자전거〉(2003) 또한 우편배달부의 시선을 통해 야화리라는 시골마을의 풍경과 감동을 전해주고 있다.

한편 최근에는 농촌 생활을 담은 게임이 등장하고 있다. 스마트폰과 소셜 네트워크 서비스(Social Network Service, SNS), 모바일 메신저(카카오톡, 라인 등)가 등장하면서 인기를 끌고 있는 사회관계망 게임(Social Network Game, SNG)에는 농작물을 심고, 돌보고, 수확하는 농장 경영 게임(Farm Game)이 많다. 룰더스카이(Rule The Sky), 타이니팜(Tiny Farm), 팜빌(Farm Ville)이 그 대표적인 예이다. 초기의 농촌 게임이 단순히 농장이나 목장을 관리하는 콘셉트였다면 귀농·귀촌인구의 증가 추세가 나타난 시점부터는 귀농에 대한 스토리텔링을 게임에 적용하기 시작했다. 2012년 10월 출시된 레알팜(Real Farm)은 실제 농업 지식을 게임 속에 녹여냈다. 따라서 이용자는 날씨와 기후, 계절에 따라 파종을 하고, 지속적으로 온도와 거름, 물에 신경을 써야 한다. 또한 생산량, 시장가격, 저장기술을 고려해 농작물을 판매해야 한다. 이를 통해 젊은 층의 도시민 이용자들은 농업·농촌을 간접적으로 체험하고 공감하는 반응을 보였다. 레알팜을 개발한 네오게임즈의 박동우 대표는 "농업이 사회적으로 저평가되고 있는 현실"²에 안타까워하며, "농업·농촌도 무궁무진한 아이템과 콘텐츠로 개발과 활용이 가능하다는 것을 보여주고 싶었다"³라고 말했다. 이처럼 IT와 농업·농촌의 융합은 농업과 농촌의 중요성과 가치를 일깨워주고 있다.

이와 같이 농촌 그 자체의 소중한 가치를 발견하기 위한 문화콘텐츠들이 늘어나는 이유는 무엇일까? 농촌에는 도시화, 산업화 패러다임이 남긴 물질주의, 상업주의, 경쟁주의, 속도주의 등의 폐해를 극복하고, 새로운 삶의 비전을 제시할 수 있는 문화코드가 있기 때문이다. 또한 물질적 부와 성과를 추구하는 삶이 아니라 '의미'있고 '가치'있는 삶에 대한 관심이 커진 것도 이러한 농촌화 현상을 촉진하는 요인으로 작용하고 있다고 볼 수 있다. 농촌 생활의 불편함을 감수하고서라도 농촌 생활을 통해 자연, 건강, 공동체 정서를 체험하고, 창조하고 싶은 사람들이 늘어나고 있는 것이다.

## 2. 농촌의 가치

농촌의 경제적, 사회적, 문화적 환경이 여전히 취약함에도 불구하고, 농촌화 현상이 나타나기 시작한 이유는 무엇일까? 농촌화 현상은 농촌의 가치와 밀접하게 연관되어 있다. 농촌의 가치가 농촌을 찾는 사람들에게 행복하고 건강한 삶에 대한 메시지를 전달할 수 있기 때문이다. 삶의 질에 가치를 두는 경향은 귀농·귀촌에도 작용하고 있다.⁴

---

2  "농촌 시뮬레이션 게임 '레알팜'-게임을 하면서 농업 관련 지식도 습득", 『귀농신문』, 2012.11.8. 참고.

3  "농촌 현실 반영한 '레알팜' 게임 화제-도시민에게 농사짓는 농업인 마음 전달", 『여성농업신문』, 2012.11.19. 참고.

4  강대구, "귀농자의 귀농유형별 영농정착과정", 『순천대학교 인적자원개발』,

통계조사에서도 농촌의 가치에 대한 도시민들의 인식이 긍정적으로 변화하고 있다는 것을 찾아볼 수 있다.

김동원·박혜진(2014)의 『농업·농촌에 대한 2014년 국민의식 조사 결과』에 따르면, 도시민들이 농촌의 가치에 대해 긍정적으로 평가하고 있는 것으로 나타났다.[5] 또한 이 조사에서 농업과 농촌이 사회문화적 측면에서 공익적 가치가 많다고 응답한 도시민의 비율이 2009년 58.6%에서 2014년에는 66.2%로 증가한 것으로 나타났다. 도시민 중 50.9%는 우리나라 경제사회 전반을 고려해 농업, 농촌에 '투자를 늘려야 한다'고 응답했고, '투자를 줄여야 한다'는 응답은 7.3%에 그쳤다. '우리나라 농업, 농촌이 앞으로 발전할 가능성이 크다'는 질문에 대해 농업인은 16.0%가 긍정적으로 응답한 반면에 도시민은 38.4%가 긍정적으로 응답한 것으로 나타났다.

최근에 도시농부 트렌드 또한 도시민의 농촌에 대한 관심이 커지고 있다는 것을 나타낸다고 볼 수 있다. 도시민들이 도시 생활을 하면서 작은 공간 또는 텃밭을 활용하여 직접 농사를 짓는 경향이 늘어나고 있다. 도시농부는 수확한 농산물을 판매하여 수익을 창출하기 위해서 농사를 짓는 것이 아니다. 도시농부 트렌드는 농사가 주는 체험을 공감하는 사회적 분위기에 바탕을 두고 있다. 도시 속 농사가 주는 체험에는 즐거움, 느림의 미학, 건강한 식생활 등이 있다.

그렇다면, 도시민들이 체험하고 싶은 농촌의 가치는 무엇일까? 농촌의 가치에 내포되어 있는 문화코드는 크게 자연, 생활문화, 공동체, 총체성 등으로 구분하여 살펴볼 수 있다.

첫째, 농촌은 자연과 공존하는 지속가능한 삶의 환경을 갖고 있다. 별이 있는 밤하늘, 칠흑 같은 어둠, 깨끗한 공기, 맑은 물, 풍경이

---

2006, 38(2), pp.23-53.

5    김동원·박혜진, 『농업·농촌에 대한 2014년 국민의식 조사 결과』, 한국농촌경제연구원, 2014.

있는 산과 들 등은 도시생활에서는 누릴 수 없는 농촌생활의 묘미다. 환경과 건강에 대한 관심이 커지면서 자연 친화적 삶에 대한 동경 또한 확대되고 있다. 김성학·서정원(2014)의 '산촌마을 귀농·귀촌인 정착 동기와 생활 만족 요인 분석' 논문에 따르면, '자신 및 가족 건강', '생태적 공동체 삶'이 산촌마을로의 귀농·귀촌을 결심하는 데 결정적 영향을 준 요인으로 나타났다.[6] 이재철·이도선(2006)은 경상북도 일부지역의 귀농·귀촌인을 대상으로 한 연구에서 '전원생활 및 건강을 위해' 귀농·귀촌을 결심한 사례가 가장 많음을 밝혀냈고, 조창완 등(2007)도 전남 일부지역을 대상으로 한 연구에서 '경제적 이유'와 '건강 목적'이 귀농·귀촌의 동기에 가장 큰 결심 요인인 것으로 도출되었다.[7] 박환영(2011)은 환경 친화적이고 생태민속적인 농촌문화가 농촌문화관광의 중요한 자원으로 활용될 수 있다고 진단하고 있다.[8]

둘째, 농촌은 한옥, 고택, 축제, 전통놀이, 농악, 민요, 전통무용, 민속, 한식, 다도문화, 문화재 등 한국의 전통문화유산을 간직하고 있다. 무형문화재 보유자, 무형문화재 보존회원 등 어려운 여건에서도 꾸준히 한국의 무형유산을 보호·전승하는 사람들 또한 농촌에 많다. 또한 농촌에는 전설, 민담, 설화 등 구전되어 오고 있는 이야기뿐 아니라 근대화·산업화과정에서 탄생한 다양한 삶의 이야기가 있다. 이러한 농촌의 전통문화자산과 이야기들은 문화관광 자원으로서의 가치를 충분하게 가지고 있다.

---

6  김성학·서정원, "산촌마을 귀농·귀촌인 정착 동기와 생활만족 요인 분석", 『농촌계획』, 2014, 20(1), pp.105-113.

7  이재철·이도선, 『지역밀착형 귀농인력개발 및 활용방안』, 대구경북연구원, 2006.
   조창완·김희승·서정원, 『전남지역 밀착형 귀농인력 개발 및 활용방안』, 전남발전연구원, 2007.

8  박환영, "여가문화와 농촌문화관광의 민속학적 고찰", 『한국사상과 문화』, 2011, 56, pp.396-418.

셋째, 농촌에는 도시에 비해 아직 마을공동체가 작동되고 있다. 최근에 도시에서는 골목, 마을 등에 관한 사회적 관심이 커지고 있다. 이것은 사라진 마을공동체를 회복하고, 도시의 익명성과 개인주의 및 상업주의를 극복하기 위한 문화운동이라고 할 수 있다. 농촌의 경우, 사람들과의 관계 속에서 따뜻한 정을 나눌 수 있는 마을 공동체가 아직은 유지되는 경우가 많다. 그럼에도 불구하고, 귀농·귀촌인들의 경우, 원주민들과의 관계에서 어려움을 겪고 있는 경우가 많은 것 또한 현실이다.

넷째, 농촌생활은 총체적 경험을 제공하는 측면이 있다. 도시생활이 시간에 얽매이고, 분업체계의 한 부분에 집착하는 경향이 있는 반면에 농촌생활은 상대적으로 시간을 주도적으로 설계하고, 총체적으로 일에 접근할 수 있는 측면이 있다. 또한 농촌에서는 삶의 공간을 자연과 함께 총체적으로 바라볼 수 있는 공간적 특징을 갖고 있다. 이러한 총체성은 농촌생활의 주체성에서 나온다. 마음의 여유와 평화는 이러한 주체적 삶의 환경에서 나올 수 있다. 이러한 총체적, 주체적 삶의 경험은 자연과 함께 농촌사람들의 마음건강을 회복하는 데 중요한 요소로 작용한다.

# 3 농촌화 현상의 과제

## 1. 여가 문화의 발전과 농촌의 가치 체험

농촌을 찾는 사람들이 확대되고 있는 것은 농촌화 현상을 나타내는 중요한 요소이다. 여가문화와 건강에 대한 가치가 커지면서, 앞으로 농촌을 찾는 사람들은 지속적으로 확대될 것으로 전망되고 있다. 왜냐하면 농촌은 자연과 더불어 건강한 음식과 문화를 직접 체험할 수 있는 기회를 제공할 수 있기 때문이다. 앞에서 언급한 바와 같이 농촌의 가치에 대한 긍정적인 인식이 새롭게 부각되고 있는 것이다. 이와 관련하여 농촌의 가치를 체험할 수 있는 프로그램, 콘텐츠, 방법을 개발할 필요성 또한 커지고 있다.

농촌 문화정책의 패러다임 또한 전통 문화의 보호 및 문화복지 차원에서 농촌 활성화 차원으로 한 단계 나아가, 이제는 농촌 활성화 관점에서 적극적인 자원으로 인식할 필요가 있다. 농촌의 문화관광 또한 축제와 유형문화유산에서 한 단계 더 나아가 농촌의 생활문화,

스토리, 무형문화유산, 문화예술 등으로 다양해질 필요가 있다.

농촌 체험의 주요 소재로는 자연과 생태체험, 농업체험, 문화체험 등을 들 수 있다.

첫째, 자연과 생태체험은 곤충, 숲, 식물, 산, 강, 동굴, 눈, 별, 물고기, 동물, 꽃 등에 관한 체험을 의미한다. 정신적 휴양과 치유, 건강, 레저스포츠 등을 희망하는 관광객들은 농촌의 자연과 생태체험을 중요한 체험요소로 고려할 수 있다. 또한 농촌의 자연과 생태는 학생들의 자연과 생태 교육 공간으로 활용될 수 있다.

둘째, 농업체험은 농산물 가꾸기 및 수확, 논과 밭, 농가, 농부, 농업, 음식 만들기, 목장 등에 관한 체험을 들 수 있다. 농업체험은 농부가 되어 직접 농사 활동을 체험할 수 있다는 점에서 관광객의 주체적 참여가 가능하다. 농촌체험 프로그램에 참여한 관광객들은 도시에서 돈으로 사 먹는 농산물을 직접 가꾸고, 수확하고, 요리할 수 있는 경험을 농촌에서 할 수 있다. 최근에 인기를 끌었던 방송콘텐츠 〈삼시세끼〉는 도시인들이 농촌과 어촌에서 생활하면서 직접 농수산물을 수확해서 음식을 만들어 먹는 과정을 소개하고 있다. 이 프로그램에는 시청자들의 주체적 체험 욕구가 반영되어 있다고 볼 수 있다.

셋째, 문화체험은 마을의 역사와 스토리, 생활문화, 민속, 역사적 인물, 건축, 문화유산, 축제 등에 관한 체험을 의미한다. 전통재래시장 또한 문화체험의 중요한 요소이다. 고택, 한옥, 향교, 서원을 찾은 관광객 또한 늘어나고 있다. 인간문화재, 역사적 인물, 농부 등 사람 그 자체가 문화체험 요소로 활용될 수 있다. 전수교육관, 미술관, 박물관, 문학관, 예술창작실 등 농촌의 문화 공간을 찾는 관광객도 늘어나고 있다.

이와 같이 농촌에는 자연과 생태체험, 농업체험, 문화체험 자원들이 분포하고 있다. 이러한 자연과 생태체험, 농업체험, 문화체험은 상호 밀접하게 연관되어 있으며, 시너지를 창출할 수 있다. 농촌체험 상품은 농촌의 가치, 농촌자원의 특성, 농촌관광객의 특성과 수요 등을 종합적으로 고려하여 개발될 수 있다. 이와 관련하여 농촌체험 상품을 개발하기 위한 연구가 활성화될 필요가 있다. 그리고 농촌의 가치와 세계관을 체험하는 방식으로는 농촌 현장을 탐방하는 방법뿐 아니라 농촌콘텐츠를 이용하는 방법을 들 수 있다. 농촌을 소재로 한 방송콘텐츠, 만화콘텐츠, 게임콘텐츠, 애니메이션콘텐츠, 에듀테인먼트 등 농촌콘텐츠의 형식은 다양하다.

## 2. 귀농·귀촌의 증가와 새로운 마을공동체 형성

마을공간이라는 장소성, 농업생활, 전통문화는 농촌 공동체 문화를 형성하는 중요한 요인이다. 농악, 민요, 줄다리기, 장례문화, 축제, 놀이 등 전통문화는 농촌공동체의 핵심 요소로 작용하여 왔다. 그러나 농촌의 공동체 문화는 텔레비전의 등장, 농업의 기계화, 농업방식의 변화 등으로 예전에 비해 약해지고 있다. 농촌공동체의 핵심 축으로 작용했던 전통 문화 또한 그 영향력이 약화되고 있는 실정이다.

한편 농촌의 인구학적 특성이 변화하면서 새로운 공동체를 형성해야 할 필요성 또한 커지고 있다. 도시화, 산업화가 진행되면서 농촌인구는 지속적으로 감소하였다. 특히 젊은 인력들이 도시로 이동함에 따라 농촌인구 중 노인인구의 비중이 높은 편이다. 또한 이혼율 증가와 함께 농촌에는 조손 가정이 늘어나고 있다. 그리고 결혼이주자들이 농촌으로 유입되면서 다문화가정이 많아지고 있는데, 결혼이주자들 또한 낯선 농촌마을에 적응하는 데 어려움을 겪는 경우가 많다.

귀농·귀촌인들의 경우, 지역 원주민들과의 관계에서 갈등을 겪거나 소통이 원활하지 못하는 경우가 많다. 이러한 귀농·귀촌인들은 도시문화에 익숙한 사람들이기 때문에, 농촌문화에 새로 적응해야 하는 문제를 안고 있다. 이주민과 원주민으로 구성된 새로운 마을 공동체를 형성해야 하는 필요성이 더욱 커지고 있는 것이다. 이와 같이 마을

공동체 이슈는 농촌화 현상이 진행되면서 중요한 지역사회 문제로 제기되고 있다.

## 3. 창조계급의 정착과 농촌 문화예술 생태계의 변화

창조계급인 예술가 및 문화 활동가들의 농촌이주가 농촌 문화 환경에 어떤 변화를 가져올 것인가에 대해서는 아직 논의가 미흡하다. 농촌으로 이주하는 예술가 규모와 특성에 대해서도 아직 통계 및 자료가 취약하다. 농촌에 이주하는 예술가 중에는 개인 작업 활동에만 머무는 예술가들이 있는가 하면, 지역사회에 적극적으로 참여하는 예술가들이 있다. 예술가들과 농촌 마을사람들의 소통과 관계 맺기 작업 또한 다양한 형태로 이루어질 수 있다. 지역예술가들과 이주예술가의 소통과 협업도 중요하다. 이러한 예술가 및 문화 활동가들의 농촌이주가 문화농촌, 창조농촌의 형성에 어떤 영향을 미칠 것인가는 앞으로 지속적인 관심 사항이라고 할 수 있다.

예술가 및 문화 활동가들이 농촌으로 이주하여 지역사회에 영향을 미친 사례를 소개하면 다음과 같다.

### 1) 사례 : 감자꽃스튜디오

강원도 평창의 감자꽃스튜디오는 서울에서 활동하던 문화기획자 이선철 대표가 폐교를 지역문화커뮤니티 센터로 변화시킨 대표적인 사례이다. 감자꽃스튜디오 사례는 문화예술과 지역공동체의 연계성을 보여준다. 감자꽃스튜디오를 통해 지역주민과 예술가들을 만나고, 지역주민과 관광객들이 만난다. 감자꽃스튜디오는 지역주민들의 문화 활동 플랫폼으로서뿐 아니라 지역 자원 네트워크의 허브 역할을 수행하고 있다. 이선철 대표는 의미해석자로서, 그리고 매개자로서 리더십을 발휘했다고 볼 수 있다.

## 2) 사례 : 영월미디어기자박물관

강원도 영월미디어기자박물관은 사진예술을 활용하여 귀농·귀촌하는 이주민들과 선주민들의 소통을 활성화하기 위한 프로젝트를 추진한 바 있다. 이 프로젝트의 기본적인 콘셉트는 귀농·귀촌인을 마을사진기자로 양성하여, 귀농·귀촌인들로 하여금 마을사람들을 취재하고, 기사를 작성해서 마을신문에 소개하도록 하는 것이다. 이 과정에서 전문 사진예술가들은 귀농·귀촌인들에게 사진예술과 마을신문에 관한 기초 교육을 실시하고, 사진을 활용하여 사람들과 소통하는 방법에 대해 워크숍을 실시한다. 이러한 영월미디어기자박물관의 사진예술 프로젝트는 귀농·귀촌인, 마을주민, 주민조직, 사진예술가의 소통과 협력을 기반으로 이루어졌다. 영월미디어기자박물관은 마을주민조직들과 협력관계를 구축하여 귀농·귀촌인과 마을주민들이 사진예술을 매개로 소통할 수 있는 계기를 마련하였다.

이러한 영월미디어기자박물관 사례는 사진예술을 활용하여 새로운 마을공동체를 만들어가는 과정을 보여주었다는 점에서 의미가 있다. 첫째, 마을주민은 자신의 삶의 이야기와 모습이 신문에 소개되는 과정을 통해 자존감을 갖게 되었고, 사진기자인 귀농·귀촌인에 대해서도 열린 마음을 갖기 시작했다. 스마트폰을 통해 자신의 이야기와 이미지를 적극적으로 표현하는 마을주민도 있었다. 둘째, 이 프로젝트는 귀농·귀촌인들로 하여금 마을사람들과 마을의 장소성을 이해하는 계기를 갖도록 했다. 셋째, 도시에서 이주한 사진예술가가 2012년에 설립한 영월미디어기자박물관은 이 프로젝트를 통해서 지역사회와 연계체계를 구축할 수 있었다. 이러한 연계체계는 영월미디어기자박물관의 지역사회 프로젝트를 지속적으로 추진할 수 있는 기반이 될 수 있다.

## 3) 사례 : 강원도 고성 김하인 아트홀 국화꽃향기

베스트셀러 소설 『국화꽃 향기』의 저자 김하인 작가는 서울 생활을 접

문화농촌·창조농촌

고, 1999년 강릉을 거쳐 2000년부터 양양에서 9년간 살다가 2008년 10월, 고성에 정착하여 창작 활동을 하고 있다. 김하인 작가는 죽왕면 해변가에 자신의 베스트셀러 소설을 본 따 '김하인 아트홀 국화꽃향기'라는 문화시설을 건립했다. 그가 마음의 안식처로 동해안을 선택한 것은 동경의 대상인 '바다'가 있었기 때문이다.[1]

2014년에는 '창조관광 지원사업'으로 '국화꽃향기협동조합'을 설립하고, 도자기 체험교실을 운영하고 있다. 그리고 2014년과 2015년에는 지역특성화 문화예술교육 지원사업의 주 강사 중 1명으로 활동하며 지역주민들에게 문학을 매개로 한 문화예술교육 프로그램을 진행하고 있다. 2014년의 "귀농·귀촌 주부들의 대안학교" 프로그램은 귀농·귀촌 주부들로 하여금 인간과 자연에 대한 인식의 전환을 요구하고, 철학적 물음을 함께 논의하고 알아가는 프로그램이다. 그리고 2015년 현재 진행 중인 문화예술교육 프로그램은 "어른놀이, 인문학으로 풀다"인데, 이 프로그램은 김하인 아트홀을 중심으로 인문학 수업을 통해 지역주민들이 시골에 사는 또 다른 재미와 즐거움을 찾도록 도와주고 다함께 어울리며 소통할 수 있도록 지원하는 프로그램이다.

### 4) 사례 : 금수문화예술마을[2]

금수문화예술마을은 경북 성주군의 금수초등학교가 폐교되면서 2000년에 예술가의 창작 공간과 지역주민의 문화공간으로 재탄생한 사례이다. 금수문화예술마을에서는 문학, 연극, 풍물, 춤, 회화 등 다양한 분야의 예술가들이 창작 활동을 하고 있다. 금수현대미술제(2000~2003), 연극워크숍도 개최되었다. 또한 금수문화예술마을은 학생들과 지역주민들의 문화 활동 공간으로 자리 잡아 가고 있다. 성

---

1 　"창작의 산실 찾아-김하인 소설가"(http://www.kado.net/news/articleView.html?idxno=624006), 『강원도민일보』, 2013. 5. 6.
2 　금수문화예술마을운영협의회 최재우 회장이 제공한 자료를 바탕으로 작성.

주군 지역 청소년들은 성주교육지원청의 후원으로 일 년에 한 번씩 금수문화예술마을에서 문화체험 활동을 한다. 어린이 체험교실, 청소년 전통예술체험, 문학캠프, 어린이 연극교실 등이 운영되고 있다. 그리고 금수문화예술마을은 대학생들의 연극 활동과 풍물놀이 동아리 활동을 지원하고 있다. 풍물인은 각 면 단위의 풍물패들을 지도하여 성주군의 풍물문화 활동을 활발하게 수행하고 있다. 또한 금수문화예술마을은 매년 지역주민들과 금수풍년기원제를 개최하여 마을 공동체의 초석을 다지고 있다. 낮에는 윷놀이, 널뛰기 등 민속놀이 행사가 많고, 해가 진 뒤 달이 뜰 무렵에는 달집태우기를 하여 정월대보름 명절의 분위기를 살리고 있다. 금수문화예술마을에서는 앞으로 금수풍년기원제를 마을축제로 지속, 발전시켜 나갈 계획이다.

한편 금수문화예술마을은 정부의 문화정책 사업에도 적극적으로 참여하고 있다. 특히 2005년에 학교-지역사회 연계 문화예술교육 시범사업에 참여한 이래 성주지역문화예술교육지원센터 운영, 지역사회 문화예술교육 활성화 지원 사업 등 문화예술교육사업을 적극적으로 추진하고 있으며, 2006년에 문화바우처 경북 주관처로 지정되어 지역의 문화복지 사업을 추진하고 있다. 2011년에는 경북문화예술교육지원센터로 지정되어, 경북지역의 학교 및 사회문화예술교육 지원 사업을 담당하고 있다. 또한 2014년에는 문화체육관광부로부터 생활문화센터로 지정되었다. 다른 한편으로는 금수문화예술마을이 속한 금수면 광산리가 지역 주민이 중심이 된 농촌개발 사업 중 권역개발 사업에 지정되었다. 이와 관련하여 금수문화예술마을운영협의회 최재우 회장은 "금수문화예술마을은 지역에서 지역주민과 문화예술인들의 활동 거점이 되고자 한다. 이렇게 성주와 경북에서 문화가 사람에게 긍정적인 영향을 미치고, 문화가 농촌마을을 발전시키는 데 조금이나마 도움이 되는 것이 금수문화예술마을의 목표이다"라고 강조했다.

# 제2장 농촌 가치의 재발견

이상민

# 1 농촌 장소의 재탄생

## 1. 문화적 기억의 공간

'가을밤 외로운 밤 / 벌레 우는 밤 / 초가집 뒷산 길 어두워질 때 / 엄마 품이 그리워 눈물나오면 / 마루 끝에 나와 앉아 / 별만 셉니다.' 이 노래는 〈가을밤〉(이태선 작사, 박태준 작곡)이다. 이 노래를 듣다 보면 어느새 머릿속에서 엄마를 그리워하는 한 아이가 마루 끝에서 눈물을 삼키며 어둑해지는 가을밤 하늘을 쳐다보는 한 폭의 그림이 그려진다. 특히 이 노래는 엄마를 일찍 여읜 이들에게는 어린 시절 따스하게 안겼던 엄마 품을 그리워하게 만들 것이다. 또한 어릴 적 초가집에 살았던 이들에게는 아련한 옛 추억에 잠길 수 있는 시간을 마련해 줄 수도 있을 것이다.

이처럼 우리 머릿속에 내재된 기억과 경험은 현재 경험하게 되는 어떤 행위에 의해 다시 떠오르게 된다. 내재된 기억과 경험은 특별한 이벤트와 낯선 경험일 수도 있지만, 대개는 일상적이고 사소하며 의미가 없다고 느꼈던 경험인 경우가 더욱 많다. 왜냐하면 우리가 미처 인식하지 못한 사이에 우리의 무의식 속에서 일상적 기억이 흔적으로 남아 있는 경우가 더욱 많기 때문이다. 어린 시절 먹었던 음식, 아픈 배를 쓰다듬어 주던 엄마의 손길, 학교를 오고 가며 봤던 풍경, 친구들과 뛰놀던 마당 등 일상적 기억이 아스라이 우리의 무의식 속에 저장되어 있는 것이다. 이러한 기억이 유사한 환경에 놓였을 때 반응을 일으키게 된다.

아스만은 이를 문화적 기억[1]이라고 부른다. 문화적 기억은 과거로부터 이어져 내려온 책, 그림, 장소 등에 남겨진 흔적으로부터 의미를 읽어내는 것을 말한다. 문화적 기억을 전달하는 매체는 문자, 그림, 몸, 그리고 장소이다. 문자는 책을 통해 지속적이며 명료하게 기억을 전달한다. 그림은 상징과 이미지를 통해, 몸은 습관화를 통해 기억을 전승한다. 그리고 장소는 사람들의 체험을 통해 기억을 되살리고 이어가는 외부적 매체 역할을 한다.

모든 장소가 우리의 무의식에 내재된 기억을 불러일으키는 것은 아니다. 장소는 자연적 경관, 지역의 상징물, 역사적 가치 등에 의해 다른 장소와 구별되는 특정한 의미, 즉 장소성을 가지고 있다. 각각의 장소는 역사적 배경, 사회적 환경, 문화적 환경 등에 의해 고유의 의미를 가지고 있으며, 이것은 체험을 통해 사람들에게 전달된다. 정치지리학자 존 애그뉴는 '의미 있는 곳'이 되기 위한 장소로서 세 가지 기본적 특징을 가지고 있다고 말했다.[2] 그것은 바로 위치(location), 현장(locale), 장소감(sense of place)이다. 위치는 말 그대로 지도에 나타난 좌표를 말하고, 현장은 구체적인 형태를 갖고 있는 물질성을 말한다. 여기에 장소가 인간과 관계를 맺고 의미를 드러내는 역할을 할 때

---

1    알라이다 아스만, 『기억의 공간』, 변학수·백설자·채연숙 (역), 경북대학교 출판부, 2003.

2    팀 크레스웰, 『장소』, 심승희 (역), 시그마프레스, 2012, p.9.

에 장소감이 생기는데, 이때 장소감은 사람들이 장소에 대해 가지는 주관적이고 감정적인 애착을 말한다.

우리가 어릴 적 고향집을 찾아가는 과정을 떠올려 보자. 수십 년의 세월이 흐르면서 변화된 공간 속에서 우리는 고향집이 있었던 위치를 떠올리며 찾아간다. 위치가 발견되면, 이곳에는 문이 있었고, 여기에는 장독대가 있었는데…… 하면서 장소의 구체적인 형태를 묘사한다. 그 후에 그 곳에 서려 있는 어린 시절의 추억을 하나 둘 꺼내며 장소와 맺었던 관계를 풀어낸다. 장소는 어딘가에 있어야 하고, 구체적인 형태를 지녀야 하며, 정서적 교감이 일어날 수 있는 곳이어야 한다.

우선 농촌은 하나의 공간이다. 공간은 장소와는 그 의미가 다르다. 공간은 추상적이고 기능적이라는 의미가 강한 반면, 장소는 구체적이고 실체적이다. 이를 좀 더 쉽게 말하면 동일한 땅을 사용 용도에 따라 방, 거실, 부엌, 화장실 등으로 나누면 공간이 된다. 그런데 그 공간에서 일어나는 행위, 사건, 사람 간의 소통 등이 관계를 맺으면서 의미가 창출되고 상징을 띠며 맥락화가 일어나면 장소가 된다.

이-푸 투안은 공간은 움직임이 일어나는 곳이고, 장소는 멈춤이 일어나는 곳이라고 말한다. 그는 공간과 장소의 관계에 대해 다음과 같이 서술하고 있다.

경험적으로 공간의 의미는 종종 장소의 의미와 융합된다. "공간"은 "장소"보다 추상적이다. 무차별적인 공간에서 출발하여 우리가 공간을 더 잘 알게 되고 공간에 가치를 부여하게 됨에 따라 공간은 장소가 된다. 건축가들은 장소의 공간적 성질에 대해 말한다. 마찬가지로 그들은 공간의 입지적(장소) 성질에 대해 훌륭하게 이야기할 수 있다. "공간"과 "장소"의 개념을 정의하려면 서로를 필요로 한다. 우리는 장소의 안전(security), 안정(stability)과 구분되는 공간의 개방성, 자유, 위협을 알고 있으며 그 역 또한 알고 있다. 나아가 우리가 공간을 움직임이 일어나는 곳이라 생각한다면, 장소는 정지(멈춤)이다. 움직임 속에서 정지할 때마다 입지는 장소로 변할 수 있다.[3]

누군가가 공간에 의미를 부여하면, 그 곳은 장소가 된다. 이렇게 의미 있는 공간인 장소에 대해 존 애그뉴는 '장소감(sense of place)'으로, 이-푸 투안은 '장소애(topophilia)'라고 말한다. 본 글에서는 인간이 장소에 대해 느끼는 애착과 정서적 교감을 '장소성(placeness)'이라고 칭하고자 한다.

장소성은 장소가 가지고 있는 특정한 본질을 말한다. 장소성은 시간에 국한되지 않는다. 장소성은 사람들의 삶의 흔적, 문화적 기억을 불러일으키는 과거로부터 공간을 장소로 바꿔 주는 미래까지 아우를 수 있다. 장소성을 갖는다는 것은 인간과 정서적 교류가 일어날 수 있는 능력을 가진다는 것이다.

따라서 농촌은 공간이 아닌 장소가 되어야 한다. 농촌이 도시의 반대 개념으로 기능적 공간에 머물기만 한다면, 농촌은 농업 생산력을 높이는 경제적 공간으로만 존재하게 된다. 반면 농촌이 자연적 경관, 역사적 사실, 문화적 환경, 개인적 기억 등을 배경으로 사람들의 문화적 기억을 떠올리게 할 수 있다면, 농촌은 장소성을 획득할 수 있게 된다.

1910년대에서부터 1970년대에 이르기까지 농촌은 농업근대화의 공간이었다. 농촌은 효율적 운영 정책과 깨어있는 성장 지향적인 농민에 의해 새마을 운동이 실현되는 공간의 표상이었다. 그 후 산업화 과정을 겪으면서 인구 유출과 이농 현상으로 농촌은 빈농화, 공동화되었다. 이러한 농촌의 변화는 농촌을 공간에서 장소로 변화시키지 못했고, 장소상실(placelessness)이라는 결과를 가져왔다. 풍부한 다양

---

3    이-푸 투안, 『공간과 장소』, 구동회·심승희 (역), 대윤, 1999, pp.19-20.

성을 지닌 장소들이 사라지고 보편적이고 익숙한 경관과 획일화가 나타나게 된 것이다. 어느 곳을 가도 비슷비슷한 농촌의 장소는 사람들에게 평범한 경험을 주게 되었고, 이는 사람들에게 농촌의 장소에 대한 진정성을 결여시키게 만들었다.

우리는 어느 한 터전에 자리를 잡았을 때, 그 곳에 '뿌리내렸다'라는 말을 사용한다. 뿌리내렸다는 것은 특정 장소에 터를 잡았다는 말이다. 그리고 그 곳에서 살면서 자아를 형성하고 이웃과 관계를 맺고 공동체를 구성하며 삶을 지속했다는 말이기도 하다. 장소를 경험하게 되는 것은 친밀감이 생겼다는 것이고, 친밀감은 장소에 대한 깊이 있는 관심을 가지고 있다는 것이다. 즉, 한 장소에 뿌리를 내린다는 것은 세상을 내다보는 안전지대를 가지는 것이며, 사물의 질서 속에서 자신의 입장을 확고하게 파악하는 것이며, 그리고 특정한 어딘가에 의미 있는 정신적이고 심리적 애착을 가지는 것이다.[4]

우리가 뿌리내리고 살았던 농촌은 산업화 과정을 통해 장소가 아닌 획일화된 공간으로 바뀌었다. 농촌은 우리가 뿌리 내린 장소가 아닌 뿌리 뽑힘의 장소상실을 가져다주었다. 이제 농촌은 장소로 재탄생되어야 한다. 우리의 문화적 기억을 되살리고, 미래를 기대할 수 있는 희망 어린 상징적 공간으로 되살아나야 하는 것이다.

## 2. 공간 스토리텔링과 장소성

스토리텔링(storytelling)은 더 이상 획기적인 이론이 아니다. 2000년대 중반 디지털기술의 발달로 디지털콘텐츠에 활용되기 시작한 스토리텔링은 기술의 유형에 관계없이 다방면에서 사용되고 있다. 다시

---

4   에드워트 렐프, 『장소와 장소상실』, 김덕현·김현주·심승희 (역), 논형, 2005, p.95.

말해 스토리텔링은 학문, 문화, 산업, 경제, 관광, 의료, 예술 등 다양한 분야에서 광범위하게 활용되고 있는 일상화된 용어이다. 말 그대로 스토리텔링은 '이야기하기'이다. 이 '이야기하기'는 이야기를 서사로 보느냐 그렇지 않느냐에 따라 두 가지로 나눠볼 수 있다.

먼저 이야기를 서사(narrative)로 본다면, 콘텐츠의 하드웨어에 서사가 있는 이야기를 넣어 향유자가 콘텐츠를 경험할 때 일정한 서사라인을 따라갈 수 있도록 만들어 놓는 것을 말한다. 이러한 스토리텔링 방법은 소설, 영화, 드라마, 만화, 애니메이션 등의 콘텐츠를 통해 많이 구현되어 왔다. 이때의 이야기는 기획자와 연출가에 의해 만들어진다.

또 다른 스토리텔링은 이야기를 소재(material)로 보는 것이다. 서로 연관된 다양한 이야기 소재들을 펼쳐만 놓고 스토리라인은 구성하지 않는 것을 말한다. 이러한 스토리텔링은 펼쳐놓은 이야기 소재들을 향유자가 스스로 엮어서 자신만의 이야기로 만들어야 하는 것이다. 즉 향유자 중심의 체험형 콘텐츠에 적용되는 스토리텔링이다. 본 글에서 중점적으로 다루고자 하는 스토리텔링도 바로 이야기를 소재로 보는 것을 말한다.

스토리텔링은 공간의 맥락 분석을 통해 장소성을 추출해 낼 수 있도록 해 준다. 스토리텔링은 공간을 장소로 바꿔주는 역할을 훌륭하게 해 낼 수 있다. 공간 스토리텔링은 공간에 장소성을 부여하고 향유자에게 장소성을 체험하게 해 주어 그들이 그 경험을 매개로 장소의 정체성을 확립시키도록 만들어 주는 방법론이다. 공간 스토리텔링은 공간과 인간을 매개하여 공간이 장소의 정체성(identity of place)을 갖도록 만들어주는 것이다.

공간 스토리텔링은 공간을 기획하는 사람들이 만들어 낸다. 흩어져 있는 공간의 의미들을 모아 장소성으로 구체화시키는 작업이 우선되어야 한다. 공간의 배경, 자원, 역사, 문화 등을 중심으로 맥락을 분석하여 장소성을 파악하고, 이를 구체화시키기 위한 특정 테마를 잡아야 한다. 이후 장소성을 잘 드러낼 수 있는 이야기를 발굴하거나 구성하는 공간 스토리텔링을 기획해야 한다. 이러한 공간 스토리텔링은 지역의 이야기를 발굴하여 널리 알리는 것이 목적이 아니라 발굴한 장소성을 사람들이 체험하고 교감하며 정서적 관계를 맺을 수 있도록 하는 데에 목적이 있다.

공간 스토리텔링을 구현해 내는 과정을 그림으로 구성하면 아래와 같다.

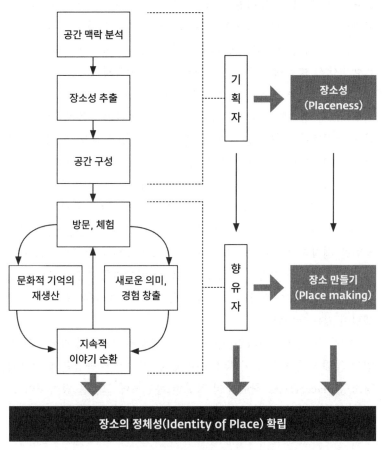

〈그림 1〉 공간 스토리텔링 구현 과정

공간 스토리텔링을 구현하는 과정은 다른 콘텐츠의 스토리텔링 방법론보다 조금 복잡하다. 기획자가 장소성을 적확하게 추출하여 공간을 구성해야만 향유자는 지속적으로 이야기를 만들어 내어 순환시킬 수 있다. 공간 스토리텔링은 기획자와 향유자가 함께 만들어가는 것이다. 기획자는 공간의 맥락을 분석하여, 그 공간에 가장 적합한 장소성이 무엇인지 찾아내는 것이 필요하다. 그러고 나서 추출한 장소성을 공간에 풀어내야 한다. 이때 장소성은 다양한 콘텐츠에 담길 수 있다. 예를 들어 축제, 이벤트, 공연, 연극, 음악, 미술, 공예, 디자인, 테마파크, 거리 및 마을 조성 등의 콘텐츠에 통일성 있게 담아내어야 한다. 공간 구성이 끝나고 나면 향유자들의 방문이 시작된다. 공간 스토리텔링에서 향유자들은 제2의 기획자이자 창작자이다. 향유자들은 만들어진 공간을 방문하는 데에 그치는 것이 아니다. 사실 기획자의 의도대로만 향유자들이 방문하여 관람한 후 돌아가는 것은 실패한 공간 스토리텔링이 될 확률이 높다. 향유자들은 장소에 방문했을 때 크게 두 가지 경험을 하게 된다. 그것은 바로 방문한 장소가 자신의 문화적 기억을 재생산해 내게 하는 경험이거나 새로운 의미를 창출시키는 경험인 것이다. 이러한 장소성에 대한 경험이 조화롭게 이루어지면 향유자들은 또 다른 미디어 매체를 통해 자신이 방문한 곳에 대한 경험을 재창작하게 된다. 이는 곧 그 장소가 일회성 방문으로 그치지 않고 향유자들의 경험담을 통해 끊임없이 이야기를 순환시키는 구조를 만들게 한다. 이것이 장소성을 성공적으로 풀어내는 공간 스토리텔링이 되는 것이다.

다시 한 번 정리하자면, 공간 스토리텔링은 기획자와 향유자의 협업에 의해 성공적으로 이루어질 수 있다. 기획자는 공간을 분석하여 장소성(placeness)을 찾아내어 적합한 콘텐츠에 그것을 담아내어 공간 안에 펼쳐 놓아야 한다. 향유자는 그 공간을 분석하여 장소성을 이해하고 그 곳에서 문화적 기억을 재생산하거나 새로운 의미를 창출해 내는 장소 만들기(place making)를 통해 이야기를 지속적으로 순환시킨다. 이를 통해 그 공간은 드디어 장소 정체성(identity of place)을 확립하게 되는 것이다. 장소 정체성이란 그 장소 안에 들어가 관계를 맺고 있는 사람의 정체성을 표현하는 것이기도 하다. 학교에 있을 때 학생으로서, 집에 있을 때 부모로서 혹은 자식으로서 정체성을 갖는 것처럼 말이다. 즉 장소 정체성을 확립한다는 것은 그 공간에 들어와 있는 사람들에게 장소성의 경험을 통해 자아정체성을 되새겨보는 기회를 제공하는 아주 중요한 역할을 한다.

과거 농촌은 농업 생산의 산업적 이미지와 고향이라는 상징성만을 갖고 있었던 반면, 오늘날 농촌은 관광, 생태, 교육, 환경 등과 접목되면서 다양한 장소로서의 표상으로 자리매김하고 있다. 그렇기에 농촌이란 장소에서 드러날 수 있는 장소 정체성은 명료하다. 농촌의 장소 정체성은 '나는 지금 어디에 있는가', '나는 여기에 왜 있는가' 등의 물음을 통해 '나는 누구인가', '내가 지향해야 할 것은 무엇인가', '내게 소중한 것은 무엇인가' 등의 자아 정체성을 형성할 수 있게 한다. 농촌이란 장소는 인간의 삶과 실존, 자아에 대한 근원적 물음에 대한 인식을 할 수 있게 하는 힘이 있는 것이다.

### 3. 농촌의 장소성 구현을 위한 3요소

농촌을 장소로 만들어 주는 요소는 앞서 말한 바와 같이 위치, 현장, 장소성이다. 위치는 지도상 나와 있는 좌표이며, 현장은 공간을 구체적으로 드러내는 물질성, 그리고 장소성은 장소와 인간이 교감하는 것을 뜻한다. 지금껏 농촌은 이러한 요소 중에서 위치와 현장에 편중되어 개발되어 왔다. 그러다 보니 농촌은 그 곳을 방문한 향유자가 느끼고 소통하는 감정, 공감 등의 정서적 교감 능력을 상대적으로 소홀하게 다루어 왔다. 농촌이 성공적인 장소성을 구현해 내기 위해서는 구체적 공간을 구현하는 것과 더불어 농촌이 장소로서 갖는 인문학적, 철학적 의미를 추출해 내야 한다.

이를 위해 농촌이 가지고 있는 요소 중에서 장소성을 구현해 낼 수 있는 요소를 찾아보면, 다음과 같다. 농촌의 장소성을 구현하기 위한 3요소는 바로 역사·지역문화, 사실성, 스토리텔링이다.

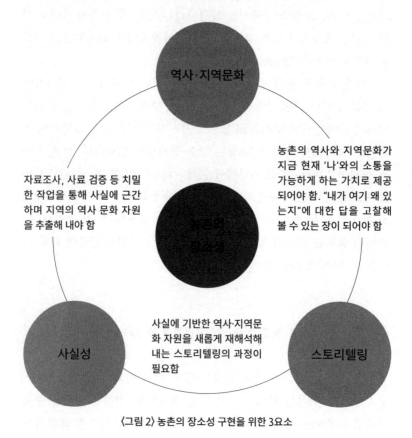

〈그림 2〉 농촌의 장소성 구현을 위한 3요소

첫 번째 요소는 역사·지역문화 자원이다. 이는 아주 중요한 요소로서, 농촌의 장소성이 다른 지역과 변별력을 갖게 하기 위한 것이다. 농촌지역에 있는 역사적·문화적·정치적 등 주요 사안을 통해 농촌의 장소성을 드러내는 것은 농촌의 정체성을 구현해 내기 위해 꼭 필요하다. 따라서 농촌지역이 갖고 있는 역사적 자원, 지역문화, 문화유산 중에서 문화적·경제적 가치와 파급효과를 높일 수 있는 것이 무엇인지 꼼꼼하게 따져 선별해 내야 한다. 이는 농촌지역이 대중문화가 아닌 지역문화를 창출해 내는 곳으로서 경쟁력을 갖게 만들어 준다. 대중문화는 전국적이면서 범세계적인 문화인 반면, 지역문화는 지역의 토박이들이 만들어 내는 개성이 강한 공동체 문화이다. 따라서 지역문화를 지향해야 하는 농촌은 지속가능하면서 개성 있는 장소로 만들어져야 대중문화와 변별력을 갖게 된다.

일본에서 요괴도시로 유명한 돗토리현의 사카이미나토시는 지역의 역사적·문화적 자원을 잘 활용한 경우이다. 사카이미나토시는 대도시로 빠져나간 사람들로 인해 인구 공동화현상이 일어났고, 1980년대 후반 산업 침체로 도시 전체가 불황에 빠졌다. 이를 타개하기 위한 방안으로 이 고장 출신의 유명 만화가 미즈키 시게루의 만화책 〈게게게노 키타로〉를 가지고 이 지역을 요괴도시로 만들기로 결정했다. 미즈키 시게루가 바로 사카이미나토시 출신이었기에 이곳이 〈게게게노 키타로〉의 고향으로 자리매김할 수 있는 이유는 충분히 있었다. 이를 적극적으로 활용한 사카이미나토시는 일본뿐만 아니라 여러 나라의 사랑을 받고 있는 〈게게게노 키타로〉의 고향으로 재탄생할 수 있었다.

두 번째 요소는 사실성 검증이다. 농촌지역의 역사와 지역문화 자원을 추출한 후에는 그것의 사실 관계 여부를 철저하게 검증해야 한다. 자료 조사, 사료 검증, 전문가 인터뷰 등을 통해 농촌에서 구현해 내고자 하는 역사·지역문화 자원이 신뢰할 수 있는 사실임을 밝혀내야 한다. 그래야만 사실성에 기반한 농촌의 장소성이 구현되고 신뢰감이 형성될 수 있다. 따라서 농촌지역의 장소성을 구현해 낼 때 지역에 대한 역사문화의 치밀한 성찰은 필수불가결한 요소이다.

이탈리아에 있는 작은 도시 베로나는 그 곳이 줄리엣의 고향이라는 점을 빼곤 로마나 피렌체 등 역사적·문화적 유산이 많은 대도시에 비해 관광객을 끌어들일 만한 요소가 거의 없었다. 이에 고민하던 베로나 시장은 이곳을 줄리엣의 고향으로 만들고자 했다. 〈로미오와 줄리엣〉과 같은 문학작품을 활용하여 장소를 구현해 내고자 하는 것은 동서고금을 막론하고 자주 활용되는 아이템이다. 우리나라에서 황순원의 〈소나기〉, 이효석의 〈메밀꽃 필 무렵〉, 허균의 〈홍길동전〉, 박경리의 〈토지〉 등을 가지고 만든 것처럼 말이다. 그런데 이러한 문학 작품을 활용하여 공간에 재현해 내고자 할 때에는 '사실성'에 대한 논란이 많이 생긴다. 문학 작품 자체가 허구적 상상력을 갖고 있기 때문에 이 작품이 꼭 그 공간에 구현되어야 하는 당위성을 갖기 어렵다. 그렇기 때문에 앞서 살펴본 〈게게게노 키타로〉의 미즈키 시게루처럼 작가가 그곳 태생이라든지, 그곳이 작품을 완성한 곳이라든지 하는 연관성을 갖고 작품을 공간 속으로 끌어들이게 된다. 그런데 이러한 당위성도 없을 경우, 한 작품을 가지고 여러 지역에서 유사한 공간을 창출해 내는 경우가 종종 발생하게 된다. 다시 베로나의 경우로 돌아가 보자. 〈로미오와 줄리엣〉을 쓴 셰익스피어는 베로나에 가 본 적이 없다고 한다. 그런데 베로나는 어떻게 줄리엣의 고향으로 재탄생하게 되었을까? 그건 바로 〈로미오와 줄리엣〉의 본문이 "아름다운 베로나에서 가문을 자랑하는……"이라고 시작되기 때문이다. 결국 책에 쓰인 한 줄의 글귀에서 베로나는 개성이 강한 지역문화의 장소성으로 거듭날 수 있었던 것이다.

세 번째 요소는 스토리텔링이다. 농촌의 역사·지역문화 요소를 추출하여 사실성을 검증한 후, 이를 재창작해 내는 것이 바로 스토리텔링이다. 스토리텔링은 지역의 역사문화자원을 옛 것으로 두지 않고 오늘날의 것으로 가지고 온다. 여기에서 지역(농촌)을 방문하는 사람들이 왜 이곳을 와야 하는가에 대한 인문학적 사유가 발생한다. 따라서 스토리텔링은 사람들에게 이곳에 당신이 와야 하는 이유를 알려준다. 역사적·문화적 자원이 유서 깊은 과거의 자원으로만 남지 않고, 끊임없이 현대적 의미를 갖는 것으로 재생산되는 것이다.

함평 나비축제의 경우, 우리가 왜 함평을 찾아가야 하는지 의미를 생각해 보게 해 주는 사례이다. 함평은 역사적·문화적 자원이 전무한 평범한 농촌지역이다. 게다가 지역적 특산물도 없어 관광객을 끌어들이기 매우 어려운 곳이기도 하다. 이런 함평이 십년 넘게 지속해 온 나비축제로 인해 생태적이며 친환경적인 지역으로 재탄생하게 되었다. 함평이 축제 아이템으로 나비를 선정한 것은 매우 탁월했다. 나비는 동서고금 문헌을 통해 이상향, 초월, 사랑, 음양의 조화로움, 자연 등의 상징성을 갖고 있다. 이러한 상징성이 함평이란 공간 안에서 재현됨으로써 함평은 장소성을 갖게 되었다. 이제 사람들은 삭막한 도시에서 받은 상처를 치유하고 이상적인 공간을 찾기 위해 함평을 찾아간다. 나비를 통해 자연의 아름다움과 생태적 건강함이 함평 속으로 전이된 것이다.

전남 나주의 금학헌의 경우도 스토리텔링이 잘 일어난 경우이다. 우리나라 전역에 숱하게 많아 경쟁력이 거의 없는 문화유산 중의 하나가 관료들의 집무실이다. 그런데 나주에서는 그런 금학헌을 숙소로 만들면서 왜 사람들이 그 곳에 머물러야 하는지를 알려준다. 금학헌에서는, 나주목사 김성일이 인정 정치를 베풀었듯이 이 방에서 자는 사람들도 선한 일을 하여 성공하게 될 것이라고 말해준다. 또 유석증의 방에서는 그처럼 이 세상에 꼭 필요한 사람이 될 것이라고 알려준다. 소소해 보이는 이러한 장치는 왜 이곳을 찾아야 하는지를 일깨우는 역할을 한다.

지금까지 대개의 장소는 위치, 현장, 장소성 중에 현장(locale)을 강조하는 경향이 강했다. 현장은 장소를 표현해 내는 하드웨어적인 작업, 즉 공간을 만들고 꾸미는 물질적 작업을 말한다. 예를 들어 줄리엣의 집을 만들거나 미즈키 시게루의 생가를 복원하는 것처럼 말이다. 그런데 이제 보다 중요한 것은 우리가 그 곳을 왜 가야 하는지 당위성을 부여해 주는 작업이다. 우리는 이제 건물을 보러 가는 것이 아니라 그 안에서 우리가 경험하고 공감할 수 있는 소통의 장소를 찾아가는 것이다.

그렇기에 농촌의 공간 스토리텔링은 향유자들이 철학적 사고를 경험할 수 있는 장소로 재탄생해야 한다. 농촌이라는 위치로서의 장소, 농촌이 갖고 있는 생활공간으로서의 장소는 이미 구비되어 있다. 여기에 인간이 한 장소에 대해 갖는 주관적 감정을 어떻게 드러내게 할 것인가에 대한 고민이 이루어져야 한다. 이것이 바로 장소성을 찾고, 장소 만들기를 해야 하는 이유인 것이다.

## 4. 농촌, 새로운 장소로 다시 태어나다

이제 농촌은 새로운 장소로 다시 태어나야 한다. 농촌은 농업을 생산 기반으로 하는 곳이면서 동시에 관광지이자, 지역민의 애향심을 고취시키는 장소로서의 역할도 해야 한다. 농촌은 다양한 면모를 가진 곳으로 시시각각 그 모습을 달리하는 역동적이며 활기 넘치는 공간이 되어야 한다.

이 글에서는 농촌이 지역민에게는 삶의 터전이자 애착의 공간으로, 방문객에게는 올바른 삶의 경험과 향수를 느끼고 싶은 공간으로 자리매김하기 위해 장소성을 구현하는 방안에 대해 고민해 보았다. 장소성을 추출하기 위해서는 인문학적이며 철학적인 접근이 필요하다. 장소는 예전에 그 곳에서 경험한 사람들에게 현재 다시 경험해 보거나 미래에 경험하고 싶은 기대를 갖게 하는 곳이다. 그렇기 때문에 장소에서 전달하고자 하는 경험은 일방향적일 수 없다. 사람들로 하여금 그 장소에서 관계에 대해 경험하고 교류하며 정서상 소통하게 만들어 주는 것이 바로 장소성인 것이다.

농촌은 여러 가지 자원을 가지고 있다. 자연 경관으로 유명하거나 역사적 자원을 가지고 있거나 지역 특산물로 이름이 나 있기도 하고, 때로는 문학 작품 속의 배경이 되기도 하며, 영화, 드라마 등의 촬영 장소로도 역할을 하고 그 지역에서 태어난 유명인의 고향이 되기도 한다. 이처럼 농촌은 각양각색의 색깔을 드러낼 수 있는 충분한 자원을 가지고 있다. 그럼에도 불구하고 우리는 그동안 농촌의 외향을 바꾸는 데 치중했다. 농촌의 양적 성장을 위해 현장(locale) 중심의 장소를 만들어 왔다. 현장 중심의 장소를 꾸준히 유지해 가는 것에는 한계가 있다. 한 번 현장을 방문한 사람들은 재방문하지 않는다. 왜냐하면 현장 중심의 그 곳에서 우리는 문화적 기억을 살리거나 새로운 의미를 제공받을 수 없기 때문이다.

이제는 우리가 왜 헤어진 사랑의 아픔을 치유하기 위해 베로나를 찾는지, 생태적 건강미를 느끼기 위해 함평을 찾아가는지 고찰해 봐야 할 시기가 되었다. 농촌을 정서적 교감이 이루어지는 장소로 재탄생할 수 있도록 만들어야 한다. 그러기 위해서는 역사·지역문화 자원을 보존하고 유지하면서 이를 현재 우리에게 가치 있는 것으로 만들어 주는 장소성의 구현이 중요하다. 장소성이 살아있는 농촌은 끊임없이 우리에게 의미와 가치를 경험하게 해 주고, 그 의미와 가치는 말과 글, 미디어로 재생산되는 순환구조를 만들어 낸다. 그렇기에 앞으로 농촌은 장소성이 구현되는 곳으로 재탄생해야 한다. 인간과 장소가 교감하는 곳, 관계 맺는 곳, 그 곳은 바로 농촌이 될 것이다.

임영숙, 조수아, 임학순

# 2 농촌 무형문화유산의 거점, 전수교육관

## 1. 전수교육관의 개념과 운영체계

### 1) 전수교육관의 개념과 분포

전수교육관은 무형문화유산의 보존, 전수, 교육을 목적으로 설립된 지역의 공공 문화공간을 의미한다. 전수교육관 설치 및 운영관리에 관한 지방자치단체의 조례에 따르면, 전수교육관은 무형문화재 보존·전수공간으로 "민속예술관", "전수관", "전수교육관", "전수회관", "문화관", "전통예술회관" 등 다양한 용어로 일컬어지고 있다. 조례에 규정된 전수교육관의 주요 기능으로는 전수, 체험 및 교육, 홍보, 공연, 재현, 전시, 후계자(전수인) 양성, 연구조사, 시설물 관리 등을 들 수 있다. 전수교육관은 공연사업, 전시사업, 전승교육사업, 사회교육사업, 국제교류사업 등을 추진하고 있는데, 구체적인 사업유형과 내용은 전수교육관에 따라 차이가 있다.

전수교육관에는 중요무형문화재와 지방무형문화재 관계자가 활

동하고 있는데, 2014년 현재 총 132개 전수교육관 중에서 중요무형
문화재와 관련된 곳은 49개(37.1%)이며, 지방무형문화재와 관련된
곳은 75개(56.8%)이다. 중요무형문화재와 지방무형문화재 모두 관
련되어 있는 전수교육관은 8개(6.1%)이다. 무형문화재는 개인종목
과 단체종목으로 구분되기 때문에, 전수교육관 또한 개인종목과 단
체종목으로 구분할 수 있다. 단체 종목이 있는 전수교육관은 78개
(59.1%)이며, 개인 종목을 가진 전수교육관은 43개(32.6%)로 나타
났다. 단체와 개인 종목을 모두 입주종목으로 가지고 있는 전수교육
관도 11개에 이르고 있다.

예능 분야의 무형문화재와 연관된 전수교육관은 93개(70.4%)로
기능 분야의 무형문화재와 연관된 전수교육관 31개(23.5%)보다 많
이 분포하고 있다. 예능과 기능 분야의 무형문화재를 모두 입주종목
으로 가지고 있는 복합 전수교육관은 8개(6.1%)이다. 그리고 입주단
체 규모별로 전수교육관 분포 현황을 살펴보면, 총 132개 전수교육관
중에서 110개(83.3%)는 입주한 무형문화재 종목이 하나인 경우로 나
타났다. 2개 종목이 입주한 경우는 4개(3%), 3개 종목이 입주한 경우
는 7개(5.3%), 4개 종목이 입주한 경우는 4개(3%), 5개 이상의 종목
이 입주한 경우는 7개(5.3%)로 나타났다.[1]

## 2) 전수교육관의 운영체계

### (1) 조직체계

지방자치단체는 전수교육관을 직접 운영하거나 민간부문에 위탁하여
운영하고 있다. 총 132개 전수교육관 중에서 28개(21.2%)는 지방자
치단체가 직접 운영하는 경우로 나타났으며, 103개(78%)는 지역문

---

1    국립무형유산원, 『전수교육관 배치 문화예술교육사 직무 설계 및 역량 강화
     방안연구』 보고서(2014)의 전수교육관 실태 분석 부문을 참조하여 작성.

화재단, 보존회, 보유자, 비영리단체 등 민간부문에 위탁 운영하는 경우로 나타났다.[2]

전수교육관을 운영하는 대표적인 지역문화재단 사례로는 대전문화재단을 들 수 있다. 대전문화재단은 전통진흥팀에서 대전무형문화재전수회관과 전통나래관 등의 전수교육관을 운영하고 있다. 예능 부문의 경우, 대부분 해당 무형문화재 종목별로 보존회가 있으며, 이러한 보존회가 전수교육관을 위탁받고 있는 경우가 많다. 보존회의 사무국장이 전수교육관의 사무국장을 맡고 있는 경우가 많다. 그리고 부산지역의 전수교육관의 경우에는 보존회 외에도 별도의 협회가 구성되어 있으며, 협회가 지방자치단체로부터 전수교육관을 위탁받아 운영하고 있다. 예능분야의 개인종목인 전수교육관의 경우에는 보존회와는 별도로 비영리민간단체를 통해 외부 활동에 참여하고 있는 경우도 있다.

기능 종목의 무형문화재가 입주해있는 전수교육관의 경우에는 무형문화재 보유자를 중심으로 운영되고 있다. 무형문화재 보유자가 전수교육관의 관장을 맡고 있다. 최근에는 기능 종목 분야의 전수교육관인 경우에도 무형문화재 관련 단체를 설립하여 운영하는 경우도 있다.

### (2) 인력체계

전수교육관의 인력은 지방자치단체가 직접 운영하는 경우, 지방문화재단이 운영하는 경우, 그리고 민간부문에 위탁하여 운영하는 경우로 구분하여 살펴볼 수 있다. 지방자치단체가 직접 운영하는 경우, 지방자치단체의 문화재 담당 부서에서 전수교육관을 담당한다. 대부분의 경우 문화재 담당 부서에서 한 명 내지 두 명 정도가 전수교육관에

---

2    국립무형유산원, 『전수교육관 배치 문화예술교육사 직무 설계 및 역량 강화 방안연구』, 2014.

대한 실무를 담당하는데, 실무담당자는 전수교육관의 운영에 대한 총괄을 하거나 시설관리자를 맡는다. 지방문화재단이 전수교육관을 위탁받아 운영하는 경우는 대표적으로 대전문화재단을 들 수 있다. 대전문화재단의 경우, 대전문화재단의 전수교육관 인력들이 보유자 및 보존회 관계자들과의 협의를 통해 무형문화재 경영체계를 구축하고 있다.

예능 분야의 보존회 및 협회가 전수교육관을 위탁받아 운영하는 경우에는 일반적으로 보존회 및 협회의 사무국장이 전수교육관 사무국장을 겸직하고 있는 경우가 많다. 직원 규모는 전수교육관에 따라 다양하며, 1명에서 2명인 경우가 많으며, 5명을 넘은 경우는 드물다. 사무국에서 사무국장 외에 직원이 1명도 없는 경우도 있다. 기능 분야의 경우에는 지방문화재단을 제외하고는 보유자가 전수교육관을 위탁받아 운영하는 경우가 많다. 보유자가 전수교육관의 관장으로 근무하며, 직원의 규모는 1명에서 4명으로 다양하다.

### (3) 재정체계

전수교육관의 재정체계는 전수교육관으로 지원되는 경로와 무형문화재 관련 단체로 지원되는 경로로 구분할 수 있다. 전수교육관으로 지원되는 경로는 문화재청, 국립무형유산원, 지방자치단체, 교육청 등을 통해 전수교육관으로 지원되는 경로이다. 지방자치단체는 전수교육관 운영비를 지원하여 시설관리 비용으로 활용하도록 하고 있다. 그리고 무형문화재 관련 단체로 지원되는 경로는 무형문화재 관련 단체가 정부 및 공공부문의 지원 사업에 참여하여 지원금을 확보하는 경우이다. 그 결과, 전수교육관에 따라 재원 구조가 다양하다.

## 2. 무형문화유산의 가치와 활용

### 1) 무형문화유산의 가치

2003년 10월 17일 유네스코 총회에서는 최초의 무형유산 보호 국제 협약인 '무형문화유산 보호 협력(CSICH : Convention for the Safeguarding of Intangible Cultural Heritage)'이 채택되었다. 이 협약에 따르면, 무형문화유산은 '공동체, 집단 및 개인이 자신의 문화유산의 일부분으로 인식하는 관습, 재현, 표현, 지식, 기술, 이와 관련된 전달 도구, 사물, 공예품, 문화공간' 등을 의미한다. 구전 전통 및 표현, 공연예술, 사회적 관심과 의식 및 축제, 자연과 우주에 대한 지식과 관심, 전통기술 등이 무형문화유산의 범주에 포함된다. 이러한 무형문화유산은 세대와 세대를 거쳐 전승되며, 환경과 자연 및 역사와의 관계 속에서 공동체와 집단을 통해 끊임없이 재창조된다. 또한 무형문화유산은 공동체 및 집단에 정체성과 지속성을 부여하며, 문화적 다양성과 인간의 창조성에 대한 존중을 촉진한다. 이러한 무형문화유산은 인권, 공동체와 집단 및 개인들의 상호 존중, 지속가능 발전 등의 가치와도 양립한다.

　이와 같이 무형문화유산은 특정 시점의 원형 형식에 고착되어 있는 것이 아니라 시대와 상황에 따라 변화하고 재창조되는 역동적인 특성을 지니고 있다고 할 수 있다. 또한 무형문화유산은 문화적 정체성과 지속성, 문화적 다양성, 창의성, 인권, 지속가능 발전 등 다양한 가치를 창출하는 자원으로서의 특성을 지니고 있다고 할 수 있다. 이와 관련하여 문화경제학자 D. Throsby(2010)는 『The Economics of Cultural Policy』라는 책에서 문화유산의 가치를 경제적 가치와 문화적 가치로 구분하여 특성을 설명하고 있다. 문화유산의 경제적 가치는 문화유산의 사용가치(use value)에 바탕을 두고 있다. 그리고 문화유산의 문화적 가치는 심미적 가치, 정신적 가치, 사회적 가치, 역사적 가치, 상징적 가치, 진정성 가치, 장소적 가치에 바탕을 두고 있다. 문

화유산의 대표적인 분야인 무형문화유산 또한 이러한 경제적 가치와 문화적 가치를 내포하고 있다.[3]

이러한 무형문화재의 가치에 관한 논의는 무형문화재가 원형 그 자체로서 의미를 지닐 수 있을 뿐만 아니라 새로운 가치를 창출할 수 있는 자원으로서 의미를 갖고 있음을 의미한다고 할 수 있다. 무형문화재는 전통문화이면서 동시에 세대에서 세대로 이어져 온 현대문화이다. 따라서 전통문화로서 원형을 복원하고 재현하는 것도 중요하지만, 현대사회와의 관계 맥락 차원에서 무형문화재의 의미를 탐색하고, 새로운 의미를 창조하는 것 또한 중요한 일이라고 할 수 있다.

무형문화재의 가치는 문화적 가치, 사회적 가치, 경제적 가치로 구분할 수 있다.

첫째, 무형문화유산은 생활문화, 문화예술, 문화정체성, 문화다양성 측면에서 문화적 가치를 지니고 있다. 무형문화유산은 인간의 노동, 삶과 죽음, 마을공동체 등 생활문화 현장과 밀접하게 연관되어 있다. 무형문화유산은 생활문화가 예술형식으로 표현된 것이라고 할 수 있다. 이러한 무형문화유산은 그 자체로 문화예술이면서 또 다른 문화예술 및 문화콘텐츠 창작의 요소가 될 수 있다. 무형문화유산 분야, 예술 분야, 문화콘텐츠 분야의 사람들은 창조적 융합과 협업을 통해 새로운 문화를 창조할 수 있다. 문화예술가, 문화기획자, 콘텐츠개발자 등은 무형문화유산을 통해서 새로운 창작을 위한 소재와 영감을 얻을 수 있을 것이다.

또한 무형문화유산은 마을, 지역, 국가의 문화 정체성을 나타내는 문화유산이라고 할 수 있다. 따라서 무형문화유산은 그 자체로 한국문화이면서 동시에 한국문화를 이해하는 중요한 창구가 될 수 있다. 이러한 문화적 정체성은 공동체와 집단의 차별적 브랜딩을 형성

3    D. Throsby, *The Economics of Cultural Policy*, Cambridge University Press, 2010, pp.106-130.

하는 자원으로 활용될 수 있다. 또한 다양한 문화적 정체성을 지닌 공동체와 집단이 존재하고, 이러한 공동체와 집단의 문화적 차이를 존중하는 것은 문화다양성을 증진하는 데 긍정적으로 작용한다.

한편 무형문화재 활동은 단체 형태로 이루어지는 경우가 많기 때문에, 학습자들의 사회적 관계를 형성하고, 공동체 인식을 강화하는 데 활용될 수 있다. 이것은 무형문화재의 문화적 가치와 교육적 가치가 밀접하게 연관되어 있다는 것을 의미한다.

둘째, 무형문화유산은 공동체 형성, 사회통합, 공감과 치유 등의 측면에서 사회적 가치를 지니고 있다. 특히 예능 분야의 무형문화재 종목인 경우에는 지역공동체와 밀접한 관계를 형성하고 있다. 굿, 장례문화, 탈춤, 농악, 오광대 등은 모두 공감, 치유와 밀접하게 연관되어 있다. 이러한 특성들은 공동체 문화가 훼손되고 있는 현대사회에서 공동체 회복을 위한 중요한 자원 또는 접근방법으로 의미가 있다고 할 수 있다.

셋째, 무형문화재의 경제적 가치는 무형문화재의 사용가치(use value)와 시장수요에 바탕을 두고 있다. 기능 분야 종목의 무형문화재는 그 자체로 문화상품이라고 할 수 있다. 이러한 무형문화재 기반의 문화상품은 시대에 따라, 그리고 문화상품 종목에 따라 시장 수요 및 경제적 가치는 상당히 다르게 나타날 수 있다. 최근에 무형문화재 장인들의 상품들은 대부분 높은 가격이 부여되어 있지만, 실제 소비자들의 수요와 구매력은 취약한 경우가 많다. 이에 따라 무형문화재 기반 문화상품의 경우에도 원형을 바탕으로 하되, 현대 소비자들의 취향과 구매력을 고려한 새로운 상품을 개발하는 경우도 있다. 반면에 천연염색 분야와 같이 최근에 소비자들의 수요가 확대되는 분야도 있다.

한편 체험경제, 문화경제 시대가 도래하면서 무형문화유산이 문화관광 자원으로 활용되는 사례 또한 늘어나고 있는 추세이다. 스토리텔링의 시대에 무형문화유산은 스토리의 보고로서 그 잠재적 가치가 매우 크다고 할 수 있다. 그러나 아직 무형문화유산을 기반으로 개발된 문화관광 상품은 취약한 실정이다. 또한 무형문화재와 지역경제를 연계한 프로젝트, 무형문화재와 타 산업 영역 간의 융복합 프로젝트 또한 아직은 활성화되어 있지 않다. 이러한 맥락에서 앞으로 무형문화재의 경제적 가치를 창출하는 전략을 개발하고, 이를 추진할 수 있는 체계를 갖추는 일이 중요한 정책과제로 제시될 필요가 있다.

### 2) 전수교육관 무형문화유산의 활용 사례

#### (1) 나주 천연염색 전수교육관

조선시대 궁중에서 염색은 천연염료로 옷감 염색을 전문으로 맡아 하는 청염장(靑染匠), 홍염장(紅染匠)과 같은 장인이 별도로 있을 정도로 전문적인 기술을 요하는 작업이었다. 식물이나 광물 등 천연 원료를 염료로 사용하는데 그중 쪽잎은 인류 역사상 가장 오랫동안 사용되어 온 식물염료이었다. 하지만 염색을 하는 과정이 가장 까다롭고 어려운 것도 쪽 염색이다. 감(紺)·남(藍)·청(靑) 등 다양한 색으로 염색한 옷감은 강력한 살균작용을 하여 예로부터 피부병을 방지하도록 속옷으로 입거나, 독충이나 뱀이 싫어하는 향을 지녀 들이나 산에서 작업할 때 쪽으로 염색한 바지를 입기도 하였다. 우리가 흔히 아는 청바지의 색상이 쪽빛이고, 그 색이 하늘을 닮았다하여 쪽빛하늘이라는 말도 나왔다.

나주는 쪽이 재배되는 지역이기에 염색 염료를 얻기에 용이하고 현재까지 쪽 염색의 전통을 이어오는 대표적인 곳이다. 이에 나주 천연염색은 2001년 중요무형문화재 제115호로 인정받아 현재 염색장 기능보유자 2명을 보유하고 있다. 그중 보유자 故 윤병운 옹의 기능을 이어받아 운영되고 있는 명하마을의 나주 천연염색 전수교육관(윤대중 전수교육조교)을 소개하고자 한다.

나주 천연염색 전수교육관의 경우, 무형문화재를 핵심 자원으로 활용하여 전수관이 소재하고 있는 마을과의 유기적인 관계를 통해 지역 경제소득 및 마을 활성화에 기여하고 있다. 전수교육관 방문객들을 대상으로 마을 스토리텔링 체험 및 농산물 체험 등과 연계하여 마을 전체가 관광체험 공간으로 활용되고 있다. 이에 명하마을은 2008년 천연염색을 주제로 농촌진흥청 교육농장으로 선정되고, 2010년 농촌관광테마마을(휴양마을)로 지정되면서 마을이름도 명하쪽빛마을로 바뀌었다고 한다.

일반적인 체험프로그램으로는 일상 주변에서 흔히 볼 수 있는 양파, 밤, 치자 등을 활용한 일반 염색체험 프로그램과 전통 쪽 염색체험 프로그램으로 운영하고 있다. 미취학학생부터 노년층까지 다양한 나이대의 사람들이 체험프로그램에 참여하고 있으며 전통문화계승은 기본으로, 마을과 사회적 기업과의 연계를 통한 쪽 염색의 보급화 및 전통문화의 범위를 지속적으로 넓혀가고 있다. 농촌체험관광은 타 지역마을과 차별화하는 가장 기본적인 요소라 할 수 있다. 20여 가구로 구성된 소규모 마을 전체를 '명하둥지 생활사 박물관'으로 명명하고 마을 주민들의 집을 역사의 현장으로 둘러보는 투어 프로그램을 운영하고 있다. 전수관의 담당자가 그 집에 살고 있는 주민들의 이야기를 소개하고 실제 사용하는 도구들을 통해 그들의 삶과 생활 나아가 농촌의 공동체 문화를 느끼고 마을을 이해할 수 있게 하였다.

이외에도 체험과정에서는 마을에서 직접 수확한 농특산물을 재료로 마을 어르신들이 정성들여 차려 주시는 시골 밥상을 받을 수 있다. 더불어 홈페이지(명화쪽빛마을.com)에서는 마을 농산물의 온라인 직거래도 가능하다. 나아가 매년 한 차례씩 '쪽 축제'라는 제목으로 팜파티를 열어 1천 명의 방문객을 받는데 전통 무형문화를 소재로 한 다양한 프로그램을 기획되고 소개된다. 이는 사회적 기업 간 재능기부 및 품앗이 연계가 있기에 가능할 수 있었다.

### (2) 임실필봉농악 전수교육관

임실필봉농악은 임실군 강진면 필봉리에 전승되어 온 호남좌도농악의 대표적 풍물굿이다. 필봉 마을굿의 역사는 350년 이상으로 추정되고 있는데, 마을 뒷산 모양새가 붓끝 모양을 닮았다하여 필봉(筆峰)이라 유래되었다고 한다. 임실필봉농악보존회는 1963년 창립되었으며, 임실필봉농악은 1988년 중요무형문화재 제11-5호로 지정되었다. 초대 예능 보유자는 임실필봉농악의 제3대 상쇠인 양순용 명인으로 필봉 마을굿을 체계화시키기 시작하여, 제4대 상쇠인 양진성 보유자가 전북대에서 '필봉농악의 공연학적 연구'라는 주제로 박사 학위논문을 발표하며 필봉굿의 학문적 이론과 체계를 정립하였다.

현재 보존회장 겸 전수교육관 관장은 제4대 상쇠인 양진성 보유자이다. 보유자 이외에 필봉예술단과 전통체험학교, 시설관리 및 필봉작은도서관 등을 운영하는 상근직원이 17명이 있으며, 체험학교강사 및 보존회 회원 등의 비상근직원도 10여 명 조직되어 있다. 필봉농악보존회 회원은 80여 명으로 전국 필봉굿전수관지부까지 포함하면 천 명이 넘는 대규모 단체이다. 조직구조로는 사무국장을 중심으로 기획문화예술교육팀, 홍보팀, 시설팀, 공연팀, 체험교육팀으로 조직되어 있다. 이를 통해 전수교육, 필봉풍물굿축제, 농악경연대회, 정월대보름굿, 문화바우처사업 및 학교와 사회문화예술교육 프로그램을 운영하고 있다. 이외에도 공연과 관련하여 필봉 상설공연, 찾아가는 문화 활동, 지역축제초청공연 등을 기획하며, 전수교육관 내에서는 한옥체험, 작은도서관 및 필봉전통문화체험학교를 운영하고 있다.

임실필봉농악 전수교육관은 처음 신축 당시에는 숙소가 부족하여 비닐하우스에 자고, 논바닥에서 연습하던 시절이 있었다. 10여 년에 지난 지금은 필봉한옥스테이(취락원)를 중심으로 필봉농악의 역사를 볼 수 있는 필봉전시관 그리고 상설공연이 가능한 야외공연장까지 다양한 인프라를 구축한 문화촌이 되었다. 1994년 문화부로부터 전통문화학교로 지정되었고 2005년 전통문화마을로 조직이 확대되면서 전통문화체험학교를 체계적으로 운영하고 있다. 매년 1만 명 이상의 전수교육생과 전통문화체험생을 배출하고 있다. 하계, 동계 필봉농악 전수교육 프로그램 운영과 전국 필봉굿 지부 결성을 통한 전국화 사업, 중국, 캄보디아, 미국, 호주, 일본 등의 해외 민간단체와의 교류 및 자매결연을 통한 한국의 풍물문화 저변확대 등 다양한 국내외 사업을 하고 있다. 더불어 인근 지역민을 위한 필봉문화강좌를 통해 임실군 지역 12개 읍·면 농악강좌를 진행하고 있다. 이는 필봉농악이 지역문화활동에 중요한 토대를 마련하고 전수교육관을 중심으로 농악보존회가 읍면단위 조직으로 발전하고 이 단체들이 지역의 문화적 활동을 주도해 갈 수 있도록 성장하는 데 기여하고 있다.

### (3) 고성오광대 전수교육관

탈춤의 종류는 지역마다 명칭이 다르다. 한강 유역은 '산대(놀이)'라 하고, 남부지역 낙동강 이서는 '오광대', 낙동강 이동은 '야유(들놀음)'라 한다. 고성오광대는 경상남도 고성군에서 전승되고 있는 탈춤으로 정월대보름 마을 장터에서 놀던 광대패 마당놀이에서 시작되었다. 문둥이춤, 오광대춤, 중춤, 비비춤, 제밀주춤의 총 제5과장(마당)으로 구성되어 있으며 문둥이, 말뚝이 외 총 19명의 인물이 탈을 쓰고 등장한다. 탈을 쓰고 춤을 추며 재담을 곁들인 연희로서 내용은 양반을 조롱하고 파계승을 풍자하는 등 서민생활의 애환을 담고 있다.

고성오광대는 1930년대 일제 강점기 시절 중단되었다가, 광복 후 재연되어 1964년 중요무형문화재 제7호로 지정되고 1973년 전수회관이 마련되었다. 1973년 전국민속예술경연대회 국무총리상, 1974년 대통령상을 수상한 바 있는 한국의 대표적 탈춤이다. 현 예능 보유자는 이윤석 명인으로 보유자 및 이수자 등 30여 명의 전승자로 구성되어 있다. 이 중 80%는 농부이다. 농번기에는 본업이 바쁘니 서로 맞춰 연습하기도 어렵기도 하고 특별한 공연이 있을 때에는 무대에 모여 호흡을 맞춘다.

고성오광대 전수교육관의 경우, 타 전수교육관에 비해 사무국장 중심의 사무국 체계로 상근 직원 2명, 비상근 직원 3명이 운영하고 있다. 공연예술부, 전승사업부, 지역문화부로 구성되어 있어 다양한 사업 및 대외 활동, 회원관리가 가능하다. 정기공연, 기획공연, 상설공연, 전수교육, 워크숍 이외에도 생생문화재 사업 등 다양한 사업을 통해 고성오광대 전수교육관은 고성 지역의 문화 중심지가 되었다. 이에 2014년 한 해 방문객이 9천여 명에 이르고 있고, 그중 관내 관람객은 2천여 명에 달한다. 나아가 전국의 고성오광대를 지원해 주는 분들을 위해 후원회를 마련하여 일 년에 2번 회보를 발간하여 사업보고 및 회계보고를 하는 등 투명한 경영을 하고 있다.

지역의 전통문화는 어릴 적부터 익히고 배워야 함을 인식하고 고성 지역 내 학생들의 전통문화예술 교육을 중요시하였다. 이에 고성 지역의 초등학교 10개소 중 9개 학교에서 고성오광대를 배우고 있다. 4학년은 1과장, 5학년은 2·3과장, 6학년은 4·5과장을 연습하여 졸업할 즈음에는 고성오광대의 모든 과장을 습득하게 된다. 또한 고성 관내·외 지역 유치원, 어린이집, 초등학교 및 단체를 대상으로 전통연희를 활용한 말뚝이 놀이와 인형극, 탈 만들기, 탈춤 배우기 등 놀이와 교육을 함께할 수 있는 프로그램을 구성한 '생생문화재 사업'을 운영하였다. 활발한 활동을 인정받아 2014년 우수(무형)문화재사업 7선에 선정되었으며, 2015년에 신나는 예술여행 체험프로그램을 운영하고 있다.

이외에도 여름과 겨울 2개월씩 총 4개월 동안 대학 동아리를 중심으로 전수교육 프로그램을 운영하고 있는데 많은 방문객들로 인해 교육 연수를 위한 전수교육관 시설이 2013년 말 새롭게 마련되었다. 이에 가족과 학생 등으로 대상을 확대하여 캠프 연수 프로그램을 계획하고 있다. 더불어 정부 시책으로 운영되는 매달 마지막 주 수요일 '문화의 날'에는 고성 지역 내 문화 상품이 많지 않은 점을 감안하여 고성오광대 전수교육관에서 상설공연을 마련하여 지역민들을 위한 볼거리를 제공하는 등 지역 사회와 공생하고자 꾸준히 노력하고 있다.

### (4) 구례향제줄풍류

'풍류'란 자연을 가까이 하고, 멋과 음악, 예술에 조예가 깊으며, 여유와 자유분방함을 즐기는 옛 선비들의 문화에서 비롯되었다. 관악기로 연주하는 '대풍류'와 거문고, 가야금, 해금, 양금과 같은 현악기 줄로 연주하는 '줄풍류'로 구분된다. 물론 장단과 리듬을 맞추기 위한 대금, 피리, 단소, 장고 등이 함께 연주되기도 한다. 풍류의 특성상 지휘자도 악보도 없으며 연주자가 주체적으로 자유롭게 합주에 참여하는 것이 특징이다. 풍류의 속성을 대표하는 음악은 '영산회상'[4]인데 여유 있는 양반층에서 교양으로 하던 음악이며 옛 선비들이 한 방안에 모여 악기를 연주하며 어울리곤 하였다. 이를 선비들의 풍류방 문화라 한다.

줄풍류는 서울 중심의 경제줄풍류와 서울이 아닌 지방을 중심으로 전승되어 온 향제줄풍류로 구분된다. 각 지역에서 풍류방을 중심으로 전승되었으나 현재는 전라도 이리(익산), 구례 등지에서 그 전통을 이어오고 있다. 구례향제줄풍류는 중요무형문화재 제83-1호, 이리향제줄풍류는 제83-2호로 1985년에 지정된 바 있다. 구례향제줄풍류의 풍류방 문화는 고증 및 연구를 통해 현대사회의 풍류방문화 모델을 개발하는 준거로 활용될 수 있다. 풍류방 문화는 자발적인 아마추어 문화예술동아리 거점으로 지역단위에서 문화예술의 체험, 학습, 창조, 소통과 나눔 등 일련의 생활문화 활동 공간이기 때문이다. 현대 문화정책에서 핵심 이념으로 제시되고 있는 문화민주주의(cultural

---

4  '영산회상'은 본래 불교적인 가사인 '영산회상불보살(靈山會相佛菩薩)'을 노래한 것인데, 시간이 지남에 따라 유교의 영향과 지역문화의 민속음악적 양식으로 발달하여 불, 유, 선의 음악요소를 모두 포함하였다. (참고: 한국민속문화대백과)

democracy) 이념이 우리나라에서는 이미 풍류방 문화에서 실현되었기 때문이다.

예로부터 풍류방에 모이는 사람들을 율객(律客 : 음률에 밝은 사람)이라 하여 며칠에 한 번씩 모여 풍류음악을 즐기며 친목을 도모하였다. 흔히 현대 사회의 연주 배틀과 같이 실력자들이 서로의 연주를 뽐내며 그 마음이 통하면 밤새도록 합주를 즐겼다. 그 자리를 마련해주는 사람은 일반적으로 그 지역의 유지들로서 예술가들에게 숙식을 해결해주고 마음껏 연주할 수 있는 환경을 제공해주었으니 학문과 예술을 후원하는 한국형 예술후원의 시초라 할 수 있겠다.

현대에 들어 다양한 문화생활들로 인해 풍류방 문화가 점차 침체되고 지역 사회 내에서도 소극적인 활동으로 인해 인지도가 낮아지고 있다. 이를 극복하고자 구례향제줄풍류 전수교육관은 다양한 교육프로그램을 통해 2015년 전수교육관 활성화 사업에 참여함으로써 다시금 풍류방 문화의 대중화 및 활성화를 도모하고 있다.

### 3) 전수교육관을 활용한 농촌 활성화 방향

#### (1) 무형문화유산의 가치와 활용에 대한 인식 제고

무형문화유산은 앞에서 언급한 바와 같이 문화적·사회적·경제적 가치를 지니고 있다. 그러나 전수교육관 현장에서는 아직 무형문화유산의 창조적 활용에 대한 합의가 형성되어 있지 않다. 전수교육관의 정체성을 무형문화유산의 원형을 보존·전수하는 활동에 한정하여 설정하자는 의견이 있는가 하면, 무형문화유산을 활용하여 새로운 가치를 창출하는 활동으로 확장하자는 의견 또한 존재하고 있다. 그동안 전수교육관은 무형문화유산의 활용보다는 보존·전수에 주안점을 두어왔다. 앞으로도 전수교육관의 정체성은 보존 및 전수 활동에 있다. 그러나 무형문화유산의 가치를 실현하기 위한 활용 전략 또한 점차 그 중요성이 커지고 있다. 보전, 전수, 활용 영역이 상호 대립적인 것만은 아니다. 앞으로 전수교육관이 농촌사회의 창조성 동인으로 작용하기 위해서는 전수교육관의 보존, 전수, 활용을 총체적으로 접근할 필요가 있다.

### (2) 전문 인력의 양성 및 활동 환경 마련

전수교육관이 농촌 활성화에 기여하기 위해서는 창의적인 기획 및 관리 역량이 강화되어야 한다. 이와 관련하여 전수교육관은 전문적인 조직 및 인력체계를 구축하여, 무형문화유산 경영체계를 갖추어야 한다. 현재 전수교육관은 기능별 전문 인력 체계를 갖추고 있지 않으며, 일반적으로 사무국장과 1~2명의 직원이 전체 업무를 복합적으로 수행하고 있는 실정이다. 그나마도 사무국장과 직원들의 근무조건은 다소 열악한 수준이다. 이러한 근무조건에서는 전수교육관에 젊고 유능한 인재들이 충원될 가능성은 낮다고 볼 수 있다. 전수교육관의 핵심 기능이라고 할 수 있는 공연경영, 전시경영, 교육경영, 회계경영, 시설 관리 분야의 업무에 대한 전문 인력을 확보할 필요가 있다.

### (3) 무형문화유산 기반의 창의적 융복합 환경 구축

무형문화유산 기반의 창의적 융복합 환경을 구축하기 위해서는 무형문화유산을 창조영역(creative sector) 맥락에서 접근할 필요가 있다. 이를 위해서는 다양한 분야의 전문 인력들이 무형문화유산을 기반으로 다양한 형태의 협업 활동을 할 수 있는 체계를 구축할 필요가 있다. 무형문화유산은 문화예술, 학교교육, 생태교육, 디자인, 콘텐츠산업, 관광산업 등 다양한 영역들과의 융합이 가능한 분야이다. 무형문화유산 분야의 전문 인력뿐 아니라 다양한 창조영역 분야의 전문 인력들이 함께 기획할 수 있는 협업 환경을 활성화할 필요가 있다.

### (4) 아카이빙 구축 및 콘텐츠 개발 활성화

전수교육관에는 무형문화재 사람들, 무형문화재 관련 악기와 소품 등

기자재, 전수교육관 및 무형문화재 자료들, 마을관련 자료들, 관련 영상자료들 등 다양한 자료들이 있다. 이러한 자료들은 공연, 전시, 교육, 스토리텔링, 콘텐츠 등 다양한 프로그램과 활동을 기획하는 데 중요한 자원으로 활용될 수 있다. 그러나 이러한 자료들을 체계적으로 수집, 분석, 관리, 활용할 수 있는 아카이빙 체계가 구축되어 있지 않으며, 전수교육관에 소장되어 있는 다양한 소품들의 경우에도 보존 관리, 의미 분석, 디지털화, 조사연구 등이 체계적으로 이루어지고 있지 않다. 무형문화재 사람들에 관한 생애사 스토리텔링 작업 또한 미흡하다. 앞으로 전수교육관의 역사, 무형문화재, 이야기, 사람, 지식과 정보, 소품 등은 조사연구, 아카이빙, 서비스 체계를 구축할 필요가 있다. 이러한 전수교육관의 아카이브 및 서비스 체계는 무형문화유산의 창조적 활용을 위한 기반으로 작용할 것이다.

또한 전수교육관은 문화상품의 소재와 자원이 풍부하기 때문에 다양한 문화상품 개발이 가능한 측면이 있다. 예컨대, 평택농악의 오무동 캐릭터, 오광대놀이에 활용되는 다양한 탈 등 전수교육관에는 문화상품 소재거리가 많다. 앞으로 무형문화에 대한 체험교육 및 관광이 활성화될 경우, 이러한 무형문화에 바탕을 둔 문화상품 수요 또한 늘어날 것으로 전망된다. 기능 종목이 입주해 있는 전수교육관의 경우에는 원형을 보전, 전승하는 활동과 더불어 무형문화의 대중화, 생활화 관점에서 다양한 상품개발 활동을 추진하는 방안에 대해서도 검토할 필요가 있다. 이와 같이 전수교육관의 다양한 문화상품 개발을 활성화하기 위한 연구개발 지원 사업을 개발, 추진할 필요가 있다.

한편 체험경제와 문화관광이 발전하면서 무형문화유산에 대한 체험 교육 및 관광 또한 활성화될 것으로 전망된다. 특히 기능 종목이 입주해 있는 전수교육관의 경우에 체험교육 콘텐츠를 개발하여 체험교육 관광 프로그램을 활발하게 추진하는 사례가 있다. 청주 금속활자주자 전수관의 경우, 체험교육프로그램이 활발하게 운영되고 있다. 이와 관련하여 전수교육관은 방문객들에게 어떤 체험을 제공할 것인가 대해 연구할 필요가 있다. 또한 예능 종목이 입주해 있는 전수교육관의 경우에도 체험교육 관광 프로그램을 활성화시킬 필요가 있다.

### (5) 기술 및 뉴미디어 기반의 전수교육관 이용 활성화
현재 전수교육관의 홈페이지 및 소셜미디어 활용 수준은 매우 미흡한 실정이다. 홈페이지가 구축되어 있지 않는 전수교육관도 많다. 보존회 홈페이지가 전수교육관 홈페이지를 대체하고 있는 경우도 많다. 전시관을 따로 운영하는 전수교육관의 경우 전시관 홈페이지가 전수교육관 홈페이지 기능을 하는 경우도 있다. 문화재단이나 보존협회에서 운영하는 전수교육관의 경우, 재단 및 협회 홈페이지가 전수교육관 홈페이지 역할을 한다. 일부는 카페 및 블로그의 형태로 전수교육관 홈페이지를 운영하고 있으며 지방자치단체의 문화재 관련 페이지를 통해 종목·보존회(보유자) 정보를 보여주는 곳도 있다. 이와 같이 홈페이지 및 소셜미디어가 구축되어 있는 전수교육관의 경우에도 공지 사항을 안내하는 수준으로 정보서비스가 이루어지고 있는 경우가 많다. 소셜미디어 이용자들이 적극적으로 전수교육관 체험 정보를 공유하는 수준 또한 매우 미흡한 실정이다.

앞으로 전수교육관에 대한 접근성을 증진하기 위해서는 전수교육관과 이용자들의 소통 환경을 개선할 필요가 있다. 이와 관련하여 기술과 뉴미디어를 활용하는 방안을 적극 고려할 필요가 있다.

### (6) 전수교육관 교육 프로그램의 다양화
전수교육관이 국민들의 무형문화유산에 대한 학습 환경을 조성하기 위해서는 무엇보다도 먼저 전수교육관 교육프로그램을 다양화시킬 필요가 있다. 이와 관련하여 무형문화유산의 인문학 교육프로그램, 무형문화재 장인 스토리텔링 교육, 무형문화재 공연 및 전시에 활용되는 악기, 의복, 탈 등 소품을 소재로 한 교육, 전수교육관 스토리텔러 양성 교육 등에 관한 교육프로그램 등을 적극 개발할 필요가 있다.

그러나 현재 전수교육관은 무형문화유산을 소재로 새로운 교육콘텐츠를 개발하는 활동이 미흡한 실정이다. 전수교육관, 무형문화재, 마을을 연계한 생활문화 공동체 교육프로그램 또한 개발되지 못하고 있는 실정이다. 현재 전수교육관의 경우에는 무형문화재 원형에 충실해야 한다는 입장과 무형문화재를 창조적으로 활용하여 다양한 교육프로그램을 개발해야 한다는 입장이 공존하고 있는 것이 현실이다.

앞으로 전수교육관이 무형문화재 활성화를 위한 지역의 거점 문화공간으로 그 위상을 확대할 경우에는 무형문화재를 활용한 다양한 교육프로그램이 개발될 필요가 있다. 무형문화재 분야의 사람들 또한 그 자체로 교육프로그램 소재가 될 수 있다. 이와 관련하여 전수교육관은 교육콘텐츠를 개발하여 학습자들이 다양한 방식으로 재미있게 무형문화재를 체험하고, 학습할 수 있는 여건을 마련해야 한다. 교수법 또한 첨단기술의 활용 등을 포함하여 다양한 형태로 개발될 필요가 있다.

한편 전수교육관의 핵심 프로그램이라고 할 수 있는 공연프로그램, 전시프로그램, 교육프로그램의 상호 연계체계가 구축되지 못하고 있다. 공연과 전시 프로그램은 교육자원으로 활용될 수 있다. 공연체험교육, 전시체험교육, 공연기획, 전시기획 등 공연과 전시 프로그램은 교육프로그램과 연계가 가능하다. 관광객의 체험교육프로그램의 경우, 공연, 전시, 교육을 연계한 종합체험프로그램을 구상해 볼 수 있다. 그리고 공연과 전시 고객이 교육프로그램 고객으로 이어질 수도 있다. 그러나 그동안 우리나라의 전수교육관은 이러한 공연, 전시, 교육의 상호 연계체계를 구축하는 데 미흡한 측면이 있다고 볼 수 있다.

### (7) 지역사회와의 파트너십 구축

전수교육관과 지역사회의 교육 파트너십 구축이 미흡한 실정이다. 전수교육관은 일반적으로 지역학교와의 파트너십에 국한되어 있으며, 지역기업, 지역사회단체, 지역문화기반시설, 문화예술단체, 지역경제

단체, 외국인 등 다양한 지역 기관 및 단체들과의 파트너십 체계가 상당히 미흡한 실정이다. 전수교육관들의 상호 교류 및 협력 활동 또한 활발하게 이루어지지 못하고 있다. 전반적으로 전수교육관은 무형문화재 보존단체들과의 연계에 한정하여 파트너십을 구축하고 있는 것으로 나타났다. 앞으로 전수교육관이 무형문화재 원형을 보존, 전수하는 공간에서 한 단계 나아가 지역사회의 문화기반시설로서의 위상을 확대하기 위해서는 전수교육관과 지역사회의 파트너십 체계를 구축할 필요가 있다.

문화농촌·창조농촌

조수아, 임영숙

# 3 농촌 문화탐방 방법론

## 1. 농촌 문화탐방의 의미

농촌 문화탐방은 일정한 기간 동안 농촌의 문화현장을 방문하여 조사연구, 인터뷰, 프로그램 모니터링, 학습 및 체험 등의 활동을 수행하는 것을 의미한다. 농촌 문화탐방의 목적은 다양하다. 문화정책 개발을 위한 수요 조사에 초점을 두는 문화탐방이 있는가 하면, 현재 추진되고 있는 문화정책 사업이 현장에서 효과적으로 이루어지고 있는가를 점검하는 모니터링 및 컨설팅에 초점을 두는 문화탐방이 있다. 또한 학문적 연구에 초점을 둔 문화탐방이 있는가 하면, 교육적 목적에 초점을 둔 문화탐방이 있다.

이러한 문화탐방은 문화현장이 지니고 있는 다음 네 가지 특성에 바탕을 두고 있다.

첫째, 문화현장은 문화 활동과 프로그램이 실제로 이루어지는 일선 현장을 의미한다. 문화현장은 예술가, 문화기획자, 지역주민, 문화공간 관계자 등이 함께 소통하는 공간이다. 예술가들의 창작 및 발표 공간 또한 문화현장이다. 문화정책 사업을 수행하는 일선 문화기관 및 단체가 문화현장일 수도 있다. 전수교육관과 같이 전통 무형유산을 보존하고 전승하기 위한 공간 또한 문화현장이다. 문화현장은 새로운 문화 활동 및 프로그램이 기획되는 곳이기도 하다. 이와 같이 문화현장은 문화적 활동이 이루어지는 공간이고, 관련 사람들이 어우러지는 공간이다. 문화탐방은 이러한 문화현장의 맥락과 과정, 활동과 프로그램, 그리고 문화현장 사람들을 이해하는 체계를 의미한다.

둘째, 문화현장은 문제가 일어나고, 이러한 문제를 인식, 해결하는 곳이다. 현장에서 활동하는 사람들은 끊임없이 문제를 제기하고, 이러한 문제를 정의하며, 이를 해결하기 위한 대안들을 탐색한다. 현장 사람들에 대한 이러한 총체적인 접근은 현장 사람들을 단순히 프로그램 집행자로 인식하는 접근과는 차이가 있다. 현장 사람들이 갖고 있는 문제의식, 문제정의, 해결 방안은 문화정책 사업을 이해하는 데 매우 중요한 요소이다. 현장 사람들의 인식은 문화정책 문제를 파악하고, 해결방안을 찾아가는 데 중요한 준거자료로 활용될 수 있다. 그러나 다른 한편으로 현장 사람들의 인식은 문화정책을 효과적으로 수행하는 데 장애요인이 될 수 있다. 예컨대, 중앙정부의 문화정책 목적과 성과 인식이 문화정책 사업이 수행되는 일선 현장 사람들에게 충분하게 공유되지 못하는 경우가 발생하기 때문이다. 이러한 인식차이를 찾아내고, 공감을 형성하는 일련의 활동 또한 문화탐방의 범주에 포함된다.

셋째, 문화현장은 다양하다. 지역의 문화예술 가치 인식, 예술인력 분포, 문화기반시설 규모와 운영 수준, 지역주민들의 문화생활 수준, 문화예술단체의 역량, 지방자치단체의 문화정책 의지 등은 문화현장에 따라 다양하다. 이러한 문화현장의 다양성을 어떻게 문화정책 과정에서 고려할 것인가 하는 점은 문화정책의 중요한 과제이다. 동일한 목적과 내용을 지닌 문화정책 사업이라고 하더라도, 현장의 특

문화농촌·창조농촌

성과 맥락에 따라 재구성이 필요할 수 있다. 문화정책 현장 모니터링은 정책과 현장의 연계를 강화하기 위한 것이라고 할 수 있다. 현장 모니터링은 당초 설정했던 사업계획이 사업집행단계에서 제대로 집행되고 있는지를 파악하고, 문제를 발견하여 해결하는 과정이다. 그리고 문화현장은 문화정책의 성과를 평가할 수 있는 효과적인 공간이다. 아무리 좋은 문화정책이라 하더라도 현장에서 의미가 없으면, 좋은 정책이라고 할 수 없기 때문이다.

이러한 문화현장의 다양성을 고려할 때 표준화의 틀에 얽매인 공급자 중심의 문화정책보다는 문화현장의 다양한 이슈를 제시하고, 고려할 수 있는 수요자 중심의 문화정책이 필요하다. 문화정책개발자, 문화정책집행자, 문화정책 연구자 등은 현장과의 지속적인 소통과 논의를 바탕으로 현장과의 적합성이 높은 정책을 개발·추진할 수 있을 것이다.

넷째, 문화현장은 구체적인 현장 사례를 제시함으로써 이론적 담론을 풍부하게 할 수 있다. 대학교 강의실에서는 문화정책에 대한 연구 논문과 책을 바탕으로 이론적 담론의 장을 제공할 수 있다. 그러나 이러한 연구 논문과 책은 현장의 생생한 이야기를 담아내지 못하는 경우가 많다. 문화현장 탐방은 이러한 이론적 담론의 한계를 보완해 줄 수 있다. 문화현장은 구체적이고 다양한 문화 활동이 이루어지는 실천 현장이기 때문이다.

## 2. 사례 연구

### 1) 사례 개요

'강원도 평창, 정선 문화탐방 프로그램'은 문화비즈니스연구소가 2014년 12월 26일부터 27일까지 1박 2일 동안 문화경영 및 문화콘텐츠학을 전공하고 있는 학생들 17명과 함께 추진한 문화탐방 프로그램이다. 다음 표는 문화탐방 프로그램의 주요 일정과 내용을 나타낸 것이다.

〈표 1〉 문화탐방 프로그램

| 일자 | 시간 | 세부일정 | 인터뷰 및 특강 |
|---|---|---|---|
| 12/26(금) | 07:00~10:00 | 이동<br>(서울성모병원<br>→ 감자꽃스튜디오) | 약 2시간 51분 소요 |
| | **10:00~11:30** | **평창 감자꽃스튜디오<br>(특강, 탐방)** | **이선철 대표님** |
| | 11:30~12:00 | 이동<br>(감자꽃스튜디오 → 식사장소) | |
| | 12:00~13:30 | 점심식사 (곤드레밥) | 인근 펜션 |
| | 13:30~14:30 | 이동 (평창→삼탄아트마인) | 약 45분 소요 |
| | **14:30~16:30** | **정선 삼탄아트마인<br>(투어안내, 담당자 인터뷰)** | **김민석 대표님** |
| | 16:30~18:00 | 이동<br>(삼탄아트마인<br>→ 정선아리랑전수관) | 약 1시간 26분 소요 |
| | 18:00~19:30 | 저녁식사 | 인근 식당 |
| | **19:30~21:00** | **정선아리랑 전수교육관<br>(정선아리랑 이야기)** | **김형조 보유자** |
| | 21:00~22:00 | 학술제 | |
| 12/27(토) | **07:30~08:30** | **수리취떡 만들기 체험** | **인근 떡집** |
| | 08:30~09:00 | 정리 | |
| | 09:00~09:30 | 이동 (전수관 → 정선아리랑시장) | 약 30분 소요 |
| | 09:30~11:30 | 아침 겸 점심 + 정선5일장터 | 정선아리랑시장 |
| | **11:30~12:00** | **정선아리랑 상설공연** | **정선5일장터<br>문화공연장** |
| | 12:00~17:00 | 이동 (정선아리랑시장 → 서울) | 약 3시간 20분 소요 |

## 2) 기획콘셉트

문화탐방 프로그램은 농촌의 문화현장을 이해하고 향후 농촌의 문화 전략 방향을 탐색하는 데 목적을 두고 있다. 이를 통하여 본 문화탐방 프로그램은 참여자들로 하여금 농촌의 가치와 문화의 가치를 통합적으로 파악할 수 있는 계기를 제공하고자 하였다. "문화의 놀라운 힘"이 핵심 콘셉트로 설정되었다. 그리고 문화탐방 대상은 농촌 문화현장에서 활동하고 있는 "사람"과 활동의 거점이라고 할 수 있는 "공간"에 초점을 두었다.

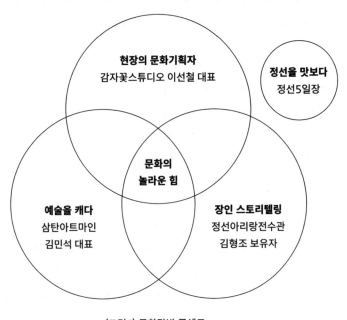

〈그림 1〉 문화탐방 콘셉트

평창의 감자꽃스튜디오, 정선의 삼탄아트마인, 그리고 정선아리랑전수관이 문화탐방 현장으로 설정되었다. 평창의 감자꽃스튜디오는 폐교를 지역문화커뮤니티 공간으로 전환시킨 사례로 평창지역에 새로운 문화 공간의 모델을 제시하고 있다. 정선의 삼탄아트마인은 우리나라 산업화 과정에서 석탄 자원을 개발했던 지역의 역사성을 바탕으로 지역재생 관점에서 광산을 미술관으로 전환시킨 사례이다. 그리고 정선아리랑전수관은 지역무형문화재이면서 세계문화유산인 정선아리랑을 교육, 전수하는 공간이다. 정선아리랑은 무형문화유산이면서 동시에 지역 활성화를 위한 문화자원이라고 할 수 있다.

### 3) 문화현장 워크숍

**(1) 새로운 문화를 심다 : 평창 감자꽃스튜디오와 이선철 대표**
감자꽃스튜디오는 지역 커뮤니티 문화공간으로 예술가와 지역주민, 지역주민과 지역주민, 도시민과 지역주민, 예술가와 예술가들의 소통 플랫폼이다. 공연, 전시, 교육, 워크숍, 동아리 활동 등 다양한 유형의 문화 활동이 열린다. 이러한 감자꽃스튜디오는 농촌의 특성을 살린 새로운 유형의 복합 문화커뮤니티 공간 모델을 제시했다는 점에서 주목을 받고 있다. 또한 감자꽃스튜디오는 문화예술과 지역의 농촌 자원들을 연계함으로써 지역의 예술관광을 활성화하는 데도 기여하고 있다.

문화현장 워크숍은 크게 다음 3가지에 초점을 두고 이루어졌다.

첫째는 감자꽃스튜디오를 성공적으로 운영하고 있는 이선철 대표의 리더십에 관한 것이다. 이를 위하여 이선철 대표의 특강을 듣고, 함께 이야기하는 시간을 가졌다. 이 과정에서 이선철 대표의 리더십은 예술기획에 대한 전문성과 신뢰에 바탕을 두고 있다는 점을 알게 되었다. 이선철 대표는 전문 문화기획자로서 평창지역의 문화 발전과 관련하여 전문적인 자문과 컨설팅을 활발하게 수행하고 있었으며, 지역주민들과의 신뢰관계를 형성해가고 있었다. 또한 이선철 대표는 문화를 기반으로 지역 자원들과의 연계를 구축함으로써 문화네트워크 허브로서의 리더십을 확립해 가고 있다. 이러한 이선철 대표의 리더십에 대한 논의는 농촌에서의 문화기획자, 문화활동가의 리더십 모델을 개발하는 데 준거 자료가 될 수 있다.

둘째는 감자꽃스튜디오의 역사와 스토리에 관한 것이다. 이선철 대표의 안내로 감자꽃스튜디오의 시설과 프로그램을 돌아보았다. 각각의 사진과 시설 속에는 다양한 이야기들이 담겨 있었다. 감자꽃스튜디오의 초기 문화예술교육 프로그램에 참여한 학생이 지금은 감자꽃스튜디오의 기획자로 활동하고 있다는 이야기는 인상적이었다.

셋째는 문화예술과 지역 농촌 자원의 연계에 관한 것이다. 감자꽃스튜디오는 방문객들을 지역의 주민들과 연결하여 방문객들로 하여금 감자꽃스튜디오 외에도 평창 지역을 체험할 수 있도록 하고 있었다. 감자꽃스튜디오 방문객이 평창지역 관광객이 되는 것이다.

### (2) 예술을 캐다 : 삼탄아트마인과 김민석 대표

삼탄아트마인은 1964년부터 38년간 운영되어 오다 2001년 10월 폐광된 삼척탄좌 시설을 새로운 예술공간으로 되살린 곳이다. 삼탄아트마인은 폐산업시설을 문화시설로 재생시킨 사례에 해당한다. 이제는 무연탄을 캐는 탄광이 아니라 예술을 캐는 미술관이 되었다. 현장 워크숍에서는 김민석 대표의 강의 및 토론, 시설 관람 등이 이루어졌다.

문화현장 워크숍은 크게 다음 3가지에 초점을 두고 이루어졌다.

첫째는 삼탄아트마인을 조성하는 과정에서 탄광의 역사와 문화와 사람들에 관한 스토리텔링이 어떻게 이루어졌는가에 관한 것이다. 검은 먼지를 뒤집어 써가며 깊은 땅 속에서 석탄을 캐던 광원들과 지역주민들의 흔적과 이야기는 삼탄역사박물관에 고스란히 남아있다. 탄광이 운영되던 당시의 월급 명세서, 회의록 등 각종 문서기록, 지하까지 사람과 석탄을 올리고 내리던 권양기(捲揚機)와 같은 여러 가지 시설과 장비들을 둘러보는 프로그램은 지역의 역사와 기억을 되짚어 볼 수 있게 한다. 이와 관련하여 앞으로 탄광의 역사, 문화, 사람들에 관한 스토리텔링 연구와 콘텐츠 개발이 지속적으로 이루어질 필요가 있으며, 이를 위한 방법론 연구 또한 필요하다는 점을 논의했다. 그리고 다양한 예술가들과의 협업 프로젝트 또한 삼탄아트마인을 활성화하는 데 기여할 것이다.

둘째는 삼탄아트마인과 지역활성화와 관련된 논의다. 삼탄아트마인과 지역사회의 관계, 삼탄아트마인의 방문객 개발, 삼탄아트마인과 지역 브랜딩 등에 관한 연구가 필요하다. 삼탄아트마인이 지역주민 및 방문객들에게 어떤 의미와 체험을 제공할 수 있는지에 대한 연구 또한 필요하다. 그리고 지역활성화 맥락에서 삼탄아트마인의 정체성과 역할 정립, 전략 개발, 파트너십 구축 등을 위한 삼탄아트마인의 기획경영 역량을 강화해 나갈 필요가 있다.

셋째는 삼탄아트마인의 미래 설계에 관한 것이다. 삼탄아트마인은 이제 시작단계이다. 따라서 삼탄아트마인의 비전과 중장기 발전전략을 수립할 필요가 있다. 예컨대, 이번 현장 워크숍에서는 삼탄아트마인 주변의 탄광 동굴을 다양한 문화공간 및 체험공간으로 활용하는 방안이 논의되었다.

### (3) 무형문화를 보존하고 활용한다: 정선아리랑전수관과 김형조 보유자

정선아리랑전수관은 강원도 지정 무형문화재 제1호이자 유네스코 인류무형유산인 정선아리랑을 보존하고 전승하는 공간이다. 4명의 예능보유자를 비롯한 전수교육조교 4명, 5년의 전수교육을 거친 이수자 6명, 전수장학생 4명이 주축을 이룬 정선아리랑전수관은 아우라지 강변에 위치해 있으며, 전수교실 운영, 공연, 민속경연 참가 등 정선아리랑 전승과 보존, 창조적 활용을 위해 다양한 활동을 하고 있다. 문화탐방 프로그램에서는 네 명의 보유자 중 김형조 보유자를 만나 정선아리랑에 얽힌 스토리와 현대적 의미에 대해 논의했으며, 직접 김형조 보유자로부터 정선아리랑을 배웠다.

문화현장 워크숍은 크게 다음 3가지에 초점을 두었다.

첫째는 정선아리랑의 역사와 의미에 관한 것이다. 이와 관련하여 김형조 보유자로부터 정선아리랑의 역사와 스토리에 관한 강의를 듣고, 정선아리랑을 배웠다. 김형조 보유자의 정선아리랑과 함께해온 삶에 관한 이야기도 들었다. 그리고 전수교육관의 특성과 역할, 인적 자원, 운영체계, 시설 등에 관해서도 자세히 설명을 들었다.

둘째는 정선아리랑과 지역 활성화의 관계를 살펴보았다. 이와 관련하여 실제로 정선아리랑을 관광상품으로 활용하고 있는 정선아리랑시장을 탐방하였다. 정선아리랑시장은 정선5일장으로 널리 알려진 산골 장터다. 정선아리랑 민요마당은 정선아리랑이 지속적으로 지역주민과 시장을 방문한 관광객들과 만날 수 있는 장을 마련해준다는 점에서 의미가 있다. 정선5일장은 여러 매체와 입소문을 통해 정선을 방문한다면 꼭 들러야 하는 곳이 되었다. 정선아리랑시장 탐방을 통해 정선아리랑이 지역의 문화관광 상품으로 활용될 수 있다는 점을 확인할 수 있었다. 이러한 정선아리랑은 한국의 대표적인 무형문화유산으로서 2018년 정선에서 열리는 평창 동계올림픽의 문화올림픽 소재로 활용될 수 있을 것이다. 이와 관련하여 정선을 찾는 국내외 관광객들에게 어떤 체험을 정선아리랑이 제공할 수 있는지에 대한 연구가 이루어질 필요가 있다.

### 4) 문화탐방 프로그램 기획 및 관리

#### (1) 기획 및 관리

문화비즈니스연구소의 임영숙 실장과 조수아 연구원이 1박 2일 일정으로 문화탐방 프로그램을 설계했다. 이들 기획자들은 사전에 참석 예정자들과의 대화를 통해 수요를 파악하고, 협의를 진행했으며, 평창 감자꽃스튜디오, 정선의 삼탄아트마인, 정선의 정선아리랑전수관에 대한 기존 자료를 분석하였다. 그리고 이선철 대표, 김민석 대표, 김형조 보유자 분들과도 사전에 현장 문화탐방의 목적과 의미, 구체적인 역할, 참여자 특성 등에 대해 협의를 진행하였다. 이러한 조사 분석 및 협의를 바탕으로 문화탐방 프로그램의 초안이 개발되었다. 이어서 문화비즈니스연구소 임학순 소장이 사전에 평창과 정선 현장 답사를 실시하여 문화탐방 프로그램의 실현 가능성과 예상되는 이슈들을 최종 점검하였다.

문화탐방 첫날, 출발하면서 간단한 대화시간을 마련하여 문화탐방 프로그램을 소개하고, 자료집을 나눠주었다. 안전교육도 이루어졌다. 숙소는 지역문화 체험을 고려하여 정선아리랑전수관을 이용했다. 저녁시간에는 문화현장 탐방에 대해 참여자들의 생각들을 주고받는 워크숍이 진행되었다. 그리고 둘째 날, 정선에서 서울로 이동할 때는 함께 참여해줘 고맙다는 편지를 전달하였다. 서울에 도착해서 30분 정도 연구실에 모여 앉아 차를 마시고, 향후 문화탐방의 방향에 대해 담소를 나누었다. 문화탐방 결과 보고서는 2015년 3월에 작성되었다.

### (2) 참여자 체험 프로그램

참여자들이 직접 참여하여 체험한 프로그램은 크게 3가지로 구분할 수 있다.

첫째, 정선아리랑전수관에서 김형조 보유자의 지도로 정선아리랑을 배웠다. "아리랑 아리랑" 후렴구의 음색이 애달픈 긴 아리랑과 빠른 장단에 맞춰 읊조리다 갑자기 느려지는 엮음아리랑을 한 소절씩 불러보았다. 정선아리랑 부르기는 다음날 정선아리랑시장의 정선아리랑 민요마당을 이해하는 데 도움이 되었다.

둘째, 아침은 참여자들이 직접 수리취떡을 만들어 먹었다. 수리취는 정선 지역의 대표적인 산나물 중 하나로, 예로부터 정선에서는 '수릿날'이라고도 불리는 음력 5월 5일 단오에 수리취떡을 해먹었다. 멥쌀에 수리취 나물을 넣고 물을 부은 뒤 손으로 오물조물 반죽을 하고, 반죽이 선명한 초록색이 되어가는 것을 보았다. 한 덩이씩 떼어내 떡살로 문양을 찍고, 향긋한 내음과 함께 떡이 쪄지길 기다렸다. 정선의 맛을 오감으로 느낄 수 있는 즐거운 시간이었다.

셋째, 정선5일장 체험은 4개 모둠별로 나뉘어 진행했고, 정선아리랑 민요마당은 모두 함께 관람했다. 모둠별로 콧등치기국수, 올챙이국수, 감자붕생이, 수수부꾸미 등을 맛보았고, 시장의 이모저모를 자유롭게 탐방했다.

### 5) 시사점

이번 단기 문화탐방 프로그램은 '사람'에 대한 심층 인터뷰를 통해 농촌사회에서 문화전략이 갖는 의미와 한계를 이해하는 데 도움이 되었다. '사람'의 생각과 경험은 그 자체로 소중한 자산이다. 특히 농촌 문화 환경 및 문화정책에 관한 연구와 문헌자료가 매우 빈약한 현재의 상황에서는 '사람'의 생각과 경험은 더욱 그 가치가 크다고 할 수 있다.

문화탐방 현장인 감자꽃스튜디오, 정선삼탄아트마인, 정선아리랑전수관 등은 미래 농촌의 문화전략을 수립하는 데 시사점이 있다. 감자꽃스튜디오는 농촌지역에 새로운 커뮤니티 문화공간 모델을 제시했다는 점에서 의미가 있고, 정선삼탄아트마인은 문화를 활용하여 폐산업시설을 지역재생 기반으로 활용했다는 점에서 의미가 있다. 정선아리랑전수관은 지역 활성화의 핵심요소로 인식되고 있는 전통 무형문화유산의 거점이라는 점에서 의미가 있다. 문화탐방 참여자들은 서로 다른 3가지 공간의 유형을 비교론적 관점에서 체험할 수 있다.

정선아리랑 배우기, 수리취떡 만들기, 그리고 정선5일장을 자유롭게 돌아다니게 하는 체험프로그램은 자칫 딱딱해질 수 있는 탐방 프로그램에 즐거움을 주고, 추억거리를 남겼다.

그럼에도 불구하고, 문화탐방의 주제와 콘셉트, 프로그램 기획 과정에 소수의 기획자만 참여한 점은 아쉬움으로 남는다. 이번 문화탐방에서 참여자들은 기획자 중심의 프로그램을 일방적으로 수용하는 단계에 그쳤다. 따라서 다음에는 충분한 준비시간을 가지고 참여자도 기획과정에 포함시켜 기획자와 참여자 모두가 공감할 수 있는 문화탐방을 만들어야 할 것이다. 또한 이번에는 사진과 영상, 일지 등의 기록이 미흡했다. 문화탐방이 끝난 후에도 기록들을 체계적으로 정리하여 공유와 피드백 과정을 반드시 거칠 필요가 있다. 이는 단순한 기록의 의미를 넘어 향후 문화탐방을 기획하는 데 준거자료가 될 수 있다.

# 제3장 농촌의 문화환경 및 문화행정 체계

1 농촌의 문화공간 현황과 과제
2 농촌문화행정의 체계 및 특성

# 1 농촌의 문화공간 현황과 과제

## 1. 농촌지역과 문화활동

농어촌 지역은 「농어업·농어촌 및 식품산업 기본법」 제3조 5항에 따른 지역으로, 읍·면의 지역과 읍·면 이외의 지역 중 그 지역의 농어업, 농어업 관련 산업, 농어업인구 및 생활여건 등을 고려하여 농림축산식품부장관이 해양수산부장관과 협의하여 고시하는 지역(개정 2013.3.23.)을 뜻한다.[1]

---

1 「농어업·농어촌 및 식품산업 기본법」[시행 2014.3.18.] [법률 제12438호, 2014.3.18., 일부개정] 제3조 5항.
　가. 읍·면의 지역
　나. 가목 이외의 지역 중 그 지역의 농어업, 농어업 관련 산업, 농어업인구 및 생활여건 등을 고려하여 농림축산식품부장관이 해양수산부장관과 협의하여 고시하는 지역(개정 2013.3.23.)

최근 농촌은 축제, 관광, 교육, 여가의 공간이 되면서 농경지로서의 의미뿐 아니라 농촌문화, 유물유적, 생태환경, 전통문화를 만날 수 있는 문화의 공간으로 의미가 확장되고 있다(윤유석 외, 2011). 농촌의 공간적 기능이 농산물만 생산하는 곳이 아닌 농촌의 문화가 발생되는 공간으로 확장되고 있음을 의미하는데, 이는 농촌이 생활문화, 농촌지역문화와 연계된 놀이와 여가의 공간이 될 수 있는 가능성도 보여준다.

농촌지역에서 폐교, 폐시설 등을 활용한 창작공간이 늘어나고, 문화센터 등의 건립이 이루어지고 있는 현상은 농촌의 기능이 수동적이고 제한적인 예술 향유뿐 아니라 문화의 창작이 이루어지는 공간으로 확장되고 있음을 보여준다.

그렇다면 실제 농촌 거주자들은 농촌지역에서 어떠한 문화활동을 하고 있으며, 농촌지역의 문화공간은 어떠한 형태인지 살펴볼 필요가 있다. 이를 위해 1960년대 이후 현재까지의 변화 양상을 살펴본다. 또한 도시의 문화공간과 비교하여 어떠한 차이점과 특징을 가지고 있는지 알아보고 농촌지역에서의 문화공간을 이해해 보고자 한다.

이번 장에서는 농촌의 문화향유에 대하여 농촌 거주민들과 가장 가까이에 있는 지방문화원, 문예회관, 문화의 집, 사립공간 등의 문화공간에서 이루어지는 프로그램과 관련하여 살펴보고, 이러한 프로그램들을 통한 농촌 거주민의 문화활동 활성화 방안 모색을 위한 프로그램에 대하여 생각해 보고자 한다. 지방문화원과 문예회관, 문화의 집 등의 프로그램 현황 자료는 『2014 전국문화기반시설총람』의 자료를 활용하였으며, 공연장 현황은 『2013년도 등록공연장 및 현황』, 현황창작스튜디오 현황 자료는 한국문화관광연구원 기본연구 발간자료 『창작스튜디오 현황 조사 및 지원 방안 연구』의 원자료를 활용하였다.

## 2. 농촌지역 문화공간의 의미

### 1) 농촌지역 문화공간과 문화활동에 대한 법적 인식

법에서는 문화시설에 대하여 다음과 같이 상세분류하고 있다. 문화예술진흥법 시행령 제2조제2항의 문화시설의 상세분류에 따르면 공연장, 영화관, 야외음악당, 박물관, 미술관, 화랑, 조각공원, 도서관, 문고, 문화의 집, 복지회관, 문화체육센터, 청소년활동시설, 지방문화원, 국악원, 전수회관, 종합시설, 그 밖의 문화시설로 구분된다.[2]

농촌지역의 문화공간과 문화활동에 대하여 법에서는 다음과 같은 인식을 갖고 있다. 농어업인 삶의 질 향상 및 농어촌지역 개발촉진에 관한 특별법에서는 제31조(농어촌산업 육성), 제33조(농어촌의 문화예술 진흥), 제34조(농어촌 문화복지시설의 설치 및 운영 지원)에서 농촌의 문화활동과 문화시설에 대한 언급하고 있다.[3]

농어업, 농어촌 및 식품산업 기본법[시행 2014.3.18.] 제3조(정

---

2  문화예술진흥법 [시행 2014.3.31.] [법률 제12134호, 2013.12.30., 타법개정]
   3. "문화시설"이란 문화예술 활동에 지속적으로 이용되는 다음 각 목의 시설을 말한다.
   가. 「공연법」 제2조제4호에 따른 공연장 등 공연시설
   나. 「박물관 및 미술관 진흥법」 제2조제1호 및 제2호에 따른 박물관 및 미술관 등 전시시설
   다. 「도서관법」 제2조제1호에 따른 도서관 등 도서시설
   라. 문화예술회관 등 공연시설과 다른 문화시설이 복합된 종합시설
   마. 그 밖에 대통령령으로 정하는 시설
   문화예술진흥법 시행령 [시행 2014.3.31.] [대통령령 제25268호, 2014.3.24., 타법개정]
   ② 법 제2조제1항제3호 각 목의 문화시설의 상세 분류
3  농어업인 삶의 질 향상 및 농어촌지역 개발촉진에 관한 특별법 [시행 2014.3.18.] [법률 제12427호, 2014.3.18.,일부개정], 국가법령정보센터 참조.

의) 동법 동조 9항에서는 "농어업, 농어촌의 공익기능"을 지정하고 있는데 이 중 '나. 국토환경 및 자연경관의 보전, 바. 농어촌사회의 고유한 전통과 문화의 보전'을 들고 있다. 환경과 경관의 보전과 전통과 문화의 보전이 농어촌의 공익기능이라 함은 농어촌의 문화적 기능에 대한 인식과 그 중요성에 대하여 인지하고 있음을 뜻한다.

이러한 법제의 지정은 국가 입장에서 농촌지역에서 이미 보유하고 있는 고유한 전통과 생활문화를 보전가치가 있는 중요한 문화로 보고, 이를 기반으로 한 문화의 함양을 목적으로 한다는 것을 보여준다. 그러나 전통문화를 보전하자고 강조하는 것은, 활발하게 이루어지고 있는 동시대 예술과 농촌지역 사이에 거리감을 만들기도 한다. 또한 일자리를 찾아 도시로 나온 젊은이들로 인해 농촌에 노인 인구가 늘어나면서, 전통문화에 대한 수요가 더욱 도드라져 보이게 한다. 이에 법적 분류에 따른 실제 농촌지역의 문화시설은 어떠하며 주로 어떠한 형태의 공간들이 문화활동에 사용되고, 또 활동과 장소에 대하여 농촌거주자들은 어떠한 선호를 보이는지 알아볼 필요가 있다.

## 2) 농촌지역 비전용공간의 문화공간으로서의 활용

### (1) 마을회관

마을회관은 1970년대부터 본격적으로 조성되기 시작하여 40여 년간 농촌의 변화에 따라 함께 그 기능과 목적을 달리해 왔다. 김동원 외(2012)에 따르면, 마을회관은 85.4%가 경로당과 공동으로 사용되고 있었으며, 마을에 마을회관 기능을 대체할 시설이 있다는 응답은 17.1%로 거의 유일하게 커뮤니티 시설로서 그 역할을 수행하는 것으로 나타났다. 마을회관의 다양한 기능 강화에 대한 주민들의 요구 역시 존재하며, 문화행사 및 교육 기능, 사교 및 조직 활동 기능 등을 마을회관에 기대하는 것으로 드러났다. 그러나 마을회관 운영이 노인중심으로 편중되며 이용에 대한 주민 계층 간 갈등이 존재하며, 마을회

문화농촌·창조농촌

관을 매개로 제공되는 프로그램과 그 지원이 다양하지 않은 것에 한계가 존재한다.[4]

### (2) 정부지원문화활동을 위해 활용되는 공간

문화체육관광부에서 진행하는 문화향유 사업 현황을 살펴보면 복권기금과 국고를 활용하여 농촌지역의 문화향유를 지원하고 있음을 알 수 있다.[5] 사업진행의 주 장소는 주로 학교, 도서관, 문예회관 등 기존의 공공장소를 활용하고 있다.

〈표 1〉 문화부 문화향유 사업 현황

| 사업명 | 대상 |
| --- | --- |
| 소외계층 문화순회 사업 | 농촌, 복지시설, 교정시설, 군부대 등 |
| 저소득층 지식정보 활동 지원 | 농어촌 공공도서관, 작은도서관, 아동센터 등 |
| 생활문화공동체 만들기 | 임대아파트, 농촌 등 |
| 지방문예회관 지원프로그램 | 지역민, 지방문예회관 |
| 공공박물관, 미술관 전시 지원 | 저소득층, 격오지 등 |
| 예술꽃 씨앗학교 | 농촌 초등학교 |
| '움직이는 예술정거장' | 버스로 갈 수 있는 소외지역 |
| 농·산·어촌 '온 드림 스쿨' | 농어촌·중소도시 학교 |

(출처: 문화체육관광부 홈페이지 참조)

---

4    김동원 외, 『농촌지역 마을회관 이용 실태 조사연구』, 한국농촌경제연구원, 2012.

5    「복권 및 복권기금법」 제23조제3항제4호에서 수익금으로 조성된 기금사용과 관련하여 '문화예술진흥 및 문화유산보존사업'으로 명시하여 복권기금의 일부를 문화예술사업에 지원함.

### 3) 지역적 특성과 연계된 문화공간

#### (1) 향토자원

박주영(2009)은 농촌은 지역마다 보유한 고유 향토문화자원을 발굴, 개발하여 지역경제 활성화를 도모한 사례와 기존 시설을 활용하여 지역의 문화, 여가, 복지수준을 향상시킨 사례를 제시하였다. 전통문화자원 발굴과 활용, 농촌과 문화를 결합하여 농촌관광을 이끌어내 가치 제고, 기존 시설의 활용 등으로 구분하였다.[6]

농촌진흥청 국립농업과학원에서는 농촌어메니티자원(농촌다움자원)을 구분하여 매년 100가지를 선정하고 관리한다. 농촌어메니티는 농촌지역의 아름다운 경관, 역사문화유산, 정취 등이 어우러져 쾌적함, 유쾌함, 긍정적인 감정 등을 불러일으키는 장소의 속성이나 감성적 인식인 농촌다움, 경관미, 정주편리성 등을 의미한다.[7] 이 중 농촌역사문화경관으로 전통자원, 공동체활동 등이 선정되어 농촌의 문화활동을 농촌 고유의 속성으로 인식하였다.

#### (2) 지역문화복지센터

농협에서는 농촌지역 농업인과 지역주민에게 다양한 복지서비스를 제공하는 것을 목적으로 하는 지역문화복지센터를 2005년부터 농협중앙회에서 일선조합에 위탁하여 운영하고 있다. 지역문화복지센터에는 교육장, 건강관리실, 공부방, 상담실이 의무 설치되는데, 각 시설은 영농교육과 취미활동, 물리치료와 운동, 청소년 공부방과 방과 후 아동지도, 농업인의 고충을 들어주는 상담 등의 활동이 이루어진다. 영유아 교육실과 휴게실, 식당, 목욕탕, 이·미용실 가운데 2개 시설

---

6 박주영, "농촌의 문화콘텐츠 활용 사례와 과제", 『한국문화관광연구원 개원 기념 문화관광정책 심포지엄 자료집』, 2009.

7 농촌진흥청 국립농업과학원 홈페이지 (www.naas.go.kr/amenity) 참조.

문화농촌·창조농촌

이상이 필수로 설치되어 운영된다.[8]

## 3. 농촌지역 문화향유실태

### 1) 2003년 농촌주민의 문화생활 실태

박옥임 외(2003)의 농촌주민의 문화생활실태 분석 연구에 따르면 농촌주민들은 농업을 직업으로 하는 경우, 여유시간을 휴식활동으로 가장 많이 활용(69.4%)하였으며, 그 다음으로는 감상활동(8.6%)으로 휴식을 취한 후 TV시청, 영화감상 등의 활동을 주로 한 것으로 보인다. 농업 외 직업의 경우 역시 휴식활동(53.6%)이 높으나 농업인의 그것에 비해 비율이 낮고 그 다음으로는 역시 감상활동(18.5%)으로 높았다.[9]

### 2) 도시와 농촌 간 2014년 문화향수실태 비교

#### (1) 전년도 비교

〈표 2〉 지역별 문화예술관람률 추이

| 구분 | 읍면지역 | 중소도시 | 대도시 |
|------|---------|---------|--------|
| 2012년 | 52.7 | 73.9 | 72.5 |
| 2014년 | 57.7 | 73.0 | 75.3 |
| 증감 | + 5.0% | - 0.9% | + 2.8% |

(출처: 2014 문화향수실태조사, 단위: %)

---

8   오영채, "농협 '지역문화복지센터' 127곳 선정", 『농민신문사』, 2005. 5. 18.
9   박옥임·김대희·강대구·강재태, "농촌주민의 문화생활실태 분석", 『농업교육과 인적자원개발』, 2003, 35(4), pp.115-141.

2014 문화향수실태조사에 따르면 읍·면지역의 문화예술 관람률
이 도시지역의 관람률보다 높은 증가율을 보였다. 그러나 상대적으로
읍·면지역의 관람률은 도시지역의 관람률보다 낮은 편이다. 자료 사
용 시 소재지가 읍·면으로 되어있는 지역을 농촌으로 간주하였다.

### (2) 예술행사 관람, 참여
#### ① 예술행사별 직접관람률

영화 관람률이 모든 지역에서 가장 높으나 도시지역과 농촌지역의 관
람률의 차이가 20%에 달해 격차가 있다. 전통예술의 직접관람률은
농촌지역이 도시지역보다 높았는데, 접근성이 용이하고 연령대가 높
아서 수요가 높았을 것으로 추정된다. 무용은 대도시보다 농촌의 관
람률이 높았는데, 찾아가는 예술프로그램의 영향으로 보인다.

〈표 3〉 지역규모별 예술행사별 직접관람률

| 구분 | 문학 | 미술 | 서양음악 | 전통예술 | 연극 | 뮤지컬 | 무용 | 영화 | 대중음악 |
|---|---|---|---|---|---|---|---|---|---|
| 대도시 | 6.3 | 11.7 | 4 | 4.6 | 14.8 | 13 | 1.9 | 70.4 | 15.8 |
| 중소도시 | 6.3 | 10 | 6.4 | 5.7 | 11.9 | 11.3 | 3 | 67.7 | 14.4 |
| 읍·면지역 | 5.7 | 8.8 | 4.1 | 8.2 | 8.3 | 8.3 | 2.3 | 50.3 | 10.8 |

(출처: 2014 문화향수실태조사, 단위: %)

#### ② 행사별 참여율

예술행사의 참여율은 도시, 농촌 모두 저조하지만, 중소도시와 농촌
지역에서 미술, 전통예술, 연극의 참여율은 거의 차이가 없었다. 도시
지역보다 참여율이 높은 지역으로는 영화, 무용이 있었는데, 지역에
기반한 창작활동 시 지역주민이 참여하는 경우로 볼 수 있다. 연극과
뮤지컬의 경우는 참여율이 낮은데, 이는 연극과 뮤지컬의 창작지역과

주 관람수요자가 주로 대도시지역에 집중되어 있기 때문이며, 뮤지컬의 경우 이윤창출을 어느 정도 목적으로 하고 있기 때문에 수요에 민감한 행동을 보였을 것으로 보인다.

〈표 4〉 지역규모별 예술행사별 참여율

| 구분 | 문학 | 미술 | 서양음악 | 전통예술 | 연극 | 뮤지컬 | 무용 | 영화 | 대중음악 |
|---|---|---|---|---|---|---|---|---|---|
| 대도시 | 1.0 | 2.1 | 0.4 | 0.1 | 2.3 | 1.5 | 0.1 | 0.2 | 1.0 |
| 중소도시 | 0.8 | 1.3 | 0.5 | 0.2 | 0.7 | 0.8 | 0.2 | 0.3 | 0.6 |
| 읍·면지역 | 0.7 | 1.4 | 0.3 | 0.2 | 0.8 | 1.0 | 0.3 | 0.4 | 0.8 |

(출처: 2014 문화향수실태조사, 단위: %)

### (3) 문화예술공간 이용

2013년 1년간 문화예술공간의 이용횟수는 농촌지역이 도시지역보다 높은 평균 4.8회인데, 이는 주로 시군구민회관, 복지회관과 주민자치센터의 이용횟수에서 기인한다. 농촌지역에서 문화원과 문화의 집, 사회문화교실을 이용한 경우는 거의 없으며, 사용횟수는 저조하지만 도서관, 민간공연장 등을 이용하는 것으로 나타났다. 중소도시지역에

〈표 5〉 지역규모별 문화예술공간 이용횟수

| 구분 | 공간전체 | 시군구민회관 | 문예회관 | 복지회관 | 청소년회관 | 문화원 | 도서관 | 박물관 | 문화의집 | 사회문화교실 | 사설문화센터 | 주민자치센터 | 민간공연장 |
|---|---|---|---|---|---|---|---|---|---|---|---|---|---|
| 대도시 | 3.3 | 0.3 | 0.1 | 0.3 | 0.1 | 0.0 | 0.7 | 0.2 | 0.0 | 0.1 | 0.4 | 0.6 | 0.5 |
| 중소도시 | 4.6 | 0.2 | 0.2 | 0.6 | 0.1 | 0.1 | 0.9 | 0.3 | 0.0 | 0.1 | 0.5 | 0.6 | 1.0 |
| 읍·면지역 | 4.8 | 0.4 | 0.2 | 2.0 | 0.0 | 0.0 | 0.4 | 0.2 | 0.0 | 0.0 | 0.0 | 0.8 | 0.4 |

(출처: 2014 문화향수실태조사, 단위: %)

서 도서관 0.9회, 민간공연장 1.0회의 이용으로 가장 높은 이용횟수를 보인다.

## 4. 농촌지역 문화공간의 현황

### 1) 도시와 농촌지역 문화공간의 실태 비교

『2014 문화기반시설총람』, 『2013년도 등록공연장 및 현황』, 『창작스튜디오 현황 조사 및 지원 방안 연구』의 원자료를 기반으로 지역별, 설립과 운영 주체별, 시대별, 공간유형별 실태를 도시지역과 농촌지역을 비교 대조하면 다음과 같다. 비교 지역은 전국 시도를 기준으로 하고, 설립과 운영 주체는 국립, 공립, 사립으로 구분한다. 1900년부터 10년 단위로 구분하여 비교하였다. 공간 유형은 총람에서 지정한 문화시설인 공공도서관, 등록박물관, 등록미술관, 문예회관, 지방문화원과 법에서 지정하고 총람에 누락된 문화시설인 창작스튜디오, 공연장을 포함하고 복합문화시설의 용도를 가진 시설인 마을회관도 살펴보았다.

#### (1) 지역별 비교

① 강원 : 도서관, 문예회관, 문화원은 농촌지역과 도시지역에 비슷한 수가 분포되어 있다. 미술관은 농촌이 도시의 3배, 창작스튜디오는 약 2배 그리고 박물관은 3배 가까이 더 많은 개소수를 보유하였다. 그러나 농촌지역에 없는 문화의 집이 강원지역 도시에는 7개소가 설립되어 있으며, 공연장은 농촌보다 도시에 약 2배 더 많이 설립되어 있다.

② 경기 : 도시지역에서 농촌지역보다 약 13배 많은 공연장을 보유하고 있다. 도서관과 문예회관, 문화원은 도시지역에서 3배 더 많이 보유하고 있으나, 박물관과 미술관은 도시에서 약간 더 많은 수가

설립되어 있다. 농촌지역에서는 창작스튜디오가 없고 도시지역에서 7개소가 있었으나, 문화의 집은 농촌지역에서 2개소 더 많은 분포를 보였다.

③ 경남 : 도서관과 공연장은 농촌지역보다 도시에서 더 많이 보유하고 있었다. 미술관, 문예회관, 문화원은 거의 1대 1의 수준으로 농촌지역과 도시의 보유시설 수에 격차가 거의 없었다. 그러나 박물관은 농촌지역에서 더 많았으며 창작스튜디오의 경우 1개소를 제외한 모든 창작스튜디오가 농촌에 자리하고 있었다.

④ 경북 : 도시지역에서 3배 많은 공연장을 보유하고 있으나 박물관, 미술관은 농촌지역에서 도시보다 2배가 넘는 수의 시설을 보유하고 있다. 특히 문화의 집은 농촌에 7개소, 도시에 1개소로 많은 차이를 보였는데, 경북지역에서 농촌지역에 더 많은 문화시설이 설치되어 있는 것은 경북에 도시보다 농촌지역이 더 많이 분포하고 있거나, 농촌지역에 박물관, 미술관, 문화의 집 등의 설치 유인이 더 클 수 있기 때문으로 보인다.

⑤ 전남 : 전남지역의 경우 농촌지역에서 모든 문화시설의 보유가 도시지역보다 많았다. 농촌지역이 도시지역보다 많은 지역이기도 하고, 지역문화자원을 활용한 박물관, 미술관의 설치가 가장 높은 지역이기도 하다. 마을회관이 가장 많이 설립된 지역이기도 하다. 그러나 공연장과 도서관의 분포는 농촌과 도시가 다른 문화시설의 보유 수 차이보다 많이 나지 않아서, 도시 지역에 도서관과 공연장이 집중되어 있는 보편적인 현상이 내재되어 있음이 드러난다.

⑥ 전북 : 전북지역에서는 농촌과 도시의 문화시설 보유수에 있어 각 문화시설 종류별로 큰 격차를 보이지 않고 있다. 공연장의 경우 도시 지역에서 농촌보다 5배 가까운 시설을 보유하고 있는 것이 두드러진다.

⑦ 제주 : 전체 문화시설 중 박물관의 비율이 높으며 농촌지역의 경우 전체 문화시설 중 절반을 차지한다. 그러나 많은 시설들이 도시

<표 6> 도시와 농촌의 지역별 문화공간 현황(2014)

| 지역 | 강원 | 경기 | 경남 | 경북 | 광주 | 대구 | 대전 | 부산 | 서울 | 세종 | 울산 | 인천 | 전남 | 전북 | 제주 | 충남 | 충북 |
|---|---|---|---|---|---|---|---|---|---|---|---|---|---|---|---|---|---|
| 도 / 농 | 도시 | | | | | | | | | | | | | | | | |
| 도서관 | 27 | 179 | 45 | 41 | 17 | 27 | 23 | 30 | 123 | · | 11 | 37 | 25 | 33 | 21 | 38 | 20 |
| 박물관 | 23 | 74 | 21 | 17 | 10 | 14 | 14 | 16 | 116 | · | 4 | 20 | 11 | 16 | 29 | 13 | 12 |
| 미술관 | 3 | 24 | 4 | 3 | 7 | 3 | 5 | 5 | 37 | · | · | 2 | 1 | 3 | 9 | 1 | 5 |
| 문예회관 | 9 | 24 | 10 | 13 | 7 | 10 | 3 | 11 | 16 | · | 3 | 7 | 6 | 8 | 2 | 8 | 4 |
| 문화원 | 9 | 23 | 10 | 10 | 5 | 7 | 4 | 13 | 25 | · | 4 | 7 | 5 | 5 | 2 | 7 | 4 |
| 문화의집 | 7 | 6 | 6 | 1 | 4 | · | 3 | 1 | 8 | · | 3 | · | 1 | 6 | 11 | 1 | 4 |
| 창작스튜디오 | 5 | 7 | 1 | · | 6 | 2 | 3 | 7 | 15 | · | · | 2 | 2 | 3 | 2 | · | 3 |
| 공연장 | 18 | 129 | 20 | 31 | 17 | 50 | 24 | 62 | 304 | 1 | 19 | 37 | 10 | 19 | 28 | 26 | 10 |
| 마을회관 | · | · | · | · | · | · | 998 | · | · | · | · | · | · | · | · | · | · |

에 분포되어 있으며 도시에 28개소가 있는 공연장이 농촌지역에서
는 하나도 없다. 제주 지역에는 상대적으로 타 지역에 비해 마을회관
의 수가 작은데, 다른 지역에 비해 가장 많은 문화의 집을 보유하고
있다.

⑧ 충남 : 다른 지역에 비해 많은 문화시설을 보유하고 있는데, 도
시지역에서 도서관과 공연장을 더 많이 보유한 것 외에는 농촌지역의

| 강원 | 경기 | 경남 | 경북 | 광주 | 대구 | 대전 | 부산 | 서울 | 세종 | 울산 | 인천 | 전남 | 전북 | 제주 | 충남 | 충북 | 총계 |
|---|---|---|---|---|---|---|---|---|---|---|---|---|---|---|---|---|---|
| 읍·면 | | | | | | | | | | | | | | | | | |
| 21 | 42 | 22 | 26 | · | · | · | 1 | · | · | 2 | 1 | 31 | 25 | 9 | 27 | 17 | 921 |
| 60 | 57 | 33 | 40 | · | · | · | · | · | 5 | 1 | · | 36 | 18 | 34 | 31 | 29 | 754 |
| 9 | 19 | 4 | 6 | · | · | · | · | · | · | · | 2 | 18 | 4 | 9 | 7 | 2 | 192 |
| 10 | 8 | 9 | 11 | · | 1 | · | · | 1 | · | 1 | 1 | 12 | 7 | · | 9 | 9 | 220 |
| 9 | 8 | 10 | 13 | · | 1 | · | 1 | · | 1 | 1 | 1 | 17 | 9 | · | 9 | 8 | 228 |
| · | 8 | 10 | 7 | · | · | · | · | · | · | 1 | · | 6 | 5 | 7 | 6 | 4 | 116 |
| 9 | · | 8 | 4 | · | 2 | · | 1 | · | · | · | · | 7 | 1 | 3 | 3 | 3 | 99 |
| 8 | 9 | 12 | 10 | · | 2 | · | · | · | · | 1 | 1 | 15 | 4 | · | 7 | 7 | 881 |
| 2195 | 4040 | 4752 | 5167 | · | · | 998 | · | · | · | · | · | 6650 | 5108 | 172 | 4517 | 2897 | 36496 |

(출처: 2014 문화기반시설총람, 2013년도 등록공연장 및 현황, 창작스튜디오 현황 조사 및 지원 방안 연구, 단위: 개소)

문화시설이 도시지역의 시설보다 더 많은 수가 설치되어 있다. 특히 충남지역 도시에 미술관과 문화의 집이 1개소씩 있는 데에 반해, 농촌지역에서는 각 7개소, 6개소를 보유하고 있다.

⑨ 충북 : 충북지역의 문화시설은 타 지역에 비해 많은 수를 보유하고 있지 않지만, 농촌지역에서 29개소의 박물관을 보유하여 다른 유형의 문화시설보다 많은 것을 알 수 있다. 충북의 읍·면지역에서는

도시보다 2배 많은 문예회관과 문화원을 보유하고 있다.

⑩ 광역시지역 : 광역시 내에도 행정구역상 읍·면으로 구분되며 농촌의 형태를 이루는 지역들이 있는데, 이 지역에서는 문예회관, 문화원 등이 설립되어 있었고, 도서관과 박물관을 보유한 지역도 있었다. 상대적으로 광역시의 도심 접근성이 다른 농촌지역보다 높아 문화시설의 분포 양상이 문예회관, 문화원 등 지역 서비스를 주로 하는 시설들에 집중되어 있음을 알 수 있다.

## (2) 설립 및 운영 주체 비교

문화공간의 설립주체는 공립이 가장 많고, 그 다음으로 사립이 많다. 도시지역에는 국립박물관과 국립미술관, 국립창작스튜디오가 있는 데 반해 농촌지역에서는 국립박물관만을 보유하고 있다. 도시보다 농촌에 공립박물관이 더 많으며, 도시에는 사립미술관이 공립미술관의 2배가 넘는 데 비해 농촌에서는 사립미술관이 공립미술관보다 4배 더 많다. 도시에는 사립공연장과 창작스튜디오가 공립공연장과 창작스튜디오만큼 많은 수가 있는 데 반해 농촌지역의 공연장은 4개소뿐으로 설립 개소 수에 많은 격차를 보인다. 그러나 농촌지역에 공립창작스튜디오보다 4배 많은 사립창작스튜디오가 존재하여 시설별 설립주체의 선호 지역에 차이가 드러난다.

〈표 7〉 도시와 농촌의 설립주체별 문화공간 현황(2014)

| 설립 | 도서관 | 박물관 | 미술관 | 문예회관 | 문화의집* | 창작스튜디오 | 공연장 | 도서관 | 박물관 | 미술관 | 문예회관 | 문화의집* | 창작스튜디오 | 공연장 |
|---|---|---|---|---|---|---|---|---|---|---|---|---|---|---|
| 구분 | 도시 | | | | | | | 농촌 | | | | | | |
| 국립 | 1 | 28 | 3 | 0 | 0 | 2 | 0 | 0 | 9 | 0 | 0 | 0 | 0 | 0 |
| 공립 | 679 | 151 | 32 | 96 | 40 | 29 | 427 | 223 | 177 | 15 | 73 | 39 | 8 | 72 |
| 사립 | 18 | 231 | 77 | 45 | 22 | 28 | 378 | 1 | 158 | 65 | 6 | 15 | 31 | 4 |

(출처: 2014 문화기반시설총람, 2013년도 등록공연장 및 현황, 창작스튜디오 현황 조사 및 지원 방안 연구,

### (3) 연도별 비교

농촌지역의 문화시설은 시기별로 각기 다른 경향과 변화 과정을 보여준다. 농촌지역 문화시설은 국립인 부여박물관을 제외하고 1940년대의 문화원 설립으로 그 시작을 열었다. 문화원은 1960년대까지 54개소를 개소하여 농촌지역의 대표적인 문화시설로 자리 잡았으나, 1970년대에 들어서면서 도서관이 활발히 생겨나며 농촌지역의 문화 활동 중 독서 활동이 장려되는 모습을 보였다. 도서관법이 1963년 시행되면서 도서관은 다른 문화시설보다 일찍 설치와 운영의 기틀을 잡고 전국적 설립의 기반을 갖고 있었던 것으로 보인다. 1980년대에 들어서는 공연장, 박물관이 농촌지역에 개소하면서 농촌지역의 문화시설이 다양해지고 수적으로 증가하는 모습을 보였다. 특히 1980년대에 농촌지역에 처음 개소한 시설은 공연장 9개소와 창작스튜디오 2개소, 문예회관 8개소로서, 농촌지역에서 다양한 문화 활동과 관람의 기회를 제공하는 장소가 되었다. 공연장의 경우 명칭이 다양하지만 소공연장, 대공연장 등 규모에 따른 공연 시설을 완비한 공간을 갖추어 적극적으로 지역 주민에게 공연 및 대관을 제공하였다. 1990년대와 2000년대에 와서 농촌지역의 문화시설은 급증하였는데, 2000년대에 박물관이 198관 개소하는 등 엄청난 수적 증가를 이루었다. 그 전에는 없었던 문화재단이 농촌지역에 설립되는 등 2000년대에는 도시 지역과 큰 차이 없는 문화시설들의 보유가 두드러져 2000년대에 농촌지역에서 설립된 문화시설은 443개소이다. 그러나 1994년 지방문화원진흥법을 제정 후 2000년대부터 농촌지역에 문화원이 설립되지 않고 있으며, 문화의 집은 1990년대, 2000년대에 설립된 이후로 설립이 이루어지지 않고 있다. 문화원의 총 시설 수는 그리 많지 않지만 가장 오랫동안 꾸준히 설립된 문화시설이다. 2000년대에 들어와 서 신설되는 문화원은 없는 것으로 나타났다. 문예회관은 2010년대 에 들어와서는 설립사례가 없지만 공연장, 박물관, 미술관과 도서관 등의 설립은 지속적으로 이루어지고 있다.

농촌과 도시를 비교하여 나타나는 시대별 특징은 대체적으로 도 시지역에 더 많은 문화시설의 설립이 있어 왔으나 몇몇 공간의 경우 반대의 경향을 보이고 있다. 도시에서 도서관은 1900년대, 박물관은 1920년대부터 설립되어 농촌지역과는 격차를 보였으나 미술관, 문화 원, 창작스튜디오의 경우 총 개소 수는 도시가 더 많지만 처음 설립된 지역은 농촌이었다. 대체로 연대에 관계없이 농촌지역보다 도시지역 에서 더 많은 수의 문화시설이 설립되었으나 1960년대에는 미술관과 문화원, 1970년대는 도서관과 문화원, 1980년대에는 문화원과 창작 스튜디오가 농촌에서 도시보다 더 설립되었다. 2000년대 이후 농촌 지역에서 도시보다 많은 박물관이 설립되고 있는데, 테마형 문화공간 중 박물관으로 등록되는 공간들이 증가하는 데, 그 원인이 있다고 보 인다. 2000년대까지 도시, 농촌 모두 문화시설의 설립이 증가해 왔으 며, 2000년대에 가장 많은 설립이 있었다.

문화농촌·창조농촌

| 도/농 | 도서관 | 박물관 | 미술관 | 문예회관 | 문화원 | 문화의집 | 창작스튜디오 | 공연장 | 도서관 | 박물관 | 미술관 | 문예회관 | 문화원 | 문화의집 | 창작스튜디오 | 공연장 |
|---|---|---|---|---|---|---|---|---|---|---|---|---|---|---|---|---|
| | 도시 | | | | | | | | 읍·면 | | | | | | | |
| 1900 | 1 | · | · | · | · | · | · | · | · | · | · | · | · | · | · | · |
| 1910 | 1 | · | · | · | · | · | · | · | · | · | · | · | · | · | · | · |
| 1920 | 3 | 1 | · | · | · | · | · | · | · | · | · | · | · | · | · | · |
| 1930 | 0 | 3 | · | · | · | · | · | · | · | · | · | · | · | · | · | · |
| 1940 | 0 | 5 | · | · | · | · | · | · | · | · | · | · | 1 | · | · | · |
| 1950 | 4 | 4 | · | · | 12 | · | · | · | · | · | · | · | 7 | · | · | · |
| 1960 | 12 | 17 | · | 1 | 31 | · | · | 2 | · | · | 1 | · | 46 | · | · | · |
| 1970 | 22 | 29 | 2 | 4 | 6 | · | · | 10 | 23 | 6 | 0 | · | 8 | · | · | · |
| 1980 | 62 | 34 | 6 | 18 | 10 | · | · | 38 | 28 | 10 | 3 | 8 | 15 | · | 2 | 9 |
| 1990 | 168 | 67 | 27 | 43 | 56 | 14 | 1 | 134 | 81 | 49 | 11 | 23 | 11 | 9 | 4 | 17 |
| 2000 | 281 | 180 | 57 | 52 | 23 | 48 | 32 | 383 | 63 | 198 | 41 | 36 | 0 | 45 | 25 | 35 |
| 2010 | 114 | 70 | 17 | 23 | 2 | 0 | 23 | 219 | 29 | 71 | 24 | 12 | 0 | 0 | 7 | 15 |
| 자료없음 | 29 | · | 3 | 0 | 0 | 0 | 3 | 19 | 0 | 1 | 0 | 0 | 0 | 0 | 3 | 0 |
| 총계 | 697 | 410 | 112 | 141 | 140 | 62 | 59 | 805 | 224 | 335 | 80 | 79 | 88 | 54 | 41 | 76 |

(출처: 2014 문화기반시설총람, 2013년도 등록공연장 및 현황, 창작스튜디오 현황 조사 및 지원 방안 연구, 단위: 개소)

## (4) 공간유형별 비교

2014년 기준 지역별 등록된 문화시설의 총 개소 수는 다음과 같다.

〈표 9〉 2014년 지역규모별 문화시설 총 개소 수

| 구분 | 도서관 | 박물관 | 미술관 | 문예회관 | 문화원 | 문화의 집 | 창작스튜디오 | 공연장 | 마을회관 |
|------|--------|--------|--------|----------|--------|-----------|--------------|--------|----------|
| 읍면 | 224 | 335 | 80 | 79 | 88 | 54 | 41 | 76 | 32409 |
| 도시 | 697 | 410 | 112 | 141 | 140 | 62 | 59 | 805 | 2156 |

(출처: 2014 문화기반시설총람, 2013년도 등록공연장 및 현황, 창작스튜디오 현황 조사 및 지원 방안 연구, 농촌지역 마을회관 이용 실태 조사연구, 단위: 개소)

도시지역에서 압도적으로 많은 수의 도서관과 공연장을 보유하고 있다. 문예회관, 문화원의 경우는 도시지역에서 농촌지역보다 2배에 가까운 시설 수를 갖고 있다. 그러나 박물관, 미술관, 문화의 집, 창작스튜디오의 경우 도시에서 농촌보다 1.5배수 미만의 개소를 보유하고 있다. 마을회관의 경우 농촌지역에서 15배에 달하는 수의 시설이 있어 농촌지역에서 압도적으로 많이 분포되어 있는 시설로 볼 수 있다.

## 5. 농촌지역 문화공간의 변화 특징

### 1) 유형의 다양화

#### (1) 새로운 공간의 형성

농촌지역의 폐교를 활용한 복합예술공간이 발생하면서 농촌지역의 문화공간이 다양해지고, 새로운 공간이 형성되었다. 창작스튜디오의 설립으로 새로운 시도가 있는 공간들이 늘어나면서, 지역의 문화활동

문화농촌·창조농촌

을 이끌어나가기도 한다.

### (2) 도화헌 미술관의 사례

1999년 전남 고흥 도화초등학교 단장분교가 폐교되면서 박성환 대표가 2000년에 단장분교를 도화헌으로 개명하며 설립하였다. 2009년에 전라남도 1종 미술관 등록을 통하여 창작공간이면서도 미술관의 역할을 수행하게 되었다. 도화원 대표는 지역민들에게는 이곳을 '노는 공간'으로, 학생들에게는 미술조형, 염색체험 등을 무료로 실시하는 등 누구나 이용할 수 있는 장소가 되도록 노력하고 있다. 또한 연고지가 아님에도 불구하고 여러 작품을 구상하고 작업하기에는 경치 좋고 인심 후덕한 이곳이 최적지라고 생각하고 정착하였다.[10]

주요 프로그램으로 전시공연, 예술체험(그리기, 도자기, 천연염색), 남도민박 등이 있다. 전시기획자, 에듀케이터와 함께 전시 연계 교육프로그램을 진행 중이다. 여러 가지 캠프, 체험프로그램이 진행되는데 2013년 1월에는 '청소년 단편영화캠프'를 운영하여 도화헌에서 초대전을 개최하였던 김명민 감독이 이끌어 2013년 대종상 단편영화제에서 청소년상 수상자가 나오기도 하는 등 프로그램의 참여와 몰입도가 크다.[11] 도화헌에서의 레지던시는 6개월, 1년의 기간을 정하여 도화헌에서 생활하며 작업하고, 그 작업을 전시하는 프로그램이다. 레지던시를 통해 작업하고 개인전을 연 작가가 많으며, 전남문화예술재단과의 협력을 통해 진행 중이다.

---

10  김성철, "도화헌 미술관을 찾아서", 『오마이뉴스』, 2003. 2. 11.
11  "우린 당당한 중 2... 레디~ 액션! 전남 고흥 점암중앙중 5명, 대종상 단편영화제 청소년상 수상", 『위클리공감』, 2013. 4. 29.

## 2) 정부주도형에서 민간주도 증가로

### (1) 민간설립 문화공간의 증가

농촌지역 문화시설의 많은 수가 정부주도 하에 세워진 문예회관 등의 형태였다면, 민간설립 공연장, 창작스튜디오 등의 민간주도 시설들이 증가 추세에 있다.

### (2) 자계예술촌의 사례

충북 영동군 용화면 자계리에 자리한 자계예술촌은 극단 터가 폐교된 구 자계분교를 임대하여 2002년 개관하였다. 극단 터의 정기공연과 창작활동, 후학육성과 공동창작을 목적으로 설립하였다.[12] 야외무대 5곳, 실내소극장 4곳, 사무실, 단체숙소 등을 보유하고 있으며, 보유한 극장에서 지속적인 공연을 통해 지역민들의 공연 관람과 극단소속 예술가들, 외부 예술가들의 공연기회를 만들고 있다. 찾아가는 마을축제, 탈춤과 풍물놀이 체험 등을 통해 지역 주민과의 예술활동을 도모하고, 신체움직임과 즉흥 워크숍 등 예술가들을 위한 프로그램을 함께 운영하고 있다.

## 3) 전문가 주도에서 지역민 참여로

### (1) 지역민 참여의 증가

농촌지역 문화공간 중 지역민 참여를 통하여 공간의 성격이 형성되거나, 운영되는 공간이 생겨나기 시작하였다. 문화의 집에서는 대관 위주의 프로그램과 가족영화상영 등 주로 직접적인 교육 수요가 있는 프로그램을 제공한다. 지역의 사랑방 개념으로서 자료를 찾아보고, 문화 강좌를 수강하고, 거주민과 모여서 함께 시간을 보내는 장소

---

12  자계예술촌 홈페이지(www.jagyeart.net).

문화농촌·창조농촌

로서 활용되는 것을 지향하는 것으로 볼 수 있다. 문화원에서는 주요 프로그램으로 문화학교와 지역 전통프로그램을 연계한 향토답사, 지역축제 프로그램 등을 진행하였다. 특히 전통행사의 재현을 주관하는 곳이 많아 지역 전통 계승과 단합 등의 역할을 일부 수행하고 있음을 알 수 있다.

### (2) 가시리 신문화공간 조성 사례

제주 서귀포시 표선면 가시리에서는 2009년부터 2011년까지 농림수산식품부, 제주특별자치도의 지원으로 신문화공간 조성사업을 진행하여 가시리문화센터와 가시리창작지원센터를 시작하였다. 주요 프로그램으로는 마을조사, 주민문화수요조사, 가시리문화지도 제작 및 DB 구축, 홈페이지 제작, 공공디자인 프로젝트, 가시리문화학교, 마을달력 및 마을신문 제작, 주민 견학, 축제 개최 등이 있다. 마을 공동체를 위해 할 일을 주요 공모 아이디어로 삼고, 입주예술가들은 주민들과 커피를 나누고, 지역 청소년 방과 후 교육, 주민들과 동아리 활동 등을 통해 지역민의 적극적인 참여를 넘어 일상과 같이 되었다.[13] 2012년에서는 450가구였던 마을에 10가구가 더 이사 오기도 하는 등 지역활성화와 지역민의 예술활동 참여에 기여하였다.

### 4) 테마형 문화공간의 발생

### (1) 문학관 등 테마형 문화공간

농촌지역에서 지역의 특성을 살려 테마형 문화공간으로 활용하고 있는 공간들이 있다. 1970년대 안동 도산변의 도산서원, 충북 금산군의 칠백의총 기념관, 제주 항파두리 항몽유적지 등 역사적으로 중요한

---

13  지금종, "농촌커뮤니티 활성화와 문화활동, 제주도 가시리 마을 신문화공간 조성사업 추진 사례를 중심으로", 『로컬리티 인문학』, 2011, 6, pp.311-339.

문화유적지들을 기반으로 하여 박물관이 건립된 것으로 보아, 각 지역별로 특성화된 유적이나 문화재를 중심으로 지속적으로 박물관이 설립된 것을 확인할 수 있다. 박물관으로 등록된 문학관은 농촌에 7개소로, 김삿갓, 황순원 등 이름난 작가를 기리기 위해 세워진 곳들과 농민문학, 시문학파 등의 유파와 관계된 자료들을 모아 놓은 공간도 있다.

### (2) 이효석문화마을 사례

강원 평창군 봉평면 창동4리에 위치한 이효석문화마을은 지난 1990년도에 문화관광부 지정 전국 제1호 문화마을로서 이효석 생가터, 물레방앗간, 충주집, 가산공원, 이효석기념관, 메밀향토자료관 등을 보유하고 있다. 이효석문화마을은 테마마을로서 기능한다.

이효석문화마을을 배경으로 해마다 늦여름 8월 말 9월 초에 축제가 열린다. 축제 중에는 작품 배경지 답사, 전국효석백일장, 거리민속공연, 작품속 주인공으로 연출되는 가장행렬, 사진촬영대회, 메밀꽃 필 무렵 연극, 영화 공연 등이 펼쳐진다.[14] 주요 사업으로는 한 책 읽기 운동, 독서토론, 작가와의 만남, 백일장, 보물찾기 행사, 퀴즈대회, 독서장려운동(책읽기 쉼터), 기획전시, 문학나눔집 발간, 효석백일장 당선작품 출판 등의 사업이 진행 중에 있다.[15]

### 5) 지역을 기반으로 한 커뮤니티 공간에서의 활동 증가

### (1) 마을회관의 활용

마을회관은 마을주민들이 공동으로 이용하는 대표적인 마을단위 공

---

14　한국관광공사 여행지 소개 페이지 (http://visitkorea.or.kr/kor/inut/where/where_main_search.jsp?cid=126842#none).

15　2014년 이효석문학관 사업계획서.

동시설로서 시대에 따라 다양한 기능을 수행해 왔다. 현재 마을회관은 복합공간으로서 경로당을 겸하는 경우가 많다.[16] 새마을운동 시기부터 마을회관이 특히 농촌지역에 확대된 이유는 도시와 달리 농촌에서는 마을회관이 거의 유일한 문화시설, 복지시설의 기능을 했기 때문이다. 그러나 현재 마을회관에 대한 관리주체가 없어 운영상 문제가 제기되며, 농촌 인구의 사회경제적 변화에 따라 마을회관의 이용수요가 변화하고 있다.

한국농촌경제연구원이 2012년 수행한 설문에 따르면 마을회관의 주 이용 실태, 정책수요는 다음과 같다. 마을회관의 가장 큰 기능은 마을회의, 합의 장소(39.8%), 경로시설(37.5%), 공동편의시설(20.2%), 이외에도 문화교육기능, 친목활동 등의 기능이 존재한다. 마을회관 활용도는 잘 활용된다(85.6%)로 마을 공동시설 중 가장 활용도가 높다는 선행연구(송미령, 2001)를 뒷받침한다. 마을에서는 대체 시설이 없다는 응답이 82.6%로 마을에서 거의 유일한 커뮤니티 시설이다. 강화되어야 할 마을회관의 기능은 커뮤니케이션센터, 노인케어센터, 문화센터, 주민편의센터 순으로 우선순위를 두어야 한다고 응답하여 마을회관에서의 문화센터기능에 대한 수요가 존재함이 드러났다.

### (2) 벽계마을회관 사례

경남 의령군 궁류면 벽계리에 자리한 벽계마을회관은 마을회관과 노인정의 복합형태이다. 2004년 2층 건물로 회관을 신축하였다. 해발 750m의 오지마을 안에 있어 도심과 멀리 떨어진 이 마을에서는 마을회관이 문화센터 기능을 수행하는데, 귀농인 주도로 매주 한 번 한글교실이 열리는 등 주민교육장으로 함께 활용하고 있다. 또한 정기적

---

16  김동원 외, 『농촌지역 마을회관 이용 실태 조사연구』, 한국농촌경제연구원, 2012.

으로 순회방문문화프로그램을 유치하여 운영 중이며, 벽계저수지 등 관광지를 활용하여 마을회관을 민박으로 사용, 공동수입을 도모하기도 한다.[17]

## 6. 의의 및 과제

농촌지역의 문화공간은 도시에서의 문화공간과 다른 지점들을 보여준다. 전체적으로 도시보다 문화공간의 수도 적고, 접근성도 낮으며 공연장, 도서관 등이 부족하다. 그 대신 마을회관을 커뮤니티뿐 아니라 문화활동을 하는 공간으로 활용되고 있으며, 문예회관, 문화원과 같은 지역 문화교육, 동아리 활동 등을 강조하는 시설들이 주로 포진되어 있다.

농촌지역에서도 다양한 프로그램을 통해 문화활동을 즐길 수 있다. 정부주도의 전문가 개입이 많던 예전보다 민간 예술가와 기획자의 농촌지역에서의 활동이 점차 증가하고, 예술가만의 작품제작이 아닌 지역민과의 합작 혹은 적극적이고 지속적인 참여를 요하는 공간들도 발생하고 있다. 지역의 활동특징과 생활문화를 이해하고 그 맥락에 따른 문화프로그램을 제공하고자 하는 활동을 실천하고 있다.

이러한 농촌지역 문화공간을 더욱 적극적·효율적으로 활용하고 궁극적으로 농촌지역의 문화활동을 고취시키고 수요를 충족하기 위해서는 조금 더 각 지역에 맞는 공간, 프로그램의 접근이 필요하다. 농업종사자의 경우 농번기에는 여유가 부족하고 농한기에는 시간이 많은 것을 염두에 둔 절기별 프로그램이 의미가 있다. 또한 농촌주민들은 교육활동 참여수준에 비하여 높은 교육적 요구(79.1%)를 갖고 있

---

17  김동원 외, 『농촌지역 마을회관 이용 실태 조사연구』, 한국농촌경제연구원, 2012.

문화농촌·창조농촌

는 것으로 나타나, 이를 고려한 교육프로그램 역시 다루어져야 할 것이다.[18]

농촌에서의 문화적 생산물은 경제적 영향뿐 아니라, 지역의 상징이 된다.[19] 그 '지역의 느낌'을 살릴 수 있어야 그 활동이 지속될 수 있으므로 농촌의 문화활동은 농촌에서의 생활기반이 근거가 되어야 한다. 농촌에서의 생활문화가 정착된 후에야 다양한 활동이 발생되는 것이 자연스럽고 지속가능하다. 자발적인 활동을 기대하기보다는 문화활동을 접할 기회, 경제적인 부담감 등의 제약조건을 해소해 주는 방법으로서 접근하며 생활 속에서 부담 없이 진행할 수 있는 활동 위주로 확대해 나가는 것이 필요하다.

또한 농촌지역의 문화를 향유할 수 있는 기회를 확대하고, 격차를 해소하기 위하여 주체 간의 적극적인 활동이 요구된다. 제도적인 개선방안으로서 전문적인 시스템이 필요하며, 가장 중요한, 활동의 주체가 되는 농민이 주도하는 프로그램의 디자인이 필요하다. 지역의 활동 특성을 이해하고, 그에 맞는 프로그램을 형성하는 데 있어서 가장 중요한 것은 지역민의 자발적인 참여 의지와 잠재된 수요를 이끌어내는 일이다. 농민이 편하게 왕래할 수 있는 문화공간에서, 생활 속에서 자연스럽게 즐길 수 있는 문화활동으로 이어지는 접근이 필요한 부분이다.

18  박옥임·김대희·강대구·강재태, "농촌주민의 문화생활실태 분석", 『농업교육과 인적자원개발』, 2003, 35(4), pp.115-141.

19  Guillon, Scherer, "Culture et developpement des Territoires Ruraux", *Quatre projets en Comparison, Travail de Recherche Commandite par l'IPA-MAC*, 2012.

# 참고문헌

국가법령정보센터 홈페이지(www.law.go.kr).

김동원 외, 『농촌지역 마을회관 이용 실태 조사연구』, 한국농촌경제연구원, 2012.

김연진, 『창작스튜디오 현황 조사 및 지원 방안 연구』, 한국문화관광연구원, 2013.

문화체육관광부, 2010 문예회관 운영현황 조사.

문화체육관광부, 2013 등록공연장 및 현황.

문화체육관광부, 2014 문화향수실태조사.

문화체육관광부, 2014 전국문화기반시설총람.

박옥임·김대희·강대구·강재태, "농촌주민의 문화생활실태 분석", 『농업교육과 인적자원개발』, 2003, 35(4), pp.115-141.

박주영, "농촌의 문화콘텐츠 활용 사례와 과제", 『한국문화관광연구원 개원기념 문화관광정책 심포지엄 자료집』, 2009.

성남문화재단, "지역문화재단의 바람직한 상은 무엇인가", 『지역과 문화 포럼』, 2010.

윤유석·이상영·강방훈, "농촌 활성화를 위한 문화콘텐츠 개발 방안", 『인문콘텐츠』, 2011, 21, pp.105-125.

지금종, "농촌커뮤니티 활성화와 문화활동—제주도 가시리 마을 신문화공간 조성사업 추진 사례를 중심으로", 『로컬리티 인문학』, 2011, 6, pp.311-339.

한승준, "문화행정법 영역 내에서 본 지역문화정책의 역할과 범위", 『문화정책논총』, 2006, pp.101-124.

한승준·박치성·정창호, "문화예술지원 거버넌스 체계에 관한 비교 연구 : 영국, 프랑스, 한국 사례를 중심으로", 『행정논총』, 2012, 50(2), pp.257-291.

Guillon, V. & Pauline Scherer, "Culture et developpement des Territoires Ruraux, Quartre projets en Comparison", *Travail de Recherche Commandite par l'IPAMAC*, 2012.

Ribeiro, M. & Carlos Marques, "Rural tourism and the development of less favoured areas—between rhetoric and practice", *International Journal of Tourism Research*, 2002, 4(3), pp.211−220.

채경진

# 2 농촌문화행정의 체계 및 특성

## 1. 농촌문화행정의 중요성

1990년 문화전담 부처인 문화부가 신설된 이래로 우리나라의 문화행정은 짧은 기간 급속도로 발전을 거듭하여 왔다. 특히 2000년도에는 문화예산이 국가예산 중 1%를 차지하면서 문화부문이 국가행정에서 서서히 주목 받기 시작하였고, 2013년 박근혜 정부가 들어서면서 문화융성적 가치를 최우선으로 내세움에 따라 문화는 국정운영의 중심 철학으로서 주목 받게 되었다.

1995년 본격적인 지방자치제의 실시는 문화를 지역의 대표정책으로서 내세우는 지방자치단체가 확산되는 계기를 마련하였지만, 지방자치단체 장의 선거를 위한 도구로서의 문화정책, 지역특색을 고려하지 못한 근시안적 문화정책이 무분별하게 시행됨으로써 지역사회의 지지를 얻지 못하고 단명하게 된 부작용도 나타나게 되었다.

일반적으로 일상적인 삶에서의 문화여가적인 혜택은 도시에 거주하는 사람이 그렇지 않은 곳에 거주하는 사람보다 높게 나타날 수 있겠지만, 문화도시나 문화마을로서의 자원이나 가능성은 도시가 아닌 지역이 더 높다고 할 수 있다.

이러한 가능성에도 불구하고 사실 농촌은 그동안 행정학 연구에 있어서도 철저하게 소외된 지역이었다. 특히 농촌지역의 행정은 행정학 연구의 중심인 조직, 인사, 재무 분야에서는 연구 자체가 거의 없었고, 정책 분야에서만 미약하게나마 연구되고 있을 뿐이다. 그조차도 문화영역으로 한정한다면 지역축제나 관광 관점에서의 방문객의 인식도 조사가 주를 이루고 있으며, 이를 집행하는 지방자치단체의 행정적 관점에서의 연구는 극히 일부에 불과하다.

물론 근대화가 시작된 1970년대에는 개발관점에서의 농촌행정을 여타 시기와는 달리 비교적 중요하게 다루고 있지만, 최근의 귀농·귀촌현상이나 농촌 어메니티(amenity)에 대한 관심이 나타나기 전까지는 20년 이상 사실상 학자들에게 불모지나 다름없었다. 하지만 농촌이 문화적으로 상당한 잠재력을 지니고 있음을 부정할 순 없다. 특히 우리 고유의 삶의 문화, 전통적 가치, 지역문화자원이나 유적, 축제 등 농촌지역만이 가진 차별화된 특성은 문화의 가치를 창조하고 확산시킬 수 있는 원동력으로 작용할 수 있기 때문에 매우 중요하다. 또한 이러한 맥락에서 이를 집행하는 농촌의 문화행정 체계 역시 각종 문화정책이나 사업의 성패를 좌우할 수 있다는 점에서 중요한 요소로서 작용한다.

본 원고는 아주 단순한 질문에서 논의를 시작하고자 한다. '우리나라 농촌의 문화행정 체계는 어떻게 되어 있을까?' 이 물음에 답하기 위해 우리나라 농촌의 문화행정의 의미, 체계 및 특성을 조사해 보고자 한다. 특히 문화정책을 집행하는 지방자치단체를 중심으로 문화행정조직, 인력, 유형에 대해 살펴보고 이에 대한 필자의 의견을 제시해 보고자 한다.

## 2. 농촌 정책의 변화와 분석방법

### 1) 농촌 정책의 변화

그동안의 농촌은 이촌향도현상으로 인한 수도권 위주의 개발, 농식품 분야의 FTA 등 제도변화로 인해 도시지역보다 낙후된 소외적 이미지가 강했다. 하지만 1995년 지방자치제도의 실시와 주 5일 근무제로 인한 여가생활의 증가, 웰빙(well-being)에 대한 사회적 관심으로 인한 귀농·귀촌현상은 농촌을 불모지에서 기회의 땅으로 변모시키고 있다.

물론 농촌에 대한 최근의 높은 관심이 곧 그동안 우리 사회에서 농촌을 등한시하였다는 의미는 아니다. 정부와 학계를 중심으로 농촌 어메니티(rural amenity)를 농촌발전의 원동력으로 삼고 중점적으로 지원하여 왔다. 농촌진흥청에서 발간한 농업용어사전에 따르면 농촌 어메니티란 "사람들에게 휴양적·심미적 가치를 제공해주는 농촌에 존재하는 특징적인 모습들을 총칭하는 용어로, 여기에는 생물종의 다양성, 생태계, 지역 고유의 정주패턴, 경작지, 고건축물, 농촌공동체의 독특한 문화나 전통 등이 포함된다."라고 설명하고 있다. 하지만 임형백(2012: 5)의 지적처럼 우리나라에서의 농촌 어메니티 정책 중 대다수가 정부 보조금에 의한 숙박시설, 접객시설, 주차장 등 편의시설 확충에만 사용되고 있다는 비판도 적지 않은 것이 사실이다.

따라서 현재의 농촌관련 정책은 농촌의 지리적·인적·문화적 특성을 활용한다는 점에서는 기존의 접근방법과 크게 다르지 않지만 그 내용이나 접근방식에 있어서는 훨씬 적극적이다. 현재 농촌지역을 대상으로 한 중앙정부의 주요 정책을 살펴보면 다음의 〈표 1〉과 같다.

〈표 1〉 중앙정부의 농촌대상 주요정책

| 구분 | 주요 정책 |
|---|---|
| 농림축산식품부 | • 특색 있는 체험관광 프로그램 개발 및 서비스 품질 향상<br>- 지역 특산물, 양조장, 승마체험장, 힐링(치유의 숲, 야생화) 향토산업 등과 연계<br>- 시설 개보수와 서비스 교육, 농촌관광등급제, 말산업특구, 외식특구, 산림복지서비스업 등록제 시행<br>• 체험마을 홍보 및 예약편의 제공을 위한 서비스 강화<br>- 농촌 체험관광 종합포털(웰촌) 기능 강화 및 인터넷 쇼핑몰에 여행상품 입점<br>• 농촌어르신 생활안정을 위한 체감형 복지서비스 확대<br>- 공동생활홈(30개소), 공동급식시설(30개소), 작은목욕탕(16개소) 등 공동이용시설 확산 |
| 문화체육관광부 | • 문화소외지역으로 찾아가는 문화예술·체육 서비스 확대<br>- 문화소외지역에 대한 문화순회사업 추진<br>- 문화예술교육 콘텐츠와 시설·장비를 갖춘 버스로 소외지역을 찾아가는 '움직이는 예술정거장' 운영 확대<br>- 농·산·어촌 '온 드림 스쿨'(40개교), 농어촌·중소도시 학교(200개교 1,000회) 대상 '스포츠스타 체육교실' 운영 등 소외지역 지원<br>• 지역문화 진흥 및 균형발전을 위한 제도 정비<br>- 지역문화진흥법, 문화도시·문화마을 선정('14년 남원, 부여, 공주), 지역협력형 사업 확대, 공공기관 이전 지역 특성화(강원-관광, 전남-문화예술/창조산업)<br>• 전통문화 가치의 규명 및 문화적 정체성 확립<br>- 전통창작소재협의체 구성, 한민족문화아카이브 구축·활용<br>- 지역 고유 전통문화의 연구·발굴·활용 지원<br>- 무형문화유산 DB 구축 및 공연·전시 확대, '무형문화유산 보전 및 진흥에 관한 법률' 제정 추진<br>• 문화로 공공 일자리 창출<br>- 전국 문화시설 대상 자원봉사 직무분석, 매뉴얼 마련 및 수요-공급 매칭시스템 구축 (주민자치위 등과 마을문화봉사단 구성·지원(40개 읍면동) 추진)<br>• 맞춤형 관광자원 개발<br>- 시·군 단위로 '관광두레' 조직, 주민의 자발적 참여와 지역자원 연계 |

| 구분 | 주요 정책 |
|---|---|
| 안전행정부 | • 공공데이터 활용 스타기업 육성<br>- 15대 전략분야 중심 유망기업(30개) 선정*, 창업 및 중소기업 육성 등 사업화 집중 지원<br>   * 15대 전략분야 : 기상 교통 국토 식품의약 농업축산 문화관광 공공정책 조달 과학기술 환경 고용노동 재해안전 특허 해양수산 보건복지<br>• 지역별 특성에 맞는 지역경제 활성화 (전통시장)<br>- 부산 깡통시장, 전주 남부시장 등을 비롯한 5개 전통시장 야시장 선정<br>• 마을기업 육성 및 지역공동체 일자리사업<br>- 지역특화자원(향토자원, 전통기술 등)을 활용한 특화마을기업 |
| 해양수산부 | • 어촌 6차 산업화 시범사업<br>• 낚시산업 육성 |
| 산림청 | • BT·산림탄소 등 융·복합을 통한 창조임업 실현<br>- 산양삼테마랜드(경북 영주)<br>• 임업의 6차 산업화를 통한 고부가가치 창출<br>- 임산물 수확체험, 생태관광 등 다양한 유형의 지역자원과 결합 |
| 산업통상자원부 | • 산업과 농업의 융합<br>- W社는 친환경 농식품 생산부터 유통 全단계의 신선도 실시간 점검 IT 기술을 활용하여 '12.6월 창업 이후 6개월 만에 매출 116억원 달성 |
| 미래창조과학부 | • 비타민 프로젝트<br>- ICT 활용 농업재해 사전예방 |
| 교육부 | • 소외계층 교육기회 확충<br>- 농어촌 ICT 지원 |
| 여성가족부 | • 경력단절여성 맞춤형 취업지원서비스<br>- 유형별 새일센터 시범운영(10개소)을 통해 경력, 전공, 지역 특성 등을 고려한 맞춤형 서비스 지원 |

(출처: 정책브리핑, 「각 부처 2014년 대통령 업무보고 자료」)

중앙정부에서의 농촌관련 정책은 주무부처인 농림축산식품부를 필두로 문화체육관광부, 안전행정부, 해양수산부, 산림청, 산업통상자원부, 미래창조과학부, 교육부, 여성가족부가 관련되어 있다. 특히 농림축산식품부는 농촌의 경제적 가치에 주목하고 「농촌융복합산업 육성 및 지원에 관한 법률」을 2014년 6월 3일에 제정하고 2015년 시행을 앞두고 있는데, 이 법은 '농촌융복합산업 육성에 의한 농가의 소득 증대', '농촌융복합산업 육성에 의한 농촌경제의 활성화', '농촌지역 내외의 상생협력과 건전한 농촌융복합산업 생태계 조성', '농업과 다른 산업 간의 융복합화를 통한 농촌융복합산업의 고도화', '농촌지역의 지역사회 공동체 유지·강화'를 주요 내용으로 하고 있다.

이밖에 문화체육관광부에서는 문화소외지역으로 찾아가는 문화예술·체육 정책과 더불어 지역문화진흥법의 시행을 통한 문화도시 및 문화마을 정책, 맞춤형 관광자원 개발 정책을 추진하고 있으며, 안전행정부는 지역특성화 사업(전통시장, 마을기업 육성 및 지역공동체 일자리사업)에 초점을 두고 있다.

따라서 이러한 정부의 정책가치나 방향을 현장까지 잘 전달하는 일선 지방자치단체의 집행능력은 무엇보다도 중요하다. 특히 대부분의 농촌관련 정책이 문화정책과 연관되기 때문에 이를 집행하는 문화행정역량이나 체계는 문화를 통한 창조농촌을 만드는 일에 있어서 기반이 된다고 할 수 있다.

### 2) 농촌문화행정의 분석방법

「농어업·농어촌 및 식품산업 기본법」 제3조에서는 농촌을 '읍·면의 지역, 혹은 그 외의 지역 중 그 지역의 농어업, 농어업 관련 산업, 농어업 인구 및 생활여건 등을 고려하여 농림축산식품부장관이 해양수산부장관과 협의하여 고시하는 지역'으로 정의하고 있다. 본 장에서도 이러한 농촌의 정의를 반영하되 읍·면을 포함한 군 단위로 한정시켜 조사하고자 한다. 따라서 이 기준에 따라 읍·면을 포함한 시 단위의 도농복합형 도시는 제외되지만, 광역시 단위에서의 군을 포함한 지방자치단체를 포함하면 총 84개의 자치단체가 본 연구의 대상이 된다.

〈표 2〉 연구대상 농촌지역

| 광역단위 | 자치단체명 | 광역단위 | 자치단체명 |
|---|---|---|---|
| 강원 (11개) | 고성, 양구, 양양, 영월, 인제, 정선, 철원, 평창, 홍천, 화천, 횡성 | 전남 (17개) | 강진, 고흥, 곡성, 구례, 담양, 무안, 보성, 신안, 영광, 영암, 완도, 장성, 장흥, 진도, 함평, 해남, 화순 |
| 경기/인천 (6개) | 가평, 강화, 양평, 여주, 연천, 옹진 | 전북 (8개) | 고창, 무주, 부안, 순창, 완주, 임실, 장수, 진안 |
| 경남/부산/울산 (12개) | 거창, 고성, 기장, 남해, 산청, 울주, 의령, 창녕, 하동, 함안, 함양, 합천 | 충남 (7개) | 금산, 부여, 서천, 예산, 청양, 태안, 홍성 |
| 경북/대구 (14개) | 고령, 군위, 달성, 봉화, 성주, 영덕, 영양, 예천, 울릉, 울진, 의성, 청도, 청송, 칠곡 | 충북 (9개) | 괴산, 단양, 보은, 영동, 옥천, 음성, 증평, 진천, 청원 |

이렇게 선정된 지방자치단체 현황은 〈표 2〉와 같다.

본 연구의 조사는 84개 자치단체의 홈페이지 조사(2014년 5월 3일 조사)를 기초로 하였고, 안전행정부의 '2013년도 행정구역 및 인구현황' 통계를 근거로 농촌지역을 선정하였다. 이렇게 선정된 농촌지역을 대상으로 문화행정체계를 살펴보고 이들 자치단체가 보유한 문화행정인력 및 주된 문화정책유형을 파악하여 유형별 문화정책 전략을 도출해 보고자 한다. 특히 지방자치단체별뿐만 아니라 좀 더 세분화된 분석이 필요하다면, 광역단위의 지역별(권역별), 인구별(3만 명 미만, 3만 명~5만 명 미만, 5만 명 이상)로 세분화하여 분석하여 일정 부분 시사점을 찾을 것이다.

본 연구에서의 문화정책 유형 설정은 다음과 같다. 우선, 예술, 관광, 유산, 축제라는 4가지 큰 카테고리를 중심으로 유형을 설정하였다. 여기서의 관광은 방문객이나 관람객 제고를 통해 지역활성화 및 경쟁력 제고를 목표로 이들에게 서비스를 제공하는 형태를 의미하며, 예술은 지역예술단체 지원사업, 예술사업 등 지역의 유·무형의 예술을 활용한 형태를 의미한다. 축제는 지역의 문화정책이 전통이나 특성을 활용한 행사, 프로그램이 주도된 형태를 의미하며, 유산은 역사적 문화재 등 주로 지역의 유형적 문화자원을 활용한 형태로 한정한다. 물론 문화의 속성상 이들 유형간 중첩성이 나타나는 경우가 있을 것이다. 이럴 경우에는 좀 더 강하게 나타나는 유형을 우선적으로 고려하였다. 따라서 본 연구에서는 연구대상 지방자치단체들의 문화정책 유형이 어떻게 나타나며 이를 통한 시사점을 탐색해보고자 한다.

## 3. 농촌문화행정의 체계 및 특성

### 1) 문화행정조직

전술한 바와 같이 문화행정체계는 문화행정조직과 인력, 그리고 지향하는 문화정책의 유형을 살펴봄으로써 검토가 가능하다. 우선 지방자치단체별로 문화행정조직을 살펴본 결과는 다음의 〈표 3〉과 같다.

농촌지역의 문화행정조직은 43개의 자치단체가 문화관광과로 운영되고 있고, 15개의 자치단체는 문화체육과로서 운영되고 있어 대체로 현재 중앙부처인 문화체육관광부의 기능을 벗어나지 않은 범위 내에서 운영되고 있음을 알 수 있다. 다만, 대부분의 자치단체가 과 단위로 운영되고 있는 것과는 달리 영암과 구례의 경우 문화관광실로서 운영되고 있어 문화관광에 대한 관심과 위상이 타 자치단체에 비해 상대적으로 높은 것을 알 수 있다.

반면 장수는 문화체육관광사업소를 따로 분리시켜 다소 독특하게 운영되고 있었는데, 기능의 독립성 확보를 위해서는 바람직한 운영 방법일 수는 있지만 문화정책의 속성이 여러 부서와의 협조가 필요하다는 점을 생각할 때 우려되는 점도 있긴 하다.

또한 앞서 영암과 구례처럼 실 단위로 운영되는 것은 아니지만, 고령(관광진흥과, 문화새마을체육과), 곡성(문화과, 관광과), 담양(관

| 구분 | 자치단체명 | 계 |
|---|---|---|
| 관광과 | 곡성*, 달성(대구) | 2 |
| 관광레저과 | 담양* | 1 |
| 관광문화과 | 철원, 진도, 고성(강원), 옹진(인천) | 4 |
| 관광정책과 | 완도*, 화천* | 2 |
| 관광진흥과 | 양평, 고령* | 2 |
| 문화공보관광과 | 금산 | 1 |
| 문화과 | 곡성* | 1 |
| 문화관광과 | 기장, 여주, 홍성, 완주, 해남, 무안, 부여, 고흥, 화순, 함안, 거창, 태안, 고창, 부안, 영광, 옥천, 울진, 하동, 남해, 보성, 장성, 예천, 청도, 신안, 평창, 장흥, 함양, 영덕, 강진, 영월, 정선, 괴산, 산청, 보은, 봉화, 인제, 단양, 순창, 양양, 진안, 청송, 군위, 영양 | 43 |
| 문화관광산림과 | 임실 | 1 |
| 문화관광실 | 영암, 구례 | 2 |
| 문화관광체육과 | 가평, 고성(경남), 연천, 함평, 울릉 | 5 |
| 문화새마을체육과 | 고령* | 1 |
| 문화예술과 | 강화(인천) | 1 |
| 문화체육과 | 청원, 예산, 홍천, 진천, 창녕, 서천, 완도*, 영동, 합천, 담양*, 성주, 횡성, 증평, 화천*, 양구 | 15 |
| 문화체육관광과 | 울주, 청양, 무주 | 3 |
| 문화체육관광사업소 | 장수 | 1 |
| 문화홍보과 | 음성 | 1 |
| 새마을문화과 | 칠곡, 의성 | 2 |
| 의병문화교육과 | 의령 | 1 |

(주: *표시는 2개의 문화행정부서를 가진 자치단체임)

광레저과, 문화체육과), 완도(관광정책과, 문화체육과), 화천(관광정책과, 문화체육과)의 경우 2개의 문화전담부서를 확보해 지역문화발전에 대한 관심이 높은 것을 알 수 있다.

특히 대부분의 자치단체가 지역적 특성을 반영하기보다는 지역이 주도적으로 추진하는 기능—이를 테면 관광, 레저, 예술—을 내세워 조직을 운영하고 있는 것에 반해, 고령의 문화새마을체육과, 칠곡 및 의성의 새마을문화과와 같이 박정희 대통령의 새마을 운동이 활발했던 경북의 지역적 향수를 불러일으키는 접근이나 의령처럼 지역의 전통문화인 의병문화를 전면에 내세움으로써 이들 자치단체의 경우 지역의 문화적 특성을 가장 잘 반영한 것으로 평가할 수 있다. 이 밖에 충청권에서 금산과 음성의 경우 예전 문화부가 국정홍보처를 흡수하여 운영되었던 것과 같이 홍보기능을 문화부서에 합하여 운영되고 있는 것도 특징적이다.

### 2) 문화행정인력

문화행정인력은 자치단체의 문화행정 전문성이나 규모를 나타내는 좋은 지표이기도 하다. 대부분의 자치단체들은 30명 미만의 행정인력으로 운영되고 있었다. 15명이 채 안 되는 자치단체도 7개가 있었으나, 완주(50명), 고창(53명), 장흥(55명)의 경우 50명 이상의 문화행정인력을 보유하고 있어 지역 간 편차가 상당한 것으로 나타났다. 이를 지역인구별로 구분하여 살펴보면, 3만 명 미만의 인구에서는 22.4명, 3만 명~5만 명 미만의 인구에서는 24.5명, 5만 명 이상의 인구에서는 24.4명으로 나타나 3만 명을 기점으로 평균 2명 정도의 문화행정인력의 차이를 보였다. 하지만 지역 인구가 2만 5천 명인 화천의 경우 40명 이상의 문화행정인력을 보유한 것에 반해, 5만 7천 명의 인구인 의성은 14명의 문화행정인력을 보유한 것을 보면, 문화행정인력이 지역인구에 비례하여 고려되지는 않음을 알 수 있다.

〈표 4〉 자치단체별 문화행정인력

| 구분 | 자치단체명 | 계 |
|---|---|---|
| 20명 미만 | 강화, 기장, 달성, 무안, 무주, 보성, 성주, 신안, 양양, 양평, 연천, 영덕, 영동, 영양, 예산, 예천, 옹진, 울릉, 울주, 음성, 의성, 임실, 장성, 정선, 증평, 청송, 태안, 하동, 함평, 해남, 홍성 | 31 |
| 20명~30명 미만 | 가평, 강진, 거창, 고성(강원), 고성(경남), 고흥, 구례, 군위, 남해, 단양, 보은, 봉화, 부안, 부여, 산청, 서천, 순창, 여주, 영광, 영암, 영월, 옥천, 울진, 의령, 인제, 장수, 진도, 진안, 창녕, 청양, 청원, 칠곡, 평창, 함안, 함양, 합천, 홍천, 횡성 | 38 |
| 30명 이상 | 고령, 고창, 곡성, 괴산, 금산, 담양, 양구, 완도, 완주, 장흥, 진천, 철원, 청도, 화순, 화천 | 15 |

하지만 〈표 5〉를 살펴보면 광역권역별 문화행정인력은 지역 간 차이가 어느 정도 나타난 것을 알 수 있다. 구체적으로 살펴보면 전북 지역이 평균 29.5명으로 문화행정인력이 가장 많았고, 전남이 27.9명, 강원이 25.6명, 충북이 24.3명, 충남이 21.7명, 경남 권역이 21.2명, 경북 권역이 20.5명, 그리고 경기 권역이 21.2명의 순으로 나타났다.

〈표 5〉 광역권역별 문화행정인력

| 구분 | 강원 | 경기 권역 | 경남 권역 | 경북 권역 | 전남 | 전북 | 충남 | 충북 |
|---|---|---|---|---|---|---|---|---|
| 20명 미만 | 2 | 4 | 3 | 8 | 6 | 2 | 3 | 3 |
| 20명~30명 미만 | 6 | 2 | 9 | 4 | 6 | 4 | 3 | 4 |
| 30명 이상 | 3 | | | 2 | 5 | 2 | 1 | 2 |
| 평균인력 수 | 25.6 | 19.8 | 21.2 | 20.5 | 27.9 | 29.5 | 21.7 | 24.3 |

문화농촌·창조농촌

이를 통해 미루어볼 때 우리가 일반적으로 상대적 개발이 덜 되었다고 느끼는 지역의 문화행정인력이 그렇지 않은 곳보다 더 많은 것은 흥미로운 발견이라 할 수 있다. 또한 지역의 문화정책은 지역의 개발이 덜 된 곳일수록 문화적인 자원이 풍부하여 자치단체의 입장에서는 이를 전면에 내세우기에 매력적인 카드임에는 분명하다고 할 수 있다.

### 3) 문화정책의 유형

유형은 전술된 문화정책의 유형으로 각 자치단체가 추진 중인 세부사업을 검토하여 지배적 유형에 따라 분류한 유형을 의미한다. 특히 부서명이 문화예술팀일지라도 실제 내용이 예술과 다소 먼 내용이라면 적합한 다른 유형에 분류하였다. 예술은 자치단체 중 강함이 29개, 보통이 41개, 약함이 14개로 나타났고, 관광은 강함이 68개, 보통이 12개, 약함이 4개로 나타났다. 또한 유산은 강함이 47개, 보통이 25개, 약함이 12개로 나타났고, 축제는 강함이 18개, 보통이 15개, 약함이 51개로 나타났다. 이를 통해 다수의 자치단체들이 관광을 주요 정책으로 추진하고 있었으며, 유산, 예술, 축제의 순으로 주요 정책의 빈도가 나타났음을 알 수 있다.

특히 경남 남해와 전남 진도의 경우 네 가지 유형의 정책이 균형 있게 잘 수행되고 있는 것으로 나타났다. 남해는 문화관광과에 관광축제팀, 관광개발팀, 관광관리팀, 문화예술팀, 문화재팀을 구성하여 보물섬 마늘축제, 이순신 순국제전, 독일마을 맥주 축제 등 다양한 축제의 개최, 남해섬 공연예술제 등 여러 예술사업의 운영, 역사적 강점을 이용한 문화유산사업 등을 균형 있게 수행하고 있다. 진도 역시 아리랑, 바닷길, 명량대첩 등 지리적, 역사적 이점을 최대한 활용하여 관광문화과에서 관광 및 축제, 문화예술, 문화재, 도서관 사업을 균형적으로 수행하고 있다. 이 밖에 정선의 아리랑, 군위의 삼국유사, 가평의 자라섬페스티벌, 고창의 고인돌공원 및 동학농민혁명, 서천의 모시처럼 지역을 대표하는 사업을 독립된 부서 혹은 주요 기능으로 적용시켜 운영하는 자치단체들은 타 자치단체들에게도 모범적 운영사례로서 검토할 만하다.

〈표 6〉 자치단체별 문화정책의 유형

| | | 예술 | 관광 | 유산 | 축제 | | | 예술 | 관광 | 유산 | 축제 |
|---|---|---|---|---|---|---|---|---|---|---|---|
| 강원 | 고성 | ○ | ● | ◑ | ○ | 전남 | 강진 | ◑ | ◑ | ● | ● |
| | 양구 | ◐ | ○ | ● | ● | | 고흥 | ◐ | ● | ○ | ○ |
| | 양양 | ○ | ● | ◐ | ● | | 곡성 | ◐ | ● | ● | ○ |
| | 영월 | ○ | ● | ◐ | ● | | 구례 | ◐ | ● | ○ | ● |
| | 인제 | ○ | ● | ● | ○ | | 담양 | ○ | ● | ● | ◐ |
| | 정선 | ● | ● | ◐ | ● | | 무안 | ● | ● | ○ | ○ |
| | 철원 | ◐ | ● | ◐ | ○ | | 보성 | ○ | ● | ○ | ◐ |
| | 평창 | ● | ● | ○ | ○ | | 신안 | ● | ● | ◐ | ○ |
| | 홍천 | ● | ● | ◐ | ○ | | 영광 | ● | ● | ◐ | ○ |
| | 화천 | ◐ | ● | ○ | ○ | | 영암 | ◐ | ● | ● | ○ |
| | 횡성 | ● | ● | ◐ | ○ | | 완도 | ● | ● | ◐ | ◐ |
| 경기 권역 | 가평 | ◐ | ● | ○ | ● | | 장성 | ◐ | ● | ● | ○ |
| | 강화 | ◐ | ● | ● | ○ | | 장흥 | ● | ● | ◐ | ○ |
| | 양평 | ○ | ● | ○ | ◐ | | 진도 | ● | ● | ● | ● |
| | 여주 | ◐ | ● | ● | ◐ | | 함평 | ● | ● | ○ | ● |
| | 연천 | ◐ | ● | ◐ | ○ | | 해남 | ◐ | ● | ● | ○ |
| | 옹진 | ○ | ● | ◐ | ○ | | 화순 | ◐ | ● | ● | ◐ |
| 경남 권역 | 거창 | ● | ● | ◐ | ◐ | 전북 | 고창 | ● | ◐ | ● | ○ |
| | 고성 | ◐ | ● | ● | ○ | | 무주 | ◐ | ● | ◐ | ● |
| | 기장 | ◐ | ● | ○ | ○ | | 부안 | ◐ | ● | ● | ◐ |
| | 남해 | ● | ● | ● | ● | | 순창 | ◐ | ● | ◐ | ● |
| | 산청 | ● | ◐ | ◐ | ○ | | 완주 | ◐ | ● | ◐ | ◐ |
| | 울주 | ● | ◐ | ● | ○ | | 임실 | ● | ● | ◐ | ○ |

| | | 예술 | 관광 | 유산 | 축제 | | | 예술 | 관광 | 유산 | 축제 |
|---|---|---|---|---|---|---|---|---|---|---|---|
| 경남권역 | 의령 | ○ | ● | ● | ○ | 전북 | 장수 | ◐ | ● | ◐ | ○ |
| | 창녕 | ● | ○ | ● | ○ | | 진안 | ◐ | ● | ● | ○ |
| | 하동 | ● | ● | ◐ | ◐ | 충남 | 금산 | ● | ◐ | ○ | ● |
| | 함안 | ◐ | ● | ● | ○ | | 부여 | ● | ● | ◐ | ● |
| | 함양 | ◐ | ● | ● | ○ | | 서천 | ◐ | ● | ● | ○ |
| | 합천 | ● | ○ | ● | ○ | | 예산 | ● | ○ | ● | ○ |
| 경북권역 | 고령 | ◐ | ● | ● | ◐ | | 청양 | ◐ | ● | ● | ○ |
| | 군위 | ● | ◐ | ● | ○ | | 태안 | ◐ | ● | ● | ○ |
| | 달성 | ○ | ● | ● | ○ | | 홍성 | ◐ | ● | ● | ○ |
| | 봉화 | ○ | ◐ | ● | ● | 충북 | 괴산 | ○ | ● | ◐ | ● |
| | 성주 | ● | ◐ | ● | ○ | | 단양 | ◐ | ● | ● | ◐ |
| | 영덕 | ◐ | ● | ● | ○ | | 보은 | ◐ | ● | ● | ○ |
| | 영양 | ○ | ● | ● | ○ | | 영동 | ◐ | ● | ● | ◐ |
| | 예천 | ◐ | ● | ● | ○ | | 옥천 | ● | ● | ◐ | ○ |
| | 울릉 | ◐ | ● | ◐ | ○ | | 음성 | ● | ● | ○ | ○ |
| | 증평 | ◐ | ◐ | ● | ○ | | 울진 | ● | ● | ◐ | ○ |
| | 의성 | ◐ | ● | ◐ | ● | | 진천 | ● | ◐ | ● | ◐ |
| | 청도 | ◐ | ● | ● | ◐ | | 청송 | ○ | ◐ | ● | ● |
| | 청원 | ● | ◐ | ● | ○ | | 칠곡 | ◐ | ● | ● | ○ |

강도: ●(강함), ◐(보통), ○(약함)

## 4. 농촌문화행정의 과제

지금까지 우리나라 농촌의 문화행정 체계를 분석하고 자치단체별 문화정책의 유형을 살펴봄으로써 지역 간 문화정책의 특성을 파악하였다. 종합적으로, 우리나라의 농촌문화행정은 대체로 조직구조나 지향하는 정책내용에 있어서 자치단체 간 큰 차이는 없는 것으로 나타났다. 대다수의 자치단체가 문화를 통해 지역발전을 이루려는 의지가 높은 것에 반해 이를 문화조직으로 반영할 조직설계 방법론이 부재한 점은 적지 않은 아쉬움으로 남는다. 이로 인해 다양한 지역문화적 특성을 갖는 자치단체들의 차별성이 제대로 반영되지 못하는 것으로 보인다.

실제로 조사대상인 84개 지자체 모두가 문화관련 별도 홈페이지를 운영하면서 지역문화를 피력하기 위해 노력하고 있었다. 하지만 '문화관광'이라는 타이틀로 자체 홈페이지를 운영하는 지자체가 80%가 넘었고, 관광에 대한 정보제공이 거의 대부분을 차지한 것을 볼 때 문화를 단순히 보전하려는 역할보다는 문화를 활용한 지역경쟁력 제고 등 보다 적극적 관점에서 접근하고 있었다. 하지만 그 내용면에서는 큰 차이를 보이지 않았다. 또한 조직구조 설계 시에도 부서명에 따른 기능이 잘 맞지 않은 경우도 적지 않게 나타났다. 가령 많은 자치단체가 문화정책부서에 문화예술팀을 설치하고 있는데, 실제 기능은 문화예술보다는 문화관련 대다수의 기능을 한데 묶어놓은 형태를 지니고 있어 향후 개선점으로 지적된다.

또한 〈그림 1〉에서처럼 대부분의 자치단체들은 궁극적으로 지역경제발전 및 경쟁력 제고와 직결되는 관광을 선호하고 있었고, 이를 풀어갈 수단으로서 지역문화유산을 활용하는 방식을 가장 많이 채택하고 있었다. 이러한 결과는 어찌 보면 당연하다. 도시지역과의 경쟁에서 상대적 유리함을 점할 수 있는 부분이 환경, 지리, 문화유산 등이기 때문에, 이를 활용한 접근방식을 더 선호할 수밖에 없다. 하지만 돌이켜 생각해보면 지방자치제가 본격적으로 시작된 지 20여 년이 지나면서 대부분의 농촌에서도 문화정책을 전면에 내세우고는 있지만 아직까지 대체로 획일화된 사업내용으로 접근하고 있는 점은 큰 아쉬움으로 남는다.

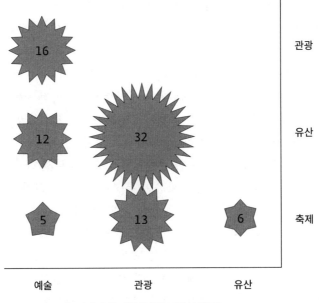

관광

유산

축제

예술          관광          유산

〈그림 1〉 문화정책 유형별 조합과 강도[1]

　　종합하면 우리나라 농촌지역의 자원이나 여건은 문화농촌으로서
발전할 수 있는 잠재력을 충분하게 보유하고 있지만, 이를 풀어갈 방
법론의 부재를 해결해야 할 과제로서 강조하고 싶다. 따라서 향후 지
역전문 문화기획가 혹은 스토리텔러의 배치 프로그램이 필요할 것으
로 보이며, 지역주민, 예술인, 단체, 공공기관 등이 포함된 문화정책
담론의 장을 마련하여 지역문화정책의 창구로 활용하는 방안을 강구
하여야 할 것이다.
　　이러한 주장은 이미 류정아(2010)의 연구에서도 강조한 바 있다.
이 연구에서는 농촌지역의 문화환경 개선을 위해 지역문화의 고유성

---

1　〈표 6〉의 결과를 근거로 자치단체별로 문화정책 유형의 강도가 강하게 나타
　　난 두 가지 유형 간 조합을 나타난 것이며, 숫자는 해당 자치단체의 수(일부
　　중복 가능)를 의미한다.

과 농촌 어메니티(amenity)의 자원 활용 극대화를 통해 농촌문화자원의 콘텐츠를 자연자원, 전통민속자원, 지역특화자원, 문화예술자원으로 유형화하여 전략수립 방법을 제시하고 있다. 특히 이를 이끌어갈 추진동력으로 '농촌문화콘텐츠활용 공동협의체'의 구성, 창조적 리더 발굴 및 양성, 교육 프로그램 강화, 지역주민의 자발적 참여환경 조성을 강조하고 있는데, 결국 지역문화 거버넌스 구축여부 및 이를 통한 문화정책의 운영이 무엇보다 중요하다고 볼 수 있다.

결론적으로 본 연구는 농촌문화행정의 과제로서 다시 원론으로 돌아가 고유의 지역문화를 활용한 특성화를 강조하고자 한다. 특히 전술한 의령과 같이 선택과 집중을 통해 지역문화의 특성을 전면에 내세워 문화조직의 구조에도 반영하고 대외적인 홍보에 있어서도 특성화된 지역문화에 열중하는 것은 모범적 사례로서 강조될 수 있다.

물론 본 연구에서의 자료원은 각 자치단체의 홈페이지 자료에 의존했기 때문에 문화정책의 유형도 표면적으로 제시된 사업들을 연구자의 주관에 의해 강도를 평가하였다는 한계와 더불어 인력 조사 시 최대한 문화정책 기능과 관련 없는 인력을 배제하려고 노력하였으나 일부 관련 없는 인력이 포함되었거나 관련 인력이 포함되지 않았을 수도 있는 점을 부인할 순 없다. 하지만 본 분석 자료는 아직까지 문화정책의 집행주체로서 농촌문화행정을 체계적으로 분석한 연구가 일천한 점을 상기하면 향후 참고자료로서 유용하게 활용되리라 생각한다.

## 참고문헌

각 자치단체별 홈페이지.

류정아,『농촌지역 문화환경 개선방안 연구』, 한국문화관광연구원,
2010.

안전행정부, 지방자치단체 행정구역 및 인구 현황(2013.1.1. 기준).

임형백, "농촌 어메니티를 이용한 농촌활성화 정책 방향",『지방행정
연구』, 2012, 26(3), pp.3-26.

정책브리핑(http://www.korea.kr/2014briefing), 각 부처 2014년 대통
령 업무보고 자료.

# 제4장 문화농촌·창조농촌과
# 미래 문화정책

임학순

# 1 문화농촌, 창조농촌, 문화전략

## 1. 문화농촌·창조농촌

문화농촌·창조농촌이란 문화적 삶의 환경과 문화자원을 갖추고, 문화의 가치를 적극적으로 실현하는 농촌을 의미한다. 이러한 문화농촌·창조농촌이 되기 위해서는 무엇보다 농촌지역 주민들의 문화적 삶의 환경이 갖춰져야 하며, 농촌의 문화예술과 생활문화가 발전되어야 한다. 또한 문화농촌·창조농촌이 되기 위해서는 문화가 지니고 있는 심미적·예술적 가치 외에도 사회문화적·경제적 가치가 농촌사회에 실현되어 새로운 가치를 창출할 수 있어야 한다. 여기에서 문화는 생활양식, 예술, 상징적 의미체계로서뿐 아니라 새로운 가치를 창출하는 자원으로서의 의미를 갖고 있다. 이런 의미에서 '창조농촌'이라는 용어가 사용되었다.

창조농촌은 창의성을 바탕으로 새로운 부가가치를 창출하여 경제적으로뿐 아니라 사회문화적으로 활력을 생성함으로써 지속가능한 발전이 가능한 농촌을 일컫는다. 이러한 창조농촌의 개념은 농촌을 소외된 지역, 주변 지역이라는 관점에서 접근하는 것이 아니라 농촌을 새로운 가치를 창출하는 창조지역이라는 관점에서 접근하고 있다. 창조농촌이 형성되고, 지속적으로 발전하기 위해서는 무엇보다도 창의성과 혁신 환경이 조성되어야 하며, 이러한 환경을 이끌어갈 수 있는 창조인력이 있어야 한다. 또한 농촌의 다양한 자원, 인력, 지식의 교류와 협력 및 융합 환경이 조성되어야 한다. 지역주민들의 자발적인 참여와 협력 또한 창조농촌 전략의 핵심 요소라고 할 수 있다.[1]

이러한 문화농촌, 창조농촌 논의는 문화의 가치에 바탕을 두고 있다는 점에서 문화예술의 공공 효과를 강조하고 있는 문화공리주의(cultural utilitarianism)와 연관되어 있다. 문화예술의 공공효과로는 국가정체성의 확립, 사회적 응집력 강화, 국가위상 제고, 경제적 가치 창출, 사회발전 효과 등이 주로 제시되었다. 이러한 외부효과 논의는 기본적으로 문화재화가 외부효과가 큰 공공재이며, 사회적으로 바람직한 가치재라는 점에 바탕을 두고 있다. 문화예술의 경제적 효과, 문화를 활용한 도시재생, 문화관광 또한 문화공리주의에서 중요하게 다루어지고 있다.

문화도시, 창조도시에 관한 논의에서도 문화는 도시전략의 중요

---

1  강신겸, "문화관광을 통한 창조적 농촌 가꾸기 전략 - 일본 나가노 현 오부세마치를 중심으로", 『문화경제연구』, 2010, 13(1), pp.86-105. 이 논문에서는 농촌마을이면서도 미술관 설립을 계기로 창조적인 마을가꾸기를 추진한 일본의 오부세마치 사례를 소개하고 있다. 이 논문에 따르면, 오부세는 문화예술을 테마로 박물관과 미술관을 개발하고, 다양한 문화이벤트를 개최하면서 관광객을 유치하고, 여기에 지역의 독특한 산업과 자원, 문화를 결합한 경제시스템을 구축하여 성공하였다. 강신겸은 창조농촌을 '창조적 인재들이 창조성을 발휘할 수 있는 창조적인 환경을 갖추어 고유한 문화자산을 바탕으로 창조산업을 육성하여 지속가능한 지역발전을 추구하는 농촌지역'으로 정의하고 있다.

한 자원이자 방법론으로 제시되고 있다. 이미 문화도시 논의에서는 문화전략이 도시 브랜딩, 도시 매력, 문화관광, 도시산업, 사회통합 등의 효과를 창출하는 중요한 도시 활성화 전략으로 고려되어 왔다. 문화관광에 관한 논의 또한 문화를 관광자원으로 활용하는 것에 관한 것이다. 창조도시, 창조클러스터, 창조산업에 관한 논의 또한 상당부문은 문화유산, 문화예술, 문화산업 등 문화자원에 관한 것이다.

## 2. 문화전략

문화·창조 농촌의 문화전략은 농촌의 가치와 문화의 가치를 삶의 현장에서 실현하기 위한 구체적인 행동계획이라고 할 수 있다. 문화전략은 농촌의 가치를 문화적 방법을 활용하여 해석하고, 이를 통해 소통과 공감의 장을 마련하는 것을 의미한다. 농촌의 가치는 문화를 통해 의미가 해석되고, 공유될 수 있다. 이러한 문화전략은 정체성, 창조인력, 소통플랫폼, 스토리텔링, 융합 등 문화가 갖고 있는 특성에서 연유한다.

### 1) 정체성

문화전략은 농촌지역의 정체성을 찾아내 농촌브랜딩 전략을 개발하는 데 활용될 수 있다. 농촌지역의 역사, 이야기, 전통문화, 민속, 문화예술 등은 농촌지역의 정체성을 형성하는 중요한 요소로 활용될 수 있다. 이러한 문화기반의 정체성은 농촌지역의 공간, 농산물, 축제, 관광 상품 등에 의미를 부여하며, 다른 지역과의 차별적 이미지를 형성하는 데 활용될 수 있다. 농촌브랜딩 전략 또한 이러한 농촌의 정체성을 바탕으로 개발될 수 있다.

## 2) 창조인력

문화전략은 예술인, 문화기획자, 문화예술교육자, 문화 활동가 등 문화예술 분야의 인적자원을 활용할 수 있는 기반을 제공할 수 있다. 이러한 문화예술계 인력들은 기존의 농촌지역을 새로운 시선으로 다양하게 상상할 수 있는 창조인력이라고 할 수 있다. 이러한 문화예술 분야의 창조인력들은 문화예술 창작, 문화예술교육, 문화예술 이벤트 및 축제, 문화 공간, 지역주민의 문화 복지, 공동체 등 농촌지역의 문화예술 환경을 구축하는 데 중요한 역할을 수행할 수 있다. 다른 한편으로 이러한 문화예술 분야의 창조인력들은 농업과의 협업을 통해 새로운 부가가치를 창출하는 역할도 수행할 수 있을 것이다. 이런 의미에서 문화예술 인적 자원은 농촌의 창의적 환경을 구성하는 핵심 요소라고 할 수 있다.

## 3) 소통 플랫폼

문화전략은 사람들의 소통 플랫폼을 제공함으로써 농촌주민들의 참여와 협력을 촉진할 수 있다. 커뮤니티 문화센터, 문화시설, 문화이벤트, 축제, 문화예술교육 프로그램, 문화 복지 프로그램 등은 농촌주민들이 문화를 통해 소통하고, 새로운 일을 탐색하고, 협력할 수 있는 장이 될 수 있다. 이러한 농촌주민들의 소통과 참여 및 협력 활동은 농촌 공동체를 지속 발전시켜 나가는 중요한 기반으로 작용한다.

## 4) 스토리텔링

문화전략은 농촌의 마을, 장소, 역사, 인물, 사건, 소비자들의 체험을 스토리텔링을 통해 변형·창조하여 새로운 체험 및 소통방식을 제공할 수 있다. 스토리텔링이란 이야기를 통해 재미, 공감, 몰입, 감동 등을 불러오는 장치이다. 문화전략은 스토리텔링 방법을 활용하여 현대인들이 공감할 수 있는 농촌의 이야기 자원을 조사, 분석, 발굴하여 고객들에게 이야기체험을 제공할 수 있다. 이러한 스토리텔링은 장소

브랜딩, 농산물 브랜딩, 교육콘텐츠 개발, 이야기 관광 자원 개발, 지역 홍보 마케팅 전략 개발 등 다양한 형태로 활용될 수 있다.

### 5) 융합 : 6차 산업화 전략과의 연계

문화전략은 농촌 6차 산업화 전략과도 밀접하게 연관되어 있다. 농림축산부(2013) 자료에 따르면, 6차 산업화란 '농촌에 존재하는 모든 유·무형의 자원을 바탕으로 농업과 식품, 특산품 제조, 가공(2차 산업) 및 유통, 판매, 문화·체험·관광서비스(3차 산업) 등을 연계함으로써 새로운 부가가치를 창출하는 활동'으로 정의되어 있다.[2] 2014년 6월 3일에 제정된 『농촌융복합산업 육성 및 지원에 관한 법률』에서는 '농촌융복합산업'을 '농업인 또는 농촌지역에 거주하는 자가 농촌지역의 농산물, 자연, 문화 등 유형, 무형의 자원을 이용하여 식품가공 등 제조업, 유통·관광 등 서비스업 및 이와 관련된 재화 또는 용역을 복합적으로 결합하여 제공함으로써 부가가치를 창출하거나 높이는 산업'으로 정의하고 있다.

이것은 문화 전략이 다른 분야와 연계하여 농촌의 6차 산업화를 활성화하는 중요한 전략이라는 점을 의미한다. 문화를 활용한 6차 산업화 전략은 문화와 관광을 연계하는 문화관광산업 활성화, 문화와 생태를 연계하는 체험콘텐츠 개발, 문화와 스토리텔링을 연계한 장소 및 농산물 브랜딩, 문화와 농업을 연계한 경관농업, 문화와 숲을 연계한 숲 문화 치유프로그램 등 다양한 층위에서 개발될 수 있을 것이다. 그러나 아직 문화를 활용한 6차 산업화 방안에 대해서는 연구개발이 매우 미흡한 실정이다.

---

2  "농업, 농촌에 창조를 담는 6차 산업화", 농림축산식품부 보도자료, 2013. 7. 26.

임학순

# 2 미래 농촌문화정책의 과제

## 1. 문화민주주의 가치 지향

농촌은 도시에 비해 문화 공간, 문화프로그램, 문화 활동 측면에서 매우 열악하다. 문화체육관광부와 한국문화관광연구원의 『2014 문화향수 실태조사』 결과에 따르면, 읍면 지역 문화예술 관람률은 57.7%로 중소도시 73.0%, 대도시 75.3%에 비해 낮게 나타났다. 이에 따라, 그동안 농촌주민들은 주로 문화소외 계층의 범주로 분류되어 왔다. 농촌은 '문화 사각지역', '취약지역'의 범주에 포함되었기 때문에 농촌주민들은 문화 복지정책의 대상인 객체로서 고려되어 왔으며, 문화 창조의 주체로 인식되지 못했다. 이에 따라 농촌 문화정책은 수요자보다는 공급자 중심으로 이루어진 측면이 많았다. 농촌사회의 고령화, 다문화 가정의 증가, 조손가정의 증가, 귀농 및 귀촌인구의 증가 등 새롭게 등장하는 농촌사회의 문제를 문화정책 맥락에서 적극적으로 수용하지 못해 왔다고 볼 수 있다.

[136]

앞으로 농촌의 문화정책은 도시의 문화를 농촌으로 확산하는 문화의 민주화 패러다임에서 머물지 말고, 농촌을 문화 창조 맥락에서 접근하는 문화민주주의 패러다임으로 확장될 필요가 있다. 농촌주민에 대한 인식 또한 수혜자 관점에서 적극적인 협력자 및 창조자 관점으로 전환될 필요가 있다. 농촌주민이 문화자원이 될 수 있다는 인식이 형성될 필요가 있다. 이와 관련하여 예술가와 농촌주민들의 협업을 기반으로 한 문화전략 프로젝트가 활성화될 필요가 있다.

## 2. 문화를 기반으로 창조적 융합 환경 조성

문화는 예술적 가치뿐 아니라 사회적 가치, 경제적 가치를 갖고 있기 때문에 농촌지역을 활성화하는 중요한 자원으로 활용될 수 있다. 이와 같이 문화를 활용하여 농촌 활성화 전략을 추진하기 위해서는 농촌의 가치, 문화의 가치, 농촌 활성화 전략을 효과적으로 연계하기 위한 문화전략을 개발할 필요가 있다. 이런 의미에서 농촌 문화정책은 융합적인 접근을 필요로 한다. 융합적인 접근이란 농촌지역의 문화자원, 생태자원, 농업자원, 역사자원 등을 연계하여 융복합 시너지를 창출할 수 있는 방법을 의미한다.

이러한 문화융합 환경이 조성되기 위해서는 무엇보다도 농촌지역예술가 및 문화기획자들의 참여와 협력이 활발하게 이루어져야 한다. 그동안 농촌에는 예술 인적 자원이 매우 빈약했다는 점을 고려할 때, 예술가들의 농촌 이주 현상은 농촌지역의 예술 인적 자원을 확보하는 데 기여할 것으로 전망된다. 농촌에서 예술가들의 활동은 문화예술창작, 문화예술교육, 문화기획, 문화 공간 운영, 문화정책 자문 등 문화영역뿐 아니라 관광, 경관, 지역브랜딩, 교육, 복지 등 다양한 영역에서 이루어질 수 있다. 예술가 및 문화기획자들의 창의성과 상상력은 농촌의 창의성을 증진하는 데 중요한 요소로 작용할 수 있다. 이와 관련하여 앞으로 예술가 및 문화기획자들이 적극적으로 농촌 활성화 작업에 참여할 수 있는 예술협업 프로젝트를 개발하여 지원할 필요가 있다. 이러한 예술협업이 농촌지역에서 활발하게 이루어지기 위해서는 무엇보다 문화와 농촌 활성화의 관계에 대한 적극적인 인식이 농촌지역사회 내에 공유되어야 한다.

## 3. 마을공동체의 지속 발전

문화정책 맥락에서 공동체 문제는 공동체 복원 측면과 새로운 공동체 형성 측면으로 구분하여 살펴볼 수 있다. 공동체 복원 측면은 사라져 가고 있는 농촌의 공동체 문화를 복원하는 것에 초점을 두고 있다. 반면에 새로운 공동체 형성 측면은 귀농·귀촌인의 증가, 해외결혼이민자의 증가 등 새로운 이주민들이 유입됨에 따라 이주민과 원주민 사이에 소통과 협력 기반을 구축하는 것에 초점을 두고 있다. 문화전략은 이러한 마을공동체 문제를 해결하는 중요한 방법으로 활용될 수 있다. 이와 관련하여 마을 단위의 문화프로젝트를 활성화할 필요가 있다.

## 4. 농촌문화유산의 보호 및 활용 체계 구축

농촌의 문화유산은 문화영역(cultural sector)이면서 동시에 창조영역(creative sector)이다. 문화유산은 그 자체로 보호, 전승되어야 할 소중한 문화일 뿐 아니라 다양한 분야에 창의성을 발현시키는 원천이기 때문이다. 이러한 문화유산은 과거에 고착된 정태적인 것이 아니라 현대사회에서 끊임없이 새로운 의미를 창출하는 동태적인 것이라고 할 수 있다. 농촌에는 이러한 유형, 무형의 문화유산이 널리 분포하고 있다. 무형문화재 보유자 및 전수자, 무형문화재 보존단체, 전수교육관 등은 무형문화유산을 보호, 전승하는 중심 역할을 수행하고 있다. 그러나 무형문화재 전문 기획 인력이 부족하고, 경영체계 또한 취약하다. 무형문화재 체험 및 교육을 위한 콘텐츠 및 방법론 개발 또한 부족한 실정이다. 무형문화재에 관한 아카이빙 및 분석 연구 또한 미흡하다. 그 결과, 아직 우리의 농촌은 이러한 문화유산들을 창조적으로 활용할 수 있는 체계를 구축하지 못하고 있는 실정이다.

## 5. 농촌문화콘텐츠 개발 및 문화브랜딩

농촌의 가치에 관한 관심이 확대되고, 농촌을 찾는 사람들이 많아지면서 농촌체험콘텐츠에 대한 관심 또한 커지고 있다. 농촌의 문화자원을 활용한 문화콘텐츠 개발 또한 중요해지고 있다. 농촌의 역사, 전통문화, 생활문화, 민속, 이야기, 예술가, 문화예술, 문화 공간, 예술창작스튜디오, 장소 모두 중요한 문화자원이다. 그동안 농촌 문화정책은 주로 전통 문화의 보존에 한정되어 있었으며, 현대인의 관점에서 이러한 문화자원을 체험하고 즐길 수 있는 방법과 콘텐츠를 개발하는 데 소홀했다. 농촌문화에 관한 연구 또한 향토 역사와 문화에 초점을 둔 것이었다.

최근에 농촌문화관광에 대한 관심이 확대되면서, 농촌의 전통문화와 관광을 연계한 문화관광 상품이 개발되고 있다. 축제관광, 전통시장 관광, 무형문화 체험 관광 등이 이러한 사례에 해당된다. 축제관광은 대표적인 문화관광 상품이다. 농촌의 전통시장 또한 최근에 도시민들이 많이 찾는 장소이다. 농촌의 전통시장은 농촌의 가치와 이야기를 체험하고, 소통할 수 있는 시장으로 새로운 매력을 창조할 수 있다. 예컨대, 정선 5일장은 정선아리랑을 통해 문화와 추억을 체험할 수 있는 전통시장 브랜딩을 확보하고 있다. 이제 정선 5일장은 전통시장 차원을 넘어 문화관광 시장으로 위상을 확보해가고 있다.

무형문화 관광은 농촌의 무형문화유산을 바탕으로 한 문화관광을 의미한다. 전통 공연, 전시, 공예, 스토리, 민속 등 다양하다. 문화재청에서 실시하고 있는 『생생문화재 사업』 또한 전통문화유산과 관광을 연계하여 문화유산의 창조적 활용을 활성화하는 데 초점을 두고 있다. 중요무형문화재인 나주 염색장전수관의 경우, 천연염색 교육 프로그램과 마을체험 프로그램을 연계하여 농촌문화관광 상품을 개발하고 있다.

앞으로 농촌문화정책은 농촌의 문화자원으로 활용한 문화콘텐츠를 지속적으로 연구, 개발할 필요가 있으며, 이러한 문화콘텐츠를 수요자의 특성에 적합하게 서비스하는 방법 또한 연구, 개발할 필요가 있다. 이러한 문화콘텐츠 개발 및 서비스 체계가 효과적으로 구축되기 위해서는 지역주민, 예술가 및 문화기획자, 문화콘텐츠 전문가, 문화콘텐츠 관련 단체 및 기업 간에 참여와 협력, 협의와 조정 등이 이루어질 필요가 있다. 그리고 농촌의 문화자원에 대한 조사연구, 아카이빙, 기록 등의 작업이 지속적이고 체계적으로 이루어질 필요가 있다.

# 제2부

## 문화전략을 활용한 농촌 활성화 사례

이선철

# 1 문화를 통한 농촌 활성화

## 1. 지역의 발전과 미래

지역발전의 개념이 지역의 경제적 발전의 실현에서 시작된 이래, 초기단계에서는 국가경제의 양적 성장이나 능률성 증진이 강조되었으나, 성숙단계에서는 지역 간 형평성 제고나 국토의 균형개발 촉진이 중요하게 인식되기 시작하였고, 이후 환경이나 생태문제에 대한 관심이 증대되었다. 즉 능률성에서 형평성 그리고 환경성을 고려하는 단계로 발전하고 있다. 특히 지방자치 시대를 맞아 지역의 살길이 다양한 방법으로 모색되고 있다. 각종 개발 사업이나 공공기관의 유치 또는 중요 행사의 개최 등 많은 방안들이 고민·시행되고 있다. 그중 최근 가장 관심을 끌고 그 중요성이 강조되고 있는 부분이 문화를 활용한 지역 또는 마을의 활성화 시도라 할 수 있다.

이런 맥락에서 이른바 장소판촉(place marketing)의 개념이 도입되어, 특히 도시와 농촌의 신성장 동력으로 지역의 문화자원의 가치에 대한 인식을 기반으로 장소 또는 지역의 경제적 번영을 도모하게 되었다. 이에 커뮤니티 비즈니스, 지역개발, 공동체 회복, 지역관광 활성화, 지역산업의 육성 등의 이슈가 제기되기 시작했다. 각 지역을 거점으로 하는 문화공간의 조성과 문화기관의 증가 그리고 전문 인력과 재원의 확충으로 인해 양적으로뿐 아니라 질적으로도 문화의 역할과 위상이 높아지고 있다. 특히 최근에는 소위 지역재생이라 하여 지역의 유휴시설을 활용하거나 생활문화를 활용한 공동체 회복의 경향이 뚜렷이 나타나고 있어서 이에 대한 전략과 성과에 대한 공유가 활발해지고 있다. 또한 농촌은 그 고유의 생태 자원과 결합하여 창조적인 방법으로 부가가치의 창출도 시도하고 있다.

그런데 문화를 활용하거나 문화적으로 접근한다는 것은 지역의 경쟁력이 곧 차별성이나 고유성이며 이는 개성의 발현이라는 인식에 기반한다. 특히 농촌의 경우 마을을 방문하거나 특산물을 구입하는 고객의 눈높이에 부응하기 위해서는 어메니티 자원이나 특산물을 문화적으로 포장해야 살아남을 수 있는 절박함이 있기도 하다. 따라서 문화의 영역이 역사, 예술, 생활로 대별되는 수준에서 최근 생태, 복지, 교육, 산업 등의 분야까지 확대되고 있다. 마을마다 생기는 시설공간의 조성이나 각종 체험프로그램의 홍보와 마케팅 그리고 네트워킹과 내부 역량강화 등에 문화의 역할과 위상이 높아지고 있다. 특히 최근 이른바 재생이라 하여 지역의 유휴시설을 활용하거나 생활 속의 문화 프로그램을 활용한 공동체 회복의 경향이 뚜렷이 나타나고 있어서 이에 대한 전략을 세우고 성과를 공유하려는 움직임이 활발해지고 있다.

그러나 문화를 활용하여 동력을 찾고 활성화를 꾀한다는 것에 당위성을 갖기도 하지만 또한 그 실천이 어렵다고 인식되는 것도 사실이다. 이는 문화의 본질적인 속성상 그 실체의 모호함에서 기인하기도 하며 주민들의 경험의 부재, 성과나 효과의 추상성, 그리고 지역의 전문성의 결여 등에서 그 원인을 찾을 수 있다. 따라서 문화를 활용한다는 취지에는 이러한 제약을 극복하는 데서 찾을 수 있으며 이는 문화의 본질에 대한 이해와 공유, 활용방안에 대한 전략과 구체적 실천 방안, 그리고 협업과 의사결정의 합리화 등이 따라주어야 하기도 한다. 때에 따라서는 전략의 부재나 현실성의 결여 그리고 운영 방식에 있어서 전문성의 부족으로 인하여 한계를 드러내거나 실패하는 경우도 많이 보게 된다. 이에 지역의 현실에 부합하며 주민과 방문객에게 다 같이 도움이 되고, 지역의 정체성과 문화성 그리고 나아가 경제적 사회적 부가가치까지도 창출할 수 있는 문화의 활용 방안을 주요 영역별로 나누어 각각의 의의와 전개 방향을 제시해 볼 수 있다.

## 2. 문화 활용의 주요 영역

### 1) 공간의 조성

다양한 형태의 시설은 인간 활동의 물리적 기반이다. 그러나 단지 기능성만 충족시키는 것을 넘어서 뛰어난 아우라를 창출하고 지역의 이미지를 좌우하는 디자인의 중요성도 대두되고 있다. 특히 최근에는 농어촌지역에도 여느 도시 못지않은 훌륭한 문화시설들이 늘어나고 있다. 대부분의 지역마다 문화예술회관이 들어서고 있으며, 각종 박물관이나 미술관 그리고 지역의 유휴시설을 활용한 대안적인 문화 공간들도 많아지고 있다. 또한 주민센터나 복지시설 그리고 마을회관 등 일반 시설에서도 문화 프로그램을 활발히 제공함으로써 이른바 '문화적 공간'이 확대되고 있는 것도 바람직한 일이라 할 수 있다. 이러한 공간들은 가장 기본적인 문화 창작과 향유를 담는 그릇과 같은 것으로 단지 부동산적인 자산적 가치만이 아니라 지역의 자원으로서 그 가치를 인식할 필요가 있다.

그러나 시설이 있는 그 자체가 곧 문화행위를 유도하는 것은 아니어서 적절한 소프트웨어가 장착되어야 실질적으로 그 기능을 발휘할 수 있다. 지역의 수많은 시설들이 지역의 특성과 역량, 사업성 등을 고려하지 않은 채 우후죽순처럼 지어졌다가 운영난으로 방치되거나 애물단지로 전락하는 것도 종종 보게 된다. 따라서 문화공간은 지역의 현실에 맞게 효과적으로 조성되고, 프로그램과 운영에도 적절한 투자가 이루어져 다양한 계층의 지역주민들이 용도에 맞게 효율적으로 활용할 수 있도록 하는 것이 중요하다. 이에 디자인과 편리성뿐 아니라, 주민들의 자존감을 높이고 방문객에게는 지역의 인상을 좌우하는 매력으로도 작용하는 조성전략과 복합적이지만 강력한 기능을 하는 요소가 고려되어야 한다.

## 2) 향유력 증진을 위한 문화예술교육

문화예술교육은 과거의 기능적인 예능교육이 아니고 체험과 과정을 중시하는 관객 및 주민 교육으로서의 영역을 이야기한다. 특히 문화 향유의 경험이 별로 없는 농어촌의 특성상 일방적인 문화 프로그램의 제공과 수동적 향유를 넘어 주민들의 문화 향유력을 키우고 문화를 일상화하기 위해서는 문화예술교육의 활용이 절대적이다. 문화예술을 도구로 활용하는 전반적인 인성 교육과 창의력 증진이 목적이니만큼 어릴 적부터의 문화예술교육이 중요하다.

출중한 재능을 가진 인재를 배려하며, 다양한 진로를 모색해보는 방안으로 문화예술교육을 활용할 수 있으며, 특히 학생들의 학교생활의 만족도와 집중도를 높이기 위한 방편으로도 효과적이다. 아울러 최근 관심의 대상이 되고 있는 농촌유학의 한 방편으로도 가능하며 주 5일제 수업으로 인한 창의적 체험활동의 확대는 문화예술교육의 역할을 더욱 증대시키는 좋은 계기를 마련할 수 있다. 또한 사회 각 분야의 구성원들이 그들의 창의력과 생산성을 높일 수 있는 방편으로서 문화예술교육의 활용은 더욱 중요하다.

### 3) 마을의 취약계층을 위한 문화복지

문화가 더 이상 경제적·사회적 여유가 있는 사람들만의 전유물이거나 전문적인 안목과 식견이 있는 애호가만의 것이 아니라, 사회의 보편적인 구성원들이 문화를 삶의 도구로 활용하게 하는 것이 중요하다. 특히 상대적으로 일반인들에 비해 그 기회가 제한되거나 소외되기 쉬운 취약계층 이웃들을 위해서 더욱 그러하다. 대표적인 대상인 장애인, 재소자, 군인, 다문화가정, 노인, 저소득층 아동 등을 위한 문화 복지 프로그램이 확대되고 있는 것은 이런 맥락에서라고 할 수 있다.

특히 농어촌 지역의 특성상 다문화 가정이나 고령화 인구, 그리고 저소득층 아동들에게는 문화의 필요성이 더욱 강조된다. 그러나 같은 대상으로 여러 기관들이 중복해서 제공하는 것에서 오는 난립성, 단순한 시혜의 대상으로만 보는 인식, 일회성 이벤트로 끝나는 행사 등은 오히려 소외감과 박탈감을 줄 수도 있으므로 대상의 특성을 잘 고려하고 복지 전문가와 협업하여 진행할 필요가 있다.

### 4) 인력양성의 소재와 도구

마을의 문화관련 프로젝트나 프로그램을 기획, 수행할 인력의 양성이 필요하다. 마을에 대한 애정과 사명감을 가지고 문화 정책과 사업을 수행할 전문가들은 하루아침에 길러지는 것이 아니다. 문화 분야의 특성상 전문가와 주민 그리고 행정이 함께 해야 그 결실을 맺을 수 있으니 각자의 영역에서 전문성을 강화하고, 전문적인 매개자로서의 지역문화기획 인력을 양성하는 것이 필요하다. 중고등학생에서부터 그 적성과 관심을 파악하여 진로를 지도하고 지역에 있는 잠재적 인력들에게 교육 프로그램을 제공하며, 귀촌자나 이주자들의 전문 경력이 지역에서 충분히 발휘할 수 있도록 기회를 확대해 나가야 한다.

특히 구체적인 사업이 진행되는 경우 위원장이나 사무장 또는 주요 영역별 책임자나 수행자가 필요한데 특히 이들의 전문적인 업무

역량과 함께 마을과 공유하는 문화적인 비전과 안목이 필수적이다. 이를 위해 지속적이고 체계적인 교육훈련 프로그램이 필요하다.

### 5) 지역축제의 콘텐츠 구성

지역을 기반으로 하는 축제가 최근 가히 기하급수적으로 늘어나고 있다. 수십 억의 예산이 드는 대규모의 관광축제나 전문적인 장르를 기반으로 하는 예술축제도 있지만 점차 소규모 마을단위의 농촌축제들도 늘어나고 있다. 그러나 농촌 마을축제가 자칫 단순한 농산물 판촉 행사나 연예인 초청 주민위문 공연 또는 마을사람들끼리의 잔치로 끝나는 경우도 있다. 마을의 주민들이 참여하기는커녕 외부의 전문 업체에게 일괄 의뢰함으로써 주민들은 구경꾼으로 전락하는 경우도 보게 된다.

마을의 축제는 지역의 정체성을 잘 드러내며, 주민들이 주체적으로 참여하여 스스로 즐기고, 도농의 교류와 소통의 계기도 되며, 장기적으로 마을의 부가가치를 창출하려는 이유 때문에 열리는 것이다. 그런 면에서 지역의 마을축제에 문화가 효과적으로 접목되는 것이 중요하다. 이를 위해서는 평소 문화에 대한 투자가 얼마나 이루어졌는가가 중요하며 이를 응집력 있게 발휘할 수 있는 것이 축제인 것이다.

### 6) 관광 프로그램의 기여

농촌에서 소득을 창출하는 원천은 영농과 가공 그리고 관광으로 나누어 볼 수 있다. 특히 관광의 경우 과거 집단 여행이나 시설관람 위주의 행태에서 벗어나 관광객들이 적극적으로 참여하고 체험하는 유형으로 바뀌고 있으며 특히 관광의 프로그램에 생태적 환경과 함께 문화적인 요소가 반드시 포함되어 있어야 체류의 시간이나 질이 높아지는 경향을 보이고 있다. 특히 점차 증가하는 외국인 관광객이나 젊은 층들에게는 문화적인 요소는 절대적인 흡인요인이 되고 있다. 따라서 지역의 문화계는 이제 지역관광의 영역과 적극적으로 손을 잡고 때로는 관광의 도구로 또는 관광의 목적으로 그 역할을 해야 한다.

## 7) 전통예술의 보존과 활용

지역마다 내려오는 고유한 전통문화, 문화재 그리고 유무형의 문화자원들은 해당 지역에서 주도적으로 보존하고 계승하려는 노력을 기울이는 것이 중요하다. 국가단위의 문화재들은 정부의 몫이라 하지만 지역단위의 활동은 가장 애착을 가지고 있는 해당 지역에서 주도적으로 해야 한다. 특히 주민들의 생활 속에 계승되어 내려오는 민요나 농악, 연희 등의 보존과 콘텐츠화는, 지역의 관심과 노력이 없으면 쉽사리 단절될 수 있는, 지역의 전통과 예술을 지키는 하나의 방법이다. 따라서 지역의 지적 문화적 자산의 관리와 활용이라는 측면에서 지역 전통예술의 체계적 보존과 활용에 지역문화계가 적극적으로 나서야 한다.

## 8) 생활문화공동체의 활성화

지역의 다양한 생활문화의 발굴과 콘텐츠로의 개발 그리고 이의 활용은 자칫 일상에서 묻혀 버리기 쉬운 자원들의 가치와 역할을 새롭게 조명하게 한다. 특히 음식이나 주거방식, 생활양식, 디자인, 주민들의 정서적 기질 등 우리 주위의 모든 분야가 문화의 영역이자 자원이다. 따라서 이를 활용한 각종 프로그램과 콘텐츠 제작 및 주민들의 일상 생활 속에 살아있는 문화요소의 활용은 주민 자신들의 자존감과 삶의 질의 고취 그리고 대외교류의 일차적인 도구로서 대단히 중요하다.

주민들의 공동체 활성화와 회복의 매개가 되는 것이 또한 문화이다. 지역의 주민들은 언뜻 단순해 보이나 사실 그 기저에는 대단히 복잡계의 성격을 띠고 있다. 혈연, 지연, 학연 이외에도 각종 사회단체의 참여나 이익집단의 소속, 그리고 다양한 공식 비공식적인 계모임을 통해 거미줄 같은 관계망 속에서 공동체가 유지된다. 이러한 공동체의 속성과 공동체 의식을 강화하고 새로운 방법과 세대가 맞는 매개체가 또한 문화이다.

### 9) 지역예술가의 역할과 활용

이제는 지역을 기반으로 하거나 마을에 상주하는 예술가들이 과거와는 달리 중앙무대에서 소외된 존재가 아니라 지역을 기반으로 더욱 존중받고 안정적인 환경에서 창작활동을 하며 자신의 전문성을 살려 지역의 다양한 사업이나 프로그램에 참여하는 것이 필요하다. 이를 위해서는 레지던스나 창작, 그리고 마케팅 등을 위한 정책과 지원이 필요하다. 특히 시장의 취약함을 공공의 구매나 지역에서의 활용으로 보완해야 하며, 젊은 예술가들이 지역을 기반으로 활동하거나 외부의 예술가가 지역으로 이주하는 경우 정주성을 높여 주는 전략이 필요하다. 지역의 예술가들 또한 단지 고전적인 의미의 창작활동 외에도 지역에서의 문화예술교육, 체험프로그램의 공급, 지역 경제활동의 지원 등 다양한 영역에 참여할 수 있고 이를 위해 지역의 예술가 네트워크를 통해 공동의 과제를 해결해 가는 것도 필요하다.

이를 위해서 마을은 이들의 예술을 있는 그대로 활용하는 것이 아니라 지역의 형편과 니즈에 맞게 변용되는 것이 필요하며 이는 예술가의 간접체험과 우회체험의 축적이 기반이 될 때 그 활용도가 높다. 즉 창작과정을 이해하고 다른 사람을 통해본 지역예술의 가치를 체험하며 예술이 활용되는 다양한 예시에 대한 교육과 훈련이 지역주민들에게도 필요하다.

### 10) 지역산업에의 기여

지역에서의 영농이나 가공 또는 각종 주민이 하는 경제 활동상의 매출증대나 전통시장 또는 오일장의 활성화 그리고 각종 소득 증대에 문화가 도움이 될 수 있다. 이를 통해 지역에서는 문화에 대한 호의와 신뢰를 가지게 되며, 장기적으로 고부가가치를 창출하는 도구로서 문화에 대한 필요성을 인식하게 된다. 디자인, 마케팅, 홍보, 도농교류 등의 방법으로 활용될 수 있으며 축제나 관광 등과 연계하여 활용될 수도 있다. 특히 지역의 생산품이나 서비스가 고부가가치를 창출하기 위해서는 콘텐츠의 높은 품질도 전제되어야 하지만 문화적 감성을 건드릴 수 있는 방안과 체계가 시급하다.

## 3. 문화를 활용한 마을 프로그램의 주요 예시

### 1) 걷기코스의 개발 및 관리

제주도의 올레길 이후 대부분의 마을이 임산 도로나 마을길 또는 스토리가 있는 걷기 길을 개발하고 있다. 그러나 대부분 현실적으로 브랜드의 가치는 대외적으로 미미하며 심지어 인공적인 개발의 빌미를 제공하기도 한다. 걷기 길은 간단한 유도 사인물과 구간별 편의시설 정도에서 크게 벗어나지 않은 것이 되어야 하며 생태적인 요소를 최대한 보장하고 약간의 스토리텔링을 더해 마을 주민들의 생활과 연계한 길 전략이 필요하다.

### 2) 친수공간의 정비와 활용

마을의 계곡이나 시내 또는 하천 자체나 주위를 정비하여 생활환경을 개선함은 물론 마을의 생태관광이나 친수공간 자원으로 활용할 수 있다. 특히 방문객이나 탐방객 또는 주 5일 수업시대를 맞은 지역 청소년들에게 체험 및 교육 프로그램을 개발하여 마을의 체류를 늘릴 수 있는 방편으로도 효과적이다.

### 3) 마을회관의 리모델링과 커뮤니티 센터로의 기능전환

각 마을의 마을회관이 경로당으로 변하는 추세이다. 그러나 마을회관은 마을의 중심이라는 관점에서 보았을 때 보다 창의적이고 생산적인 공간으로 발전할 수 있다. 그러나 여전히 마을주민들의 공동체 구심점으로의 활용이 우선되어야 하며 때에 따라서는 마을의 정보센터나 관광센터 같은 복합적인 기능도 소화하도록 해야 한다. 이에 마을회관의 문화공간화는 단지 시각적인 측면의 개선에 그 영향력이 국한되지 않고, 그 안에서 행해지는 문화성의 척도가 될 수도 있다.

### 4) 마을 주민들의 공동 복지시설

마을회관이나 노인정 또는 보건소와 같은 주민의 일상과 휴식을 위한 체육시설, 찜질방이나 휴게실 등의 문화공간화는 일상 생활공간의 격을 높이고 마을의 이미지와 삶의 질을 높이는 계기가 된다. 마을의 복지시설에 문화 프로그램을 장착하는 것도 효과적이며 농한기나 여가 활용 활동을 강화할 필요가 있다.

### 5) 폐교 등 유휴시설 활용

마을의 중심인 폐교나 소규모 폐농가, 또는 안 쓰는 컨테이너나 비닐하우스, 폐 우사 등을 활용한 프로그램이 참신하고 효과적일 수 있다. 특히 폐교는 새로운 커뮤니티센터나 마을교육센터로 활용될 수 있으며 폐농가의 경우 소유주와의 협의 하에 리모델링을 한 후 무인민박이나 예술가 레지던스나 전문가 연구실 등으로 개조하여 활용할 수 있다. 이때 가능하면 공공미술이나 마을미술, 랜드아트 또는 환경예술 프로젝트를 활용하는 것도 효율적이다.

### 6) 오토캠핑장 조성

마을의 하천변이나 못 근처, 또는 산간 적지에 약식 오토캠핑장을 조성하여 캠핑마니아층을 유치한 후 각종 부식과 서비스 및 사용료로 소득을 창출할 수 있는 기회가 늘어나고 있다. 그러나 이러한 오토캠핑장을 조성하는 경우 마을 주민들이 최근의 캠핑 수준이나 트렌드에 다소 어두워 텐트를 칠 수 있는 공간만 확보하면 캠핑장이 될 수 있다고 생각하기 쉬우나, 실제로는 전기, 배수, 가스, 주차, 급수 등의 요건이 충족되어야 하며, 다양한 형태의 캠핑자의 욕구를 충족시켜 줄 수 있는 프로그램이 동시에 고려되어야 경쟁력을 가질 수 있다.

### 7) 마을가공시설

지역의 농산물과 마을 인력을 활용하여 로컬 브랜드의 술이나 차 또는 벌꿀이나 즙 등을 가공하는 시설을 조성하고 다양한 특화 상품을 개발하며 이곳을 체험 공간화하여 영농과 가공 및 관광의 형태로 소득창출의 기회를 가질 수 있다. 그러나 이는 원료의 수급에서 가공의 용이성 그리고 마케팅과 유통 아울러 지속가능한 사업의 역량을 가지고 있는가가 중요한 관건이 될 수 있으며 전문 기업과의 파트너십으로 리스크를 줄이고 성과를 극대화할 수 있다.

### 8) 농가 레스토랑

지역의 농산물과 특산물을 활용하고 마을의 부녀인력을 활용한 마을 식당은 방문객들의 만족도를 높이고 특산물의 판매에 도움을 줄 수 있다. 그러나 이를 위해서는 기존의 향토음식에 약간의 창의성을 가미하고 서비스를 강화하여 경쟁력을 기르는 것이 중요하다.

### 9) 게스트하우스

청소년이나 대학생 및 젊은 층 대상의 저가 단체 숙박시설 조성으로 각종 교육 행사나 청년 여행객 등 유치에 유리하다. 기존의 펜션 등의 숙박시설과 차별화된 형태로 제주도 등지에서 이미 트렌드로 자리 잡고 있다. 그러나 이는 단순한 숙박시설로서가 아니라 체류 경험 그 자체가 하나의 문화가 되고 있음을 고려하여 계획되어야 한다.

### 10) 도농교류 활성화를 위한 효과적인 네트워크 구축

일사일촌, 일교일촌, 일관일촌 등 기업, 대학, 공공기관이나 다양한 유형의 단체, 동호회 등과 적극적으로 자매결연을 맺고 공동 프로젝트를 개발하여 도농교류를 확대함으로써 마을의 대외 홍보와 방문객 증대 및 지역 마케팅 강화에 기여할 수 있다. 그러나 이는 그 교류의 실체가 뚜렷하고 내용이 구체적이며 일회적인 이벤트나 선언적 행사를 넘기 위한 지속적이고 꾸준한 별도의 프로그램이 유지되어야 한다.

### 11) 대상별 맞춤 프로그램의 기획과 모듈화

구축된 네트워크나 잠재적인 고객군(대기업 및 중소기업 임직원, 문화관계자, 대학생 및 청소년, 각급교원, 예술가, 사회저명인사 등)을 대상별로 구분한 후 마을의 자원을 활용하고 만족과 감동을 주는 프로그램을 기획함으로써 방문객 증대 및 네트워킹 활성화에 기여할 수 있다. 실행단계에서 호의와 환대는 필수적이며 각 대상별 프로그램 이미지나 예시일정 등을 준비하여 참가자가 자신의 체험을 미리 상상할 수 있도록 유도하는 장치가 필요하다.

### 12) 주민산업지원

영농 현대화나 가공업 전문화, 특산물 패키징 디자인, 펜션영업의 지원과 농장의 프로그램 기획 등 기존 산업의 활성화와 소득증대에 도움이 되는 지원이 문화적인 방법으로 강화될 수 있다. 개별 주민의 노력으로 한계가 있는 것은 통합 지원센터를 마련하여 마을 전체가 동일한 수준으로 혜택을 받게 해야 한다.

### 13) 마을디자인

마을의 특성을 살리고 기능적으로도 효과적인, 통합적 마을디자인 계획이 마을의 이미지를 좌우할 수도 있다. 마을 전체를 보여주는 마을 안내판과 각종 유도 싸인, 개별 가구의 창의적인 문패나 우편함, 마을 업소의 간판, 정류장이나 보건소, 교회 등의 공공시설의 디자인 정비나 디자인 어플리케이션의 수립은 중요하다. 각종 조형물이나 캐릭터 등은 그 철학과 취지가 뚜렷하게 이해되어야 마을의 자부심과 자존감으로 연결될 수 있다.

### 14) 마을홍보물

마을 홈페이지, SNS, 마을지, 안내 팸플릿, 마을지도, 마을신문, 마을달력 등을 제작하여 주민의 일상생활이나 관광 마케팅 및 대외 홍보용으로 활용될 수 있다. 이를 위해 독창성과 디자인 그리고 효과적인 콘텐츠의 제공이 병행되어야 하며 유통의 정례성과 대상에 따른 전달 매체의 선정에도 전략이 필요하다.

### 15) 절기별 이벤트: 주민+방문객

4계절, 24절기, 52주말, 72장날 및 365일의 시간매트릭스 축에 지역의 특산물 출하 시기나 독특한 전통 행사의 시기에 맞추어 다양한 이벤트를 개최하는 것은 지역의 홍보나 역량을 응집시키고 통합과 대외교류를 위해 반드시 필요하다. 이런 행사는 그 취지와 역할 그리고 효과에 대한 사전 합의가 필요하며 마을의 독창성을 살리되 보편적인 환경과 감당할 만한 수준에서 적정규모를 가지고 활용되어야 한다.

기존의 주민체육대회나 단오제, 각종 동문회행사도 문화적으로 포장하여 그 효과를 극대화하는 방법도 바람직하다. 주말이나 명절 또는 특정한 시기에 주민과 방문객을 위한 바자회나 판촉행사도 한 예시이다. 외지인 흡인요소로 공연이나 체험, 교육 프로그램, 레포츠 행사 등을 활용한 후 특산물 판매 및 주민운영 업체의 마케팅 활성화를 도모할 수도 있다.

### 16) 주민학교

마을의 주민이나 자녀들을 대상으로 유아교육이나 교양, 건강 등에 관한 일반 교육과 함께 마을의 전문가나 리더 육성을 위한 분야별 교육(축제·관광·영농·마케팅 관광 등)을 통해 역량을 강화할 수 있다.

정례적이고 지역의 욕구와 부합하며 지역의 경험과 지식을 공유할 수 있는 주민강사나 체험교육 등도 바람직하다.

### 17) 주민동아리

주민들의 삶의 질이나 여가를 위해 각종 문화예술 동아리나 레포츠 동아리 또는 문화활동을 지원하는 것은 마을 주민들의 자존감과 생활의 활력을 부여하는 데 도움이 된다. 그러나 이는 어디까지나 자발적인 욕구와 수요를 중심으로 시행되어야 하며 사업이나 프로그램의 일환으로 강제되어서는 실효성도 없고 지속가능성이나 자생력도 기대하기 어렵다.

### 18) 선진지 견학

의례적인 타 마을방문과 볼거리 위주의 선진지 견학을 넘어서서 영농, 관광, 음식, 문화, 마케팅 등 목적별 테마가 뚜렷한 내용으로 구성하여 견학의 재구성과 정례화 및 활성화가 필요하다. 사업이 시행되기 전 유사한 사업의 성공사례를 보여주는 마을을 집중적으로 견학하되 반드시 그 요인과 맥락을 설명하는 가이드의 역할이 같이 있어야 교육의 효과를 극대화할 수 있다.

## 4. 성공을 위한 제언

문화는 이제 지역의 전통과 역사의 보존에서 예술의 창작과 주민의 향유, 취약계층을 위한 복지의 수단, 그리고 나아가 지역개발과 산업 그리고 국제교류에 이르기까지 가장 중요한 도구가 되어가고 있다. 문화는 그 효과가 단기간에 나타나는 판촉과 같은 것은 아니나, 한번 인식에 자리 잡으면 비교적 강력하고 지속적으로 그 가치를 발휘할 수 있다는 장점이 있다. 이는 공동체 활성화나 도심재생에 있어서 가장 필수적인 노력의 총체들이다.

이를 위해서는 지역의 잠재적 자원의 조사와 발굴, 거점 공간의 확보와 조성, 다양한 콘텐츠 기획, 홍보와 마케팅을 통한 활성화, 유지와 지속가능을 위한 운영체계 가동, 축적된 경험과 사례를 중심으로 연구, 교육, 컨설팅 등이 필수적이다. 그리고 지역의 특색에 맞는 운영체계와 적극적인 교류협력 등에 대한 중요성도 함께 인식되어 전방위적인 문화의 활용 방안이 끊임없이 모색되어야 한다.

또한 하드웨어의 조성과 소프트웨어의 장착 그리고 이를 운영할 휴먼웨어의 구축 등 거시적이며 통합적인 전략이 필요하다. 특히 정책과 사업 그리고 운영에 있어서 행정과 전문가 및 주민 간의 협업이 절대적이다. 지역의 다양한 관계 주체들이 각자의 역할을 중시하며 서로 협업하고 소통하려는 체제가 필요하며, 이를 위한 인적 자원의 개발과 전문 인력의 양성이 가장 중요하다.

이밖에도 마을은 친근하고 소박하면서도 품위있는 이미지와 스토리텔링을 창출할 필요가 있다. 그러나 많은 이미지를 담으려하기보다는 대표적인 형상을 강화하고, 작위적인 스토리텔링보다는 체험을 기반으로 한 이야기를 생성해낼 수 있어야 한다. 이러한 결과물들을 각종 올드 미디어와 뉴 미디어를 전방위적으로 활용한 홍보 전략을 수립하고, 지속적인 소통을 통해 관계자들 사이에서 인식을 강화해 나가야 한다. 이를 통해 마을은 장기적으로 긍정적인 평판을 구축해 나갈 수 있을 것이다.

# 2 전통시장과 마을 연계를 통한 상생발전

드라마 작가 출신으로서 스토리텔링 마케팅을 기반으로 한 사업을 해 오면서 줄기차게 들어온 것이 '작가'라는 호칭이었다.

작가였던 것도 사실이고, 현재 진행하고 있는 작업 중에도 작가로 서의 경험과 재능을 필요로 하는 것들이 많으니 그 호칭이 틀린 것은 아니지만, 그래도 그때마다 굳이 '이제는 작가가 아니라 사업가, 아니 장사꾼'이라고까지 강조한 까닭은 '스토리텔링'을 더 이상 예술작품 만의 영역으로 오해받게 하지 말아야 한다는 책임감 때문이었다.

실제로 '스토리텔링'은 마케팅과 브랜딩의 툴(tool)이며, 치밀하고 냉철한 전략 설계와 치열한 시장조사가 뒷받침되어 나와야 그 가치를 인정받을 수 있다. 이러한 스토리텔링은 다양한 분야에 다양한 형태 로 적용할 수 있는데 특히 공간브랜딩에서 큰 힘을 발휘한다.

## 1. 공간에 생명을 부여하는 힘, 스토리텔링마케팅!

스토리텔링마케팅 에이전시 ㈜브랜드스토리를 연 이후, 중점적으로 해 온 일 중의 하나가 공간브랜딩이다. 고궁에 스토리텔링 콘텐츠를 공급하여 색다른 관광명소가 되게 하고, 버려진 수도가압장을 윤동주 문학관으로 만들어 지역민들의 행복지수를 높이는 한편, 근처 카페와 식당들의 매출을 올려 지역을 활성화시키기도 했다.

수원 팔달문시장과 근처의 문화유산인 화성행궁을 연계하여 문화관광클러스터를 구축, 매출을 30% 신장시키기도 하고, 공통점도 공감대도 없어 상인들 간의 갈등이 심했던 성남의 상권을 영화 포스터 콘셉트로 브랜딩하여 상인들의 자부심을 높이는 한편, 자연스러운 언론홍보를 유도하여 지역의 명소로 만들기도 했다.

그러나 이것들은 대부분 서울과 경기도에 집중되어 있는 사업들이다. 낙후되고 활기를 잃은 농촌을 살리는 것! 여기에 도전해 보고 싶었다. 물론 농촌활성화는 우리 정부가 지속적으로 일관되게 추진해오고 있는 정책 화두이기는 하지만, 그 내용이 아직은 공공미술, 혹은 교육 프로그램에 치우쳐 있는 경우가 많다. 때로는 그 지역의 특성을 제대로 살리지 못한 채 기계적으로 외국이나 국내의 선진사례를 도입하는 경우도 있다. '그 지역다운', '그 지역만의' 활성화 방안을 만들어 보고 싶었다. 그러던 차에 기회가 왔다. 강원도 평창의 낙후된 시장을 활성화하는 사업이었다.

〈그림 1〉 무표정한 공간에 생기를 불어넣는 스토리
(상) 인간을 중심에 놓고 풀어쓴 이야기로 관광객 만족도를 높인 경복궁 스토리텔링 사업.
(하) 골칫덩이 폐가압장을 '영혼의 가압장'으로 브랜딩하여 도시재생 모범사례가 된 서울 종로구 윤동주 문학관

〈그림 2〉 수원 팔달문시장의 모습

수원 팔달문시장은 정조가 시장을 열었다는 역사적 사실에 근거를 두고 있다. '왕이 만든 시장'으로 브랜딩하여 인근의 화성행궁과 연계, 1년 만에 매출이 30% 증대됨은 물론 한국관광공사가 선정하는 100대 관광명소가 되었다.

〈그림 3〉 동계올림픽 개최지의 이점을 살려 이름을 개명한 평창올림픽시장

2. 문화전략을 활용한 농촌 활성화 사례

## 2. "올림픽 때문에 돈방석에 앉았다고요? 가시방석이드래요~"

중소기업청에서는 해마다 전통시장을 선발하여 문화관광형 시장으로 키워내고 있다. 2011년 '수원 팔달문시장 문화관광형 시장 육성사업'을 시작하며 이 분야와 인연을 맺은 나는 유난히 강원도에 관심이 많았다. 특히 동계올림픽 유치로 특수를 누리는 평창을 주목하고 있었는데 좀 다른 시각으로 접근하고 있었다.

한때 동계올림픽 때문에 평창 지가(地價)가 천정부지로 오른다는 언론기사가 줄을 이은 적이 있다. 그러나 실제로 동계올림픽의 특수를 누리는 건 평창북부와 그 주변지역, 특히 강릉이었다.

막상 '평창'으로 불리는 남부지역은 동계올림픽 경기장으로부터 멀리 떨어져 있어 인프라 건설의 특수도 일어나지 않았고 공연히 상대적인 박탈감만 안고 있었다.

"올림픽 때문에 돈방석에 앉았다고요? 완전 가시방석이드래요~"
내가 만난 평창 주민들은 대개 이런 식으로 대답했다.

실제로 인구 1만 명이 채 안 되는 평창읍은 조용하다 못해 나른하고 쓸쓸했다. 나름 평창의 다운타운이라는 평창시장조차도 한적하기 이를 데 없었다. 저녁이 되면 인적이 뜸해서 무서울 정도였다.

〈그림 4〉 인구 감소와 고령화로 활기를 잃은 평창올림픽시장

문화농촌·창조농촌

〈그림 5〉 오일장이 되면 살아나는 시골장 모습

그나마 이 시장이 반짝 활기를 띠는 건 5일장이 서는 날이다. 5일, 10일에 장이 서는데 오일장꾼들이 몰려오는 이날이 그나마 시장다웠다. 특히 대부분의 시골 장들이 그렇듯이 이날은 지역농민들이 손수 가꾼 채소를 갖고 나와 파는 모습을 많이 볼 수 있었다.

하지만 아무리 그래도 다른 지역 오일장에 비해서는 활기가 없는 편이었다.

이럴 때 제일 먼저 의심하게 되는 게 근처 대형마트의 횡포다. 물론 여기에도 대형마트가 들어와 있었다. 그러나 시장이 죽어가는 게 마트 때문만은 아니었다.

"마트? 안 가! 쓸데없이 비싸고 살 것도 별로 없어."

하는 주민들도 꽤 많았는데 문제는 그들이 평창시장으로 가지 않는다는 것이었다. 오히려 그들은 장날이 되면 차를 몰고 충북 제천장을 찾았다. 평창장에 비해 상품의 종류도 다양하고 볼거리도 많기 때문이었다. 손님들이 안 오니 오일장꾼들이 자꾸 줄어들고, 장꾼들이 줄어드니 손님이 더 줄어들고, 그러다보니 지역농민들도 사기가 저하되는 악순환! 이 고리를 끊고 시장과 지역에 활기를 불어넣어 주고 싶었다.

### 3. 인근 리조트와 익스트림 스포츠 시설을 전통시장과 연계하자

우선 시장의 이름을 바꿨다. 평창올림픽시장. 비록 2018동계올림픽의 직접적인 혜택을 받는 지역은 아니지만, 올림픽의 활기찬 이미지를 공유할 수 있도록 해 주고 싶었다. 하지만 이름을 '올림픽시장'으로 바꿨다고 시장이 살아나지는 않는다.

어느 날 시장 현장조사를 나갔다가 우연히 SUV를 탄 젊은이들을 발견했다. 근처 유명 리조트에서 묵고 있는 그들은 패러글라이딩을 하러 왔다고 했다.

〈그림 6〉 천혜의 자연자원으로 익스트림 스포츠의 명소가 된 평창

강원도 지형의 특성상 익스트림 스포츠를 즐길 만한 장소가 많은데 평창도 그렇다. 근처에 패러글라이딩장, 오토캠핑장 등의 스포츠 시설이 꽤 많았다. 비교적 구매력이 높은 젊은이들이 많이 오는데 이들이 시골장터를 찾아올 확률은 높지 않다.

그날도 시장에 들를 계획은 전혀 없었는데 내비게이션이 고장 나고, 스마트폰도 숙소에 두고 나온 관계로 길을 잃고 헤매다가 시장까지 오게 되었다고 했다. 그들의 말을 들어보니 생각보다 젊은이들이 평창을 찾는 경우가 많았다. 근처에 리조트가 많고, 겨울에는 스키를 타러, 봄, 여름, 가을에는 패러글라이딩이나 급류타기를 하러 자주 온다는 것이다. 특히 동호회 단위로 오는 경우도 많다고 했다.

〈그림 7〉 평창을 찾아 익스트림 스포츠를 즐기는 사람들

리조트와 동호회를 찾아다니며 설문조사를 한 결과 익스트림 스포츠 애호가들의 경우 평창에는 자주 오지만 평창시장에는 전혀 오지 않으며, 평창에서 가장 불편한 것이 '먹거리'라고 대답했다. 중장년들이야 강원도 음식의 매력을 알기 때문에 찾아와 먹을 수 있지만 젊은이들에게는 낯선 음식이다. 게다가 도심지에 비해 노후하고 어떤 경우에는 비위생적으로 보이는 식당에 선뜻 들어갈 용기가 나지 않는다.

그때 생각했다. 이곳에 찾아오는 리조트 손님들과 스포츠 애호가들을 평창올림픽시장으로 끌어들이자. 하지만 어떻게?

〈그림 8〉 다채로운 행사가 열리는 평창올림픽시장

## 4. 평창사람들이 거두고 만든 평창의 맛 〈올림픽시장 도시락〉

'리조트와 익스트림 스포츠시설을 평창올림픽시장과 연계하자!'는 말은 쉽다. 익스트림 스포츠를 즐기러 와서 리조트에 묵는 도시 손님들을 어떻게 시골장터로 끌고 올까? 특히 어떻게 하면 그들에게 평창의 먹거리를 효과적으로 소개할 수 있을까?

뒤집어서 생각해 봤다.

'그래. 자꾸 손님더러 오라고 할 게 아니라 시장이 손님을 찾아 나서면 되지.'

먹거리에 대한 불만이 가장 높았으니 이들의 입맛을 사로잡을 '평창올림픽시장표 도시락'을 개발하기로 했다.

평창올림픽시장의 주력 품목은 메밀부치기(부침개의 방언)와 메밀전병. 전국 택배로 꽤 짭짤한 수익을 올리고 있었다.

또한 인근 농민들이 채취해 와서 파는 취, 더덕, 곤드레 같은 산나물, 직접 재배한 배추와 무도 많았다. 상인들은 농민들에게서 음식재료를 사 음식을 만들었다.

〈그림 9〉 평창올림픽 시장의 핵심상품인 메밀부치기

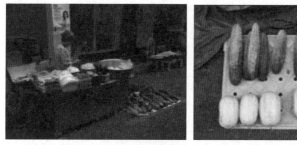

〈그림 10〉 장날마다 등장하는 싱싱한 로컬푸드

그렇다면 평창올림픽시장에서 파는 재료들을 가지고 상인들이 직접 도시락을 만들면 어떨까? 물론 메뉴와 맛은 철저하게 도시 젊은 이의 입맛에 맞추되, 그러면서도 강원도 고유의 맛을 잃지 않도록 해야 한다.

식문화소통전문가를 초빙해 이 사업에 관심 있는 상인들과 주민들을 모아놓고 도시락 메뉴와 조리법을 개발하고 가르쳤다.

〈그림 11〉 지역민이 거둔 식재료로 상인들이 만든 평창올림픽시장 도시락

이렇게 하여 평창올림픽시장 도시락이 세상에 나왔다. 그해 가을, 대전에서 열린 '우수시장박람회'에 평창올림픽시장 도시락 시식회가 열렸는데 상당히 반응이 좋았다. 물론 지적사항도 나왔다. 예를 들어 매콤하고 화끈한 맛이 부족하니 김치를 좀 더 신경 써서 만들라거나, 색깔이 좀 더 다채로웠으면 좋겠다거나……. 이런 소중한 지적들은 데이터로 정리해 두었다.

〈그림 12〉 평창올림픽시장 도시락 시식회

## 5. 농민들과 상인들이 함께 만드는 〈살판난장〉

하지만 내발성(內發性)이 없는 사업은 지속성(持續性)을 보장받을 수 없는 법! 외부손님을 끌어들이는 것보다 중요한 것이 지역민들을 끌

168    문화농촌·창조농촌

어들이는 것이다.

평창의 주력산업은 역시 농업이다. 특히 평창은 '체험마을' 사업에 긴 시간 동안 공을 들여왔다. 약초로 특화된 마을도 있고, 대관령 목장에서 나온 양털로 인형을 만들어 파는 마을도 있다. 어떤 마을은 숯을 이용한 독특한 콩나물 재배법으로 특허를 받기도 했다.

〈그림 13〉 다양한 체험마을들의 잔치마당

〈그림 14〉 마을과 만난 시장의 활기찬 모습

이렇게 다양한 체험마을들이 각개전투를 벌이고 있었다. 이들을 통합하여 한자리로 모이게 하면 시너지 효과가 클 것 같았다. 그리고 그 만남의 장소로 가장 적격인 곳은 역시 평창올림픽시장이었다.

그렇게 하여 기획된 것이 〈살판난장〉이다. 평창 오일장이 열리는 날에 맞춰 각 체험마을에 부스를 하나씩 제공하여 마을을 대표하는 특화상품을 홍보하고 판매할 수 있도록 했다. 물론 각 체험마을의 산물에 맞는 체험프로그램을 따로 개발했다.

　이렇게 준비한 〈살판난장〉 홍보전단지를 평창의 각 마을은 물론 리조트에도 돌렸다. 그러자 생각보다 손님들이 많이 왔다. 알고 보니 리조트에서도 손님들이 '여기 어디 가 볼 만한 곳 좀 추천해 달라'는 요청에 골머리를 앓고 있던 참이었다고 한다.

〈그림 15〉 시장을 관광하는 리조트 이용객들

　아무래도 이런 행사를 하려면 자원봉사자들의 힘이 절대적으로 필요하다. 봉사활동에 관심이 많은 인근 주민들이 나서 주었다. 특히 귀농·귀촌인들이 꽤 보였다. 지역에 빨리 자리 잡고 싶은데 배타성이 강한 농촌의 특성상 그게 쉽지가 않다. 귀농·귀촌인들에게 〈살판난장〉은 지역민과 가까워질 수 있는 좋은 기회가 되었다.

〈그림 16〉 살판난장에서 봉사활동 중인 인근 주민들

## 6. 전통시장과 주변 관광지를 연계하자
### 〈평창 관광 QR 가이드북〉과 미니북

흔히 농촌 활성화 사업이라고 하면 사업대상지인 그 농촌 자체에만 관심을 쏟고, 전통시장 활성화 사업이라고 하면 모든 사업비는 그 시장만을 위해 쓰기를 바란다.

그러나 세상은 그렇게 분리되어 돌아가지 않는다. 특히 경제적 행위를 위해 만들어진 시장 같은 장소는 더더욱 그렇다. 시장과 지역마을, 지역관광지가 유기적으로 연계되어 마을과 관광지가 더불어 살아나지 않으면 시장도 살아날 수 없다.

그래서 과감하게 평창올림픽시장 사업비 중 일부를 평창관광가이드북을 만드는 데 쓰기로 했다. 즉, 평창올림픽시장을 중심에 놓고, 그 주변에 가 볼 만한 명소, 즐길 만한 것들을 선정하고, 서정적인 에세이와 감각적인 디자인으로 가이드북을 만들었다.

〈그림 17〉 청년층을 타깃으로 한 QR 가이드북

〈그림 18〉 중장년층을 타깃으로 한 에세이집

특히 QR코드를 적용해 디지털로 콘텐츠를 만날 수 있도록 했다. 여기에는 주변의 매력적인 관광지와 함께 상인이 직접 평창올림픽시장을 소개하는 영상물 콘텐츠 등을 담았다.

하지만 디지털보다는 아날로그적인 감수성을 그리워하는 사람도 많다. 특히 젊은 세대에 비해 디지털에 상대적으로 취약한 중장년층을 위해서는 손 그림과 서정적인 에세이를 담은 미니북을 만들었다.

이렇게 만든 가이드북과 미니북을 관광안내소는 물론 인근 리조트에 배포했더니 생각보다 반응이 좋았다. 실제로 장날, 이 가이드북이나 미니북을 들고 평창올림픽시장을 찾아오는 관광객들이 눈에 띄기 시작했다.

## 7. 나도 영화주인공이 될 수 있다 〈상인영화포스터〉

그런데 이렇게 관광객이 찾아왔을 때 정작 그들을 맞이하는 평창올림픽시장 상인들은 차별화된 매력이 없었다. 그들 한 사람 한 사람을 매력적으로 브랜딩해 주어야 한 번 방문한 사람이 또 올 수 있을 것이다.

그래서 스토리텔링 작업에 들어갔다. 우선 상인 한 사람 한 사람의 인생이야기를 들은 다음 그것을 기초로 각 상인의 캐릭터를 만들

문화농촌·창조농촌

었다. 예를 들어 건강을 잃은 남편이 더 이상 농사일을 할 수 없게 되자 함께 시장에 나와 메밀부치기를 만들어 파는 노부부가 있었다. 죽음의 고비를 함께 넘기고 여전히 금슬 좋게 지내는 노부부의 이야기는 영화 〈사랑과 영혼〉을 연상시켰다.

우리는 영화 〈사랑과 영혼〉의 콘셉트에 맞춰 사진을 찍고 이것을 포스터로 만들었다.

〈그림 19〉 다양한 영화를 패러디한 상인영화포스터

이 외에도 다양한 사연을 가진 상인들이 많았다. 이들 한 사람 한 사람의 인생과 성격을 분석하여 각각 매력적인 캐릭터를 부여하여 포스터를 제작했다. 이렇게 만든 포스터들을 각자의 가게에 걸게 했더니 누구보다 상인들이 아주 기뻐했다.

"난생 처음 주인공이 되어 보았다."라며 흐뭇해하는 분들이 많았다.

이 영화포스터들이 걸린 가게들은 시장을 찾는 손님들에게 강한 인상을 주었고, 아예 가게로 들어와 포스터에 얽힌 사연을 물어보는 손님들도 생겼다. 이렇게 하여 상인과 손님들, 그리고 상인과 상인들끼리 공통의 화제가 생기면서 시장 분위기가 한결 밝아지고 명랑해졌다.

## 8. 1가게 1영업사원 〈영화포스터 전단지〉

평창을 찾아오는 관광객들을 기다리는 것만으로는 부족하다. 여기서 한 발 더 나아가 아예 평창올림픽시장 때문에 평창을 찾는 사람들이 늘어나도록 해야 했다. 그래서 생각한 것이 전단지였다.

평창올림픽시장의 주력 품목은 메밀부치기와 메밀전병인데 전국 각지에 택배를 통해 팔려나갈 정도로 경쟁력이 있다. 그렇다면 이 메밀부치기 집들이 평창시장의 영업사원 역할을 할 수 있겠다는 생각이 들었다.

살펴보니 택배상자들이 천편일률적이었다. 그래서 이왕 만든 영화포스터를 좀 더 적극적으로 활용해 보기로 했다. 포스터 뒤에 그 상인의 인생이야기와 상업철학을 재미있게 쓴 글을 실어 택배상자에 넣게 했다. 물론 상인의 연락처도 함께.

이렇게 하자 각 상점마다 전국구 영업사원이 한 사람씩 생긴 셈이되었다. 그리고 이 택배상자를 받은 손님들은 해당 메밀부치기 집 상인뿐만 아니라 평창올림픽시장 자체에 대해서도 호기심을 갖게 되었다.

<그림 20> 각 상점의 영업에 활용되고 있는 영화포스터 전단지

## 9. 시장으로 놀러오세요, 옛날처럼

시골 장은 단순히 상거래가 이루어지는 현장이 아니다. 지역민의 놀이터이자 사랑방이다. 정보를 교류하고, 감정을 소통하는 곳이다. 그 기능을 잃는 순간, 시골 장은 유지될 수 없다. 또한 시장이 죽는 것은 인근 마을에도 부정적인 영향을 미칠 수밖에 없다. 장의 쇠락이 지역 이미지를 부정적으로 만들 뿐만 아니라 지역민 스스로가 자신이 사는 지역에 대해 긍정적인 감정을 갖기 어렵기 때문이다.

평창올림픽시장 역시 지역민의 사랑방이자 놀이터였던 옛날의 기능을 되찾아야 한다. 그러려면 딱히 살 물건이 없어도 지역민이 자연스럽게 시장으로 찾아오게 할 콘텐츠가 필요했다.

처음 이 시장에 올 때부터 눈에 띄었던 것이 공중에 매달린 컨테이너 박스였다.

〈그림 21〉 공중에 매달려 오랫동안 방치되었던 콘테이너

　처음에는 상인회 사무실이나 휴게공간으로 쓸까 하여 만들었는데 계단이 가파르기도 하고, 워낙 찾아오는 사람이 없어 전혀 사용되지 않은 채 방치되어 있었다.
　이 공간을 휴게공간이자 라디오 방송국으로 개조했다.

〈그림 22〉 전국에서 유일하게 하늘에 매달린 방송국

　그리고 상인들을 대상으로 DJ교육을 실시했다. 직접 원고를 쓰고, 콘티를 짜고, 진행을 하는 일련의 과정을 상인들은 즐겁게 배워갔다. 오일장이 서는 날, 상인 DJ들이 방송을 했다. 서툴고 어색하지만 상인들에게는 상당한 즐거움이었고, 지역민들에게도 나름 화제가 되었다.

## 10. 우리 동업합시다 〈평창올림픽시장 도시락 사업〉

평창올림픽시장 문화관광형 시장사업은 3년 사업으로 올해 2014년 3년차 사업을 끝내게 된다. 이 해에 해야 할 가장 중요한 일은 문화기획자가 이곳을 떠난 다음에도 지역민들 스스로가 사업을 유지해 나갈 수 있는 역량과 기반을 만들어 주는 것이다.

'공동사업'이 바로 그것이다. 상인들이 시장 차원에서 공동사업을 함으로써 경제적 이익을 얻는 한편, 시장 전체가 공동목표 안에서 단단하게 결속되게 하는 것이 공동사업의 목적이다.

그러려면 사업 아이템을 잘 잡아야 한다. 지역민이 가장 잘할 수 있는 것을 찾아주는 것이 중요하다. 처음 1차년도 사업에 들어갈 때부터 우리는 올림픽시장 도시락사업을 공동사업 아이템으로 보고 있었다.

음식을 만드는 것은 평창올림픽시장 상인들이 가장 잘하는 것이고, 메밀부치기와 메밀전병은 가장 익숙한 재료들이기 때문이다. 무엇보다 이 도시락 재료들이 평창 농민들의 손에서 만들어진다는 것이 핵심이다. 이렇게 해야 인근 농촌과 시장이 하나가 되어 공동체를 형성해 나갈 수 있다.

평창올림픽시장 상인들은 그들만의 특화된 도시락을 만들어 인근 관광지와 익스트림 스포츠 시설 등에서 판매할 것이다. 지역 농민들과 의논하여 재료를 바꿔보기도 하고, 그들 스스로 메뉴를 개발해 가면서 아름다운 동업관계를 유지해 나갈 것이라 믿는다.


## 11. 문화기획자의 창의성보다 중요한 건 지역민의 눈높이

'평창올림픽시장 문화관광형 시장 육성사업'을 3년째 해오면서 배운 것이 많다. 그중 가장 큰 수확은 커뮤니티 사업에서 문화기획자의 역할을 깨달았다는 것이다.

우리가 수행한 많은 프로그램 중에는 성공한 것도 있고 식상한 프로그램이라는 지적을 받은 것도 있다. 라디오 방송국과 상인DJ 프로그램이 대표적이다. 다른 여러 사업에서 흔히 하는 프로그램이라는 것이다.

그러나 식상한 것이 무조건 나쁘기만 한 걸까? 사람들은 누구나 본능적으로 주인공이 되고 싶어 하고 주목받고 싶어 한다. 뮤지컬을 하거나 글을 쓰는 것은 상당히 전문적인 일이고, 일정 정도 이상의 재능이 있어야 가능한 일이다. 반면 라디오 DJ는 상대적으로 접근하기 쉬운 데 비해 주목도가 상당히 높다는 장점이 있다.

상인들을 대상으로 어떤 활동을 원하느냐고 설문조사를 하면 압도적으로 많이 나오는 프로그램이 라디오 방송국이었다. 그렇다면 이것은 식상한 것이 아니라 인기 있는 프로그램으로 봐야 하지 않을까?

한국인의 밥상에 반드시 김치가 올라간다고 해서 김치를 식상한 음식으로 보지는 않는다. 오히려 한국인의 소울푸드(Soul Food)라고 하지 않는가? 지방마다 집집마다 기후와 재료, 식성에 따라 독특한 김치들이 개발되는 것처럼 그 지역, 그 주민들에게 맞는 특화된 프로그램으로 구성하면 되는 것이다.

보통 커뮤니티 사업을 할 때 문화기획자는 두 가지 함정에 빠지기 쉽다. 기존의 것을 관성적으로 답습하는 매너리즘, 혹은 아무도 하지 않은 전혀 새로운 것을 해야 한다는 압박감!

매너리즘은 당연히 주의해야 할 일이지만, 매너리즘 못지않게 무조건 새로운 것을 만들어야 한다는 압박감 역시 커뮤니티 사업의 방향을 혼란스럽게 만들 여지가 있다. 문화기획자가 자신의 창의성과 예술성에만 매몰되어 지역민의 눈높이와 기호를 세심하게 짚지 못할 수 있기 때문이다.

어쩌면 문화기획자의 창의성보다 우선되어야 하는 것이 '지역민의 눈높이'가 아닐까? 그것은 문화기획자의 '작품'이 아니라 지역민의 '살 길'이기 때문이기에.

이춘아

# 3 농촌문화 예술교육 - 충남지역 사례

농촌지역 문화프로그램이 다양하게 이루어지고 있지만 여전히 악기 연습 등 강좌 중심이다. 하지만 간혹 지역특성화 문화예술교육이나 생활문화공동체 사업 등의 지원 사업일 경우 집약적이고도 지속적인 문화프로그램이 진행되면서 문화예술을 통한 지역변화를 일구어내는 사례들이 있다. 어떤 부분이 특색으로 잡히는지 몇 가지 사례를 통해 농촌형 문화예술교육 프로그램을 분석해 보았다. 사례로 든 지역과 프로그램은 충남 서산 '솔마당 마을'(생활문화공동체 사업 지원), 충남 공주 '신영1리 마을'(지역특성화 문화예술교육 사업 지원), 충남 예산 '대흥슬로시티 마을'(지역특성화문화예술교육 사업 지원), 충북 보은 '소여마을'(지역특성화문화예술교육 지원)이다.

## 1. 농촌지역 문화예술교육이 지니고 있는 함의

### 1) 농촌지역에 (전문적인) 문화예술교육이 지원되기까지

- 사례로 든 마을의 대체적 특징은 농어촌마을만들기 사업 등으로 '○○마을' 등의 이름으로 마을공동체를 형성해가고 있었다. 과거 노인회, 부녀회, 새마을회 등의 조직이 있었던 상태에서 '마을'이라는 이름이 부여되고 각종 사업과 교육들이 지원되면서 자연스럽게 주민결사체를 갖춘 마을공동체를 형성해 오고 있었다.

- 풍물단, 민요, 요가 등 그동안 문화교육을 받았던 기량으로 마을 행사 때 결속을 다져왔었다.

- 체험마을로 유지하기 위해 소요되는 소정의 교육을 마을대표자들이 운영해 왔으나, 그 규모가 커지면서 마을의 인적·문화적 자원 확대가 필요해졌고, 이를 담보할 기회를 찾고 있었다.

- 농촌 관련 교육을 마을대표단(마을대표, 이장, 부녀회, 노인회 등) 중심으로 받아오다가 체험마을이 일정 규모와 위상을 갖출 단계가 되어 마을주민 교육확대가 요구되고 있다가 인근의 문화단체들 또는 직접 문화예술교육 프로그램과 결합하게 되면서 성장하게 되었다.

- 이들 마을에 문화예술교육이 들어가기 위한 필수 조건은 마을회관 및 경로당, 또는 문화단체가 운영하는 폐교 등의 공간을 활용하게 된다. 모임의 공간이 문화교육의 공간으로 바뀌게 된다. 이러한 공간에서 마을주민 회의와 교육이 진행되며, 공간이 좀 더 큰 곳은 외부 체험관람객들이 머물 수 있는 체험공간과 숙소를 갖추고 있는 곳도 있다. 교육과 공간운영 진행 시 필수적인 인적 자원은 마을운영위원회 대표와 사무장 등을 위시하여 노인회장, 부녀회장, 이장 등으로 구성되어 마을공동체 형성의 핵심 인력이 된다. 물론 화합이 잘 될 때이다. 그리고 가장 중요한 것은 문화단체와 지역문화예술가들의 헌신적인 노력이며, 이것이 화합의 화

룽정점이 된다.

## 2) 농촌지역에서 문화예술교육이 갖는 의미

- 민요, 농악 배우기 등으로 함께 즐기고, 마을행사에 활용할 수 있는 정도로 운영하고 있다가 체험마을을 좀 더 크게 운영해 보고자 할 때 지역주민이 강사인력이 되기도 하고 실무자가 되기도 한다. 단순 행사가 아닌 전문적인 기능과 소양을 필요로 하는 문화적 욕구가 문화예술교육과 만날 때, 효과를 발휘하게 된다.

- 문화예술교육을 통해 미술, 공예, 음악, 사진 등의 기능을 익히는데 주력하다가 교육이 어느 단계에 들어가면 문화감수성이 형성되면서 자신을 되돌아보고, 평생 살아왔던 마을을 새롭게 되돌아볼 수 있는 문화적·사회적 시선을 갖게 된다. 대다수 농촌지역의 어르신들이 자녀를 키우고 먹고 사는 일 이외에 데면데면했던 자신의 삶과 마을을 되돌아볼 수 있는 기회를 갖게 된다는 것만으로도 문화예술교육의 의미는 지대하다고 할 수 있다.

- 비록 연세가 많은 어르신들이라 할지라도 개인의 지적·문화적 감수성을 갖게 됨으로써 삶이 즐거워지고 마을에 활력을 주고 마을을 문화공동체로 만들어가는 데 애쓰게 되고, 체험마을 강사가 되어 활동하게 되면서 자부심이 향상된다는 것이다. 농촌지역의 짚풀공예 체험이 확산되면서 잊고 있었던 만들기 기억을 되살려 어르신들의 손에서 되살아나는 전문적 손길은 도시민들이 따라할 수 없는 것들이다.

## 2. 사례로 본 농촌지역 문화예술교육 발전과정

---

**충남 서산 '솔마당 마을'**
(생활문화공동체 사업을 마을에서 직접 지원받음)

### 1) 솔마당 마을 문화예술교육 발전과정

- 2007년 농어촌체험휴양마을로 지정
- 2011년 농촌체험휴양마을 인준 받음(서산시)
- 2011년 농촌체험 역량강화사업 시행(충남도, 서산시)
- 2011년 1사 1촌 자매결연추진(농협중앙회)
- 2013년 생활문화공동체 사업선정(문화부, 한국문화예술교육진흥원)
- 생활문화공동체 사업을 지원받기까지 요구된 사항들

### 2) 솔마당 주민들의 지원 사업 배경 및 목표

- 솔마당은 마을의 발전을 위해 2012년 봄 자발적으로 충남도청에서 실시하는 마을 진단 평가를 신청하게 되었고, 10월경 마을 진단평가를 위해 전문가 그룹이 참여하고 있었다.
- 솔마당은 생활문화공동체 지원사업을 통해 마을 스스로 마을 경관을 조성할 수 있는 능력, 마을 체험프로그램 운영 및 마을 농산물 패키지 디자인, 마을 이야기 자원을 발굴하고 기록할 수 있는 능력을 갖추게 되기를 바라고 있다.
- 솔마당은 장기적으로 구성원 하나하나가 마을의 자원이라는 가치를 실현하고자 한다. 지원사업을 통해 기술과 재능을 갖춤으로써 마을 사진관을 운영하고 마을의 문화와 역사를 기록하며, 개인의 스토리를 활용한 농촌 체험 프로그램 등을 개발하고자, 사진반, 디자이너반, 스토리텔러반 등의 교육내용을 포함한 생활문화공동체 사업을 지원받고자 하였다.

- 2013년 생활문화공동체 사업에 선정되어 1년차 사업을 진행했다. 1년차 지원예산은 3천만 원이었다. 생활문화공동체 지원사업의 경우, 결격사항이 없는 한 3년간 지원이 가능한 사업이다.
- 사진반(12명), 디자이너반(8명), 스토리텔러반(4명)을 운영했다. 사진반, 디자이너반 참여자들은 대부분 남녀 어르신이며, 스토리텔러반의 경우는 마을청소년들이 참여하고 있다. 이러한 교육을 통해 도달하고자 하는 목표는 아래와 같다.

디자이너반 교육 → 마을 및 상품 명칭 캘리그래피, 농산물 포장 패키지 디자인, 조형물 디자인 제작, 작품 전시 등
스토리텔러반 교육 → 어르신 일생 조사 및 기록(미시사), 인적 자원의 발굴 및 마을 문화 기록, 마을이야기꾼 양성, 스토리북, 체험 프로그램 개발
사진반 교육 → 마을 사진관 운영, 일상 책임 기록, 체험객 대상 활동사진 기록 및 제공, 마을 홍보 마케팅 사진 촬영 및 제공, 회관 등 작품 전시

- 또한 마을 창고를 활용하여 마을박물관 또는 마을사진관으로 리모델링하여 사진작업을 더욱 활발하게 할 예정이었다.
- 2차년도인 2014년에는 한글교육을 도입하고, 마을어르신들의 개인생활사를 공식적으로 듣는 자리를 마련하여 '사람박물관' 코너를 준비할 예정이었으나, 안타깝게도 생활문화공동체 사업 지원을 받지 못했다. 그러나 이들 마을의 열정으로 다른 사업들을 지원받아 조금씩이나마 운영하고 있다.

### 3) 생활문화공동체 지원사업 성과와 향후 발전방안

**(1) 주민들의 문화에 대한 이해 증진과 교육 부담**

● 이 사업을 통해 마을주민들이 생소했던 문화를 생활화하고 공동체의식에 대한 이해와 관심을 증대하여 고령화 농촌에 새로운 활력소가 되었고, 교육에 대한 참여와 관심이 높아지고 실습에 대한 호응도가 높았다. 그러나 디자인반의 경우 교육진도가 나갈수록 어르신들이 디자인 교육에 부담감을 느꼈는데 어르신들 수준에 맞지 않은 반복적인 선 그리기 활동(삼각뿔 스케치 등)이 부담을 주었다고 한다. 이를 해소하기 위해 보다 쉽게 접근할 수 있고 생활에 필요한 미술로 접근해야 할 것이다.

**(2) 생활문화공동체만들기 사업성과를 향후 마을 장기 발전계획 수립에 반영하기**

● 이 사업을 진행하면서 마을리더들과 주민들이 함께할 수밖에 없는 구조가 만들어지고 공유하는 시간이 늘어나면서 공동체의식이 형성되었다.

● 문화로 공동체가 만들어질 수 있다는 가능성은 향후 마을의 중장기 발전계획 등을 세울 때 마을의 미래목표와 발전을 위한 대안을 함께 모색하게 되는 기회도 자연스럽게 만들수 있을 것이라 기대할 수 있다.

**(3) 본 사업의 결과물을 진행 중인 농촌체험, 휴양마을 운영과 연계하여 농외소득증대의 기회 제공**

● 솔마당사진관(사진반의 최종 교육의 결과물)을 운영하여 체험객에게 프로그램에 참여할 수 있는 기회를 제공하였다.

● 디자인반에서 개발한 농특산물 포장 박스 등으로 체험객에게 판촉효과를 극대화하였다.

문화농촌·창조농촌

● 스토리반에서 발굴한 우리 마을의 숨은 이야기를 책으로 출간하여 체험객에게 제공함으로써 재방문의 기회와 마을 이미지를 제고하였다.

(4) 마을의 입장에서 보면 교육과 문화공동체가 되면서 자연스럽게 내실이 다져졌고 농촌체험, 휴양마을 사업도 확대할 수 있도록 정부와 지자체의 추가지원과 발전을 기하기 위해 법인화 방안 모색

---

**충남 공주 '신영1리 마을'**
(2013년 지역특성화문화예술교육 사업지원을 받은 백제문화예술네트워크와 연계하여 진행)

---

### 1) 신영1리 마을 문화예술교육 발전과정

● 공주에 거주하고 있는 백제문화예술네트워크라는 단체가 2011년 문화예술교육 거점네트워크 사업으로 지정받게 되면서 공주시 이인면 신영마을과 인연을 맺게 되었고, 2012년 농산어촌 예술교육 가꾸기 지원 사업으로 또 한 번의 만남이 있었다. 신영마을은 교통이 불편하고 KTX 경유마을이 되면서 공사로 인하여 마을의 환경이 오염되고 농사가 원활하지 못하여 생활의 어려움을 겪게 되자 마을활력을 위한 일거리를 찾고 있었다. 2012년 마을 활성화 방안을 찾고자 시작한 문화예술교육이 주민들로 하여금 희망을 주고 농산물의 판로개척을 위한 여러 방법을 시도하게 된다. 주민들이 단합하여 노인회, 부녀회, 생활개선회, 청년부, 4H 등의 공동체들이 활발해지고 2013년에 지역특성화 문화예술교육 지원사업으로 포장디자인을 비롯한 직거래 유통으로 주민들의 삶이 즐거워졌다.

## 2) 지역특성화 문화예술교육지원 사업 배경 및 목표

● 한글교육, 문화예술교육, 신체활동 3박자 수업으로 3시간을 충실하게 진행하였다. 이전보다 주민들(대부분 할머니)들의 참여와 만족도가 높아 수업집중도가 상당히 높았다. 이유는 도자기 등의 공예프로그램이 단순히 체험교육이었다면, 이후 시간이 경과하면서 마을주민과 문화단체와 친밀감이 형성되어 주민 측에서 한글교육을 요청하였다. 단체가 이를 수용하여 문화예술교육 프로그램 이전에 한글교육을 배치하고, 단순 만들기 교육이 아닌 마을에 필요한 농산품 포장디자인 교육을 넣고, 마무리 시간으로 어르신 요가프로그램으로 신체활동 시간을 배치하였다.

● 문맹자를 위한 한글교육으로 시작했으나 문맹자는 글을 읽고 쓰고 알게 되면서 삶의 활력소를 갖게 되었고, 글을 읽을 줄 안다 하더라도 일상에서 글과 상관없이 살아오신 분들에게는 한글을 배우는 재미가 새로운 세상을 열어주었다. 이러한 계기가 만들어지면서 포장디자인 프로그램의 참여집중도를 높이는 데 영향을 주었다. 이전에는 와도 그만 안 와도 그만이었다면 한글공부와 마을생산품에 필요한 포장디자인인 만큼 생산에 기여한다는 자세를 갖게 되었고, 굳어진 몸을 풀어주는 신체활동 교육까지 받으니 즐겁지 않을 수 없었다.

● 상품(오이, 상추, 고추 등) 포장디자인이 나오기 전에 상품 스티커에 한글을 기입하는 즐거움이 가득했다. 디자인 또한 교육받은 주민들의 그림들을 넣었다. 자신들이 기입한 글씨, 자신들이 만든 디자인이 상품화되는 과정을 보는 즐거움은 문화교육이 곧 생활 실천 교육이 되고 있는 과정이었다. 수업집중도가 높을 수밖에 없었다.

● 마을의 공동이익을 위한 농산물상품디자인과 포장 등의 프로그램은 농가 주부이자 어르신의 신체적 여건을 고려해서 앉아서 충분히 작업에 참여할 수 있는 마을공동체 기여 프로그램이기도

문화농촌·창조농촌

하다.

- 문화단체가 이 사업을 위해 운영한 과정은 다음과 같다.

주관기관과 향유기관과의 협력 → 공주시 유관기관과의 네트워크 구축 및 협의 → 강사와 주민들의 역할 분담 → 마을 주민들과의 구체적인 협의를 통한 모임 및 문화예술교육에 대한 이해도 전달 → 직거래 유통을 위한 방안 모색 → 즐거움을 줄 수 있는 프로그램 진행 → 프로그램 컨설팅 및 모니터링 → 마을 주민들과의 중간 점검 → 주민과 강사, 기획자, 담당자들과의 농촌마을 축제열기 → 포장디자인 완성 및 농산물 판매 → 프로그램 최종 점검 → 차년도 마을 정립 구체화 방안 검토

### 3) 지역특성화 문화예술교육 지원사업 성과와 향후 발전방안

- 이 사업을 지원한 문화단체는 신영마을의 포장디자인 및 로고를 완성하는 것으로 끝나는 것이 아니라 농산물 판로 구축 및 홍보 전략을 세우는 일까지 맡게 되었다. 공주시내 부녀회와 식당 등과 연계하여 마을상품 판매를 연계하는 작업까지도 하게 된다.

- 이러한 과정을 통해 문화단체는 단순히 문화예술교육을 전수 지원해주는 단계를 넘어 지역주민들 생활에 직접 관련 있거나 도움이 되는 프로그램을 재구성함으로써 마을 주민들의 자생력을 키우는 계기가 되었다. 나아가 새마을개선회 등의 주민조직에서 자체적으로 움직일 수 있도록 기록 및 기반을 조성하며 공주시의 협조를 통하여 지역의 매개자 역할을 지속적으로 추진하고 연계 프로그램으로 이어가고 있다.

### 1) 예산대흥슬로시티 문화예술교육 발전과정

● 예산 대흥동은 2009년 슬로시티로 인정받았고, 2011년 예산슬로시티협의회가 출범하였다. 이곳은 자연생태를 보존하고 마을의 고유한 전통을 계승하며 지역민의 커뮤니티가 활발한 곳이다. 협의회 사무국장은 귀농자임에도 불구하고 지역을 위해 헌신적이고 공공의식이 강한 분이다.

● 슬로시티를 만들기 위한 과정으로 자연주의적 삶을 추구하는 무공해 체험프로그램인 달팽이 자연학교를 만들어 짚풀공예, 자연밥상 체험, 숲 체험, 흙물감 만들기와 그리기, 놀이로 체험과정을 운영하고 있었다.

● 대흥지역에서 생산되는 식재료를 이용하여 로컬푸드를 만들고 있으며 대흥 주민들이 직접 운영하고 있는 시골민박과 단체로 묵을 수 있는 마을회관, 농사체험과 시골생활의 정취를 느낄 수 있는 귀농체험 민박을 운영하고 있다.

● 마을 주민들의 생활과 예술을 전시하는 공간으로 옛 보건소 건물을 이용하여 달팽이미술관을 꾸미기도 하였다.

### 2) 지역특성화 문화예술교육지원 사업 배경 및 목표

● 슬로시티 사무국장은 마을에서 진행되고 있는 슬로시티 사업이 주로 외부 관광객을 끌어들일 수 있는 환경을 만들고 힐링체험을 할 수 있는 프로그램을 만드는 데 주력하였다. 그러던 중 막상 지역주민들이 적극적이지 않음을 인지하게 되었고, 지역주민들부터 힐링할 수 있는 프로그램을 찾게 되었다.

- 슬로시티마을에 전교생이 17명인 초등학교의 학생들과 소통하고 농촌에 문화예술이 채색되어야겠다고 생각하고 보건소를 리모델 링하여 달팽이미술관을 만들게 되었는데, 이것이 문화예술도입 의 전초전이 되었다. 달팽이미술관에서는 체험프로그램을 운영 하고 짚풀공예 작품과 마을 사진들이 전시되어 있다.

- 사진을 잘 찍는 협의회 사무국장은 노인들도 사진에는 쉽게 접근 할 수 있다는 점에 착안하여 마을 초등학생 어린이들과 마을어르 신들이 함께 사진 교육을 받게 하였다. 처음에는 어색한 자리였지 만 사진 교육을 하면서 어르신과 어린이들이 짝을 이루어 마을사 진을 찍고, 찍은 사진들을 발표하게 하여 마을을 새롭게 알아가 게 되는 재미를 갖게 되고 어르신과 어린이들이 자연스럽게 대화 하면서 수업을 하게 되었다.

- 연말에 달팽이미술관에서 전시를 하였는데, 비록 마을 미술관이 지만 전시장에 자신의 사진을 걸게 되면서 인생관이 달라졌다는 분들이 계셨다. 노동이 인생의 전부인 줄 알고 살아왔는데, 스스 로 사진을 찍는 문화교육 과정을 통해 감수성이 일어나고, 미술 관의 작품들도 그 의미를 느껴가게 될 것이라는 것이다. 같은 장 면이라 하더라도 사진을 찍는 사람에 따라 사물을 다르게 보고 해석하게 되는데, 이러한 해석의 공유과정도 마을어르신들과 어 린이들이 어울려 대화하며 참여하였다.

- 매번 수업 때마다 어린이들은 어르신들에게 합동으로 인사하고 시작하는데 몇 회 만에 태도가 달라졌다. 데면데면했던 사이에서 우리 아이, 우리 할머니, 할아버지로 여기는 친밀한 마을공동체 분위기가 형성되었다. 전혀 예상치 못한 파급효과였다고 한다.

### 3) 지역특성화 문화예술교육 지원사업 성과와 향후 발전방안
- 지역특성화문화예술교육에 처음으로 참가한 단체로서 기획서 작 성에 미흡한 부분이 있었으나, 기획자, 강사들이 적극적이고, 슬

로시티 사업과 교육프로그램을 연계하여 마을과 지역의 자원을 활용하고 있었다. 어린이와 어르신들이 함께 사진을 배우면서 마을과 예술을 이해하고, 여기에서 체득한 느낌으로 외부 관광객들이 찾아왔을 때도 거부감이나 이질감을 느끼지 않고 자신들이 살고 있는 마을의 손님으로 맞을 수 있었기에 문화예술교육이 지역관광과 간접적인 연계될 수 있었다.

● 슬로시티는 지역주민들이 참여하는 '느린손'협동조합을 인큐베이팅하여 운영하고 있었는데, 느린손협동조합은 아무런 인적자원이 없던 마을에서 짚풀공예, 손바느질, 천연비누, 천연염색 등을 제작 판매한다. 슬로시티협의회 발족 2년 6개월 만에 협동조합 '느린손'이 만들어졌다. 협동조합은 생산자 15명, 후원자 4명이 10만 원씩 출자하였고 총출자액 650만 원으로 시작되었다. 조합원의 자발적인 모임으로서 힘든 작업이지만 주민참여도도 높고 인적 자원을 이용한 좋은 예라 할 수 있다. 문화예술교육은 협동조합과도 연계하여 다양한 프로그램을 확대 운영할 수 있다.

---

**충북 보은 '소여마을'**

(소여마을 폐교에 입주한 문화단체 '공간이노'가 2011년부터 지역특성화 문화예술교육 지원사업을 받아 운영)

---

### 1) 소여 마을 문화예술교육 발전과정

● 보은읍 마로면 소여마을 분교(폐교됨)에 위치하고 있는 '공간이노'라는 단체는 소여리라는 다소 폐쇄적인 마을 한가운데 있는 폐교를 예술창작촌으로 만들었다. 이곳에서 마을어르신들과 작업을 해온 지 3년차가 되면서, 예술단체로서 정체성의 혼란(마을주민이자 마을강사로서)을 겪고 있었다. 그동안 어려움도 많았으나 지역특성화지원사업을 통해 마을주민들과 도자기, 미술, 공예

문화농촌·창조농촌

등의 프로그램을 운영하면서 지역 내 교육공간으로 자리 잡게 되었다. 지역특성화지원사업으로 정착한 후, 보다 적극적인 문화마을을 만들고자 생활문화공동체 사업에 지원하여 선정되기도 하였다.

### 2) 지역특성화 문화예술교육지원 사업 배경 및 목표

- 2011년 〈내가 쓰고 그리는 우리마을 이야기〉라는 문학과 미술 프로그램, 2012년 〈마을그림 자서전, 소여마을에 색을 입히다〉라는 미술과 북아트 프로그램, 2013년 〈사기막골, 소여리 전설을 굽다〉라는 마을이야기와 도자기 프로그램을 진행해 왔다. 마을 어르신들(주로 여성) 절반 이상이 3년 동안 프로그램에 참여하였고, 작품수준도 높은 편이다. 이들 어르신들을 지자체가 지원하는 마을만들기사업 등의 체험강사로도 활동할 수 있도록 훈련하고 있다.

### 3) 지역특성화 문화예술교육 지원사업 성과와 향후 발전방안

- 소여마을 어르신들은 그동안 3년간 교육받은 실력으로 마을지원사업 체험보조강사로 활동하게 함으로써 마을에 활력을 불어넣을 수 있도록 할 예정이며, 문화단체인 '공간이노'는 보은군 다문화가족지원센터와도 프로그램을 함께 함으로써 새로운 활력을 찾고 있다. 마을 내에서 강사와 주민 두 역할을 동시에 진행한다는 것은 예술가들에게 상당한 스트레스를 주고 있어 마을에서 벗어나 새로운 집단과 프로그램을 하는 방안을 모색하기도 하였다.

## 3. 사례분석 결과 농촌형 문화예술교육 프로그램 지원방안

### 1) 각종 문화예술교육 지원사업으로 지역주민을 문화자원화

- 농촌체험마을을 목표로 하는 곳에 문화예술교육이 투입되면 마을주민들을 체험마을의 강사로 만들어 일자리를 창출할 수 있다.
- 농촌체험마을에 문화적 마인드로 특산품을 고품격화하고 체험프로그램을 다양화할 수 있다.
- 문화예술교육과 한글교육으로 문자와 예술이 결합되는 문해교육으로 지적 능력을 고양시키고, 문해능력이 바탕이 되어 문화적 감수성도 높아지게 된다.

### 2) 농협의 지역문화복지센터와 연계한
### 문화복지 프로그램 시범사업 및 확산

- 사례분석을 통해 문화예술교육을 통해 파악되는 부분은 문화예술교육을 통해 그동안 노동만을 최고의 가치로 알아왔던 농촌주민들에게 삶의 질적 만족을 높여주었다. 또한 마을공동체를 결속시키고 체험마을을 운영하고자 할 때 문화예술교육의 영향력이 높게 나타나고 있었다. 그러한 효과에도 불구하고 문화예술교육 지원사업에 한계가 있으므로 양적으로 확대 지원하기 위한 방안으로 농협 산하 전국 5백여 개의 농협지역문화복지센터를 중심으로 문화복지 프로그램 시범교육을 실시하여 확산하였으면 한다(붙임 자료 참조).
- 농협 연수원을 통해 지역문화복지 담당자 및 지역문화복지센터 강사자 시범교육을 통해 지역센터에 안착시키고 체험마을 지역주민을 대상으로 교육을 시도하였으면 한다.

### 3) 평생교육 차원의 찾아가는 문화예술 프로그램 지원 사업 확대

- 리 단위의 농촌마을의 경우, 교통편이 원활치 못하고 거동도 불편

문화농촌·창조농촌

하신 어르신들이 많아, 지자체 평생교육차원에서 찾아가는 프로
그램 지원을 확대하였으면 한다(민요, 농악, 그 외 노래교실 등 도
움을 많이 받고 있다고 함).

● 이러한 교육이 밑바탕 되었을 때 좀 더 질적으로 높은 문화예술
교육이 투입되면 지역주민의 문화감수성이 고양되고 문화공동체
로서, 체험마을로서 효과를 높일 수 있을 것으로 보인다.

붙임 1.
[중소도시 및 농촌형 농협문화복지센터 프로그램 예시]

'나는 농부선생님', '나도 문화유산체험강사', '나는 요리 체험강사', '우리동네 이야기꾼', '영농일지 사진으로 쓰기', '다문화여성대학', '음악도 하고 농사도 하고(결혼이주여성 대상)', '생활이 예술이다(사진반)', '생활이 예술이다(도예반)', '특산물 포장디자인' 등이 있으며, 그 가운데 '나는 요리 체험강사' 프로그램은 아래와 같다.

| '나는 요리 체험강사' (마을특산품 분야) | | | | | |
|---|---|---|---|---|---|
| 유형 | 문화 | 대상 | 조합원 및 일반 지역민 | 특성·군·구 | 중소도시형·농촌형 |
| 프로<br>그램<br>목적 | • 농촌체험마을의 경우 현재는 간단한 고구마 캐기를 하여 쪄먹거나 구워 먹는 방식으로 운영되거나 점심 또는 저녁식사를 제공할 때 마을특산품으로 음식을 만들어 제공하기도 함.<br><br>• 마을의 특산품 중심으로 음식을 만들어 식사로 제공하는 형태에서 더 발전된 상태로 나가야 함.<br><br>• 이를 통해 마을 특산품 판매를 촉진할 수 있음. | | | | |
| 세부<br>내용 | • 마을의 특산품을 사가지고 가서 집에서 요리할 수 있는 방법을 하나하나 설명해 줄 수 있도록 함.<br> - 마을 부녀회 어르신들의 경우, 만들기는 할 수 있으나 이를 다양한 방식으로 만들면서 설명해 줄 수 있는 테크닉이 부족함.<br> - 교육 프로그램을 통해 다양한 요리방법과 설명력을 배워 체험강사가 될 수 있도록 함.<br><br>• 마을의 특산물과 요리법<br> - 마을 특산물 종류<br> - 특산물 상품화 과정<br> - 특산물 판매<br> - 특산물 요리방법 | | | | |
| 주의<br>사항 | • 이 프로그램의 경우는 특산품을 활용한 음식만들기가 주된 것인 만큼 마을 부녀회 중심으로 이루어지도록 함.<br><br>• 농촌형문화복지센터는 농촌체험마을의 사무장들과 협력하여 조리시설이 되어 있는 체험마을로 찾아가는 프로그램으로 운영되는 것이 더 바람직할 것으로 보임. | | | | |

문화농촌·창조농촌

붙임 2.
[도시형 및 중소도시형 농협문화복지센터 프로그램 예시]

귀촌을 준비하는 '책 읽어주는 문화봉사단', '농촌문화유산 체험 코디네이터', '문화복지코디네이터' 등이 있으며, 그중 '농촌문화유산 체험 코디네이터'는 아래와 같다.

| 농촌문화유산 체험 코디네이터 | | | | | |
|---|---|---|---|---|---|
| 유형 | 문화 | 대상 | 조합원 및 일반 지역민 | 특성·군·구 | 도시형·중소도시형 |
| 프로그램 목적 | • 면단위 농협문화복지센터 강사로 파견하기 위해 도시형 문화복지센터는 이들 인적 자원을 모집하여 강사로 훈련시키도록 함. | | | | |
| 세부 내용 | • 도시에는 그동안 배출된 문화유산 및 문화관광해설사, 숲생태 등의 해설사, 지역문화원 산하의 향토문화유산위원 등 문화 인력들이 많이 있음.<br>  - 이들 인적자원을 훈련시켜 면단위 농협문화복지센터의 강사로 보내는 것임.<br>  - 이들의 역할은 농촌마을주민들이 체험강사가 되는 '나도 체험강사' 프로그램 코디네이터 겸 강사가 되는 것임.<br>• 마을의 문화자원 이해<br>  - 마을의 유무형문화재 알아보기<br>  - 마을의 전설<br>  - 마을 숲, 하천 이야기<br>• 마을둘레길 돌아보기<br>  - 자전거길<br>  - 산책길(마을 숲, 하천, 생태 등 이야기) 따라 체험<br>• 그 외 인근 체험가능한 곳 연계하기 | | | | |
| 주의 사항 | • 이들 문화인력들을 '농촌문화유산 체험코디네이터'라 지칭하도록 함.<br>• 이렇게 되기 위해 이 프로그램을 시도할 도시형 문화복지센터는 인근 면단위 실정을 파악하여 인력 수요를 파악한 후, 인력을 모집하여 교육한 후 파견하여야 할 것임. | | | | |

# 4 농촌문화
# 예술교육
# - 강진군 사례

우리는 간혹 봄바람이 우리 곁을 스치면 '어떻게 사랑이 변하니'라고 울먹이며 고통스러워 상우를 위로하던 강진의 청보리밭, 짧은 계절의 아쉬움을 슬퍼하며 '모란이 뚝뚝 떨어져 버린 날 비로소 봄을 여읜 설움'을 달래던 김영랑의 강진을 생각해 내기도 한다.

현대인들은 영화 속의 한 장면으로 혹은 시대의 아픔과 낭만을 노래했던 서정시인의 가슴 속에서 강진을 추억하고, 또한 역사의 부침에 시달린 유배객의 애잔한 마음 속에서 강진을 기억하기도 한다.

전남 강진군은 한반도의 서남부에 위치하고 있다. 예로부터 해로와 육로를 잇는 중요한 역할을 담당하던 곳이다. 동서북면이 노령산맥의 두 지맥으로 내달려 오다 북쪽은 월출산 천황봉을 분기점으로 영암군과 경계를 이루고, 서쪽은 별뫼산, 서기산, 만덕산, 봉덕산, 주작산이 해남군과 경계를 이루고 있고, 동쪽으로는 수인산, 묘암산, 불용산, 천개산을 경계로 장흥군과 접하고 있으며, 남으로는 전남의 3대 강의 하나인 탐진강이 흐르고 있다. 이를 중심으로 비옥한 농토와

바다에서 생산되는 해산물 등 농수산물이 풍부한 지역으로 발길 닿는 곳마다 찬란한 문화유적이 산재해 있어 남도답사 1번지로 불리고 있는 고장이다.

강진군은 백제시대에는 도무군, 북부지역을 동음현이라 하였고, 통일신라시대에는 도무군이 양무군으로 동음현이 탐진현으로 개칭되었다. 또한 고려시대에는 도강군과 탐진현으로 부르다가, 조선 태종 17년 1417년 광산현에 있던 전라병영성이 강진군으로 이영되면서 도강군과 탐진현을 통합하여 강진현이 되었다. 이후 1895년 지방관제 개편에 따라 강진군으로 바뀐 후 1896년 고금도, 조약도(약산도), 완도, 신지도, 청산도는 완도군으로 분리되어 현재에 이르고 있다.

강진군은 선인들의 얼이 담겨 있는 문화유산을 물려받은 고장으로 주요 문화유적에는 9세기부터 14세기까지 한국의 대표적인 비색의 청자문화를 꽃 피웠던 국내 최대 규모의 고려청자요지가 있다. 또한 국보 제313호인 아미타여래삼존벽화로 유명한 무위사와 우리나라 불교문화를 이끌어 왔던 백련사, 그리고 월남사지, 다산 정약용 선생이 18년 동안 강진유배생활 10여 년 동안 후학들을 가르치면서 목민심서, 경세유표, 흠흠신서 등 500여 권의 방대한 실사구시 학문을 저술하고 집대성한 조선후기 실학의 산실인 다산초당이 있다. 또한 『모란이 피기까지는』이란 시로 유명한 순수 서정시인이자 민족 저항 시인 영랑 김윤식 선생의 생가와 강진 출생인 김현구 시인, 조선시대 전라도 육군을 통할하면서 바다의 왜구를 막아 호남벌을 지켜온 최고 지휘부 전라병영성지 등 57점의 문화재와 수많은 유적이 도처에 산재하고 있어 가는 곳마다 조상들의 발자취가 느껴지는 문화유적의 고장이기도 하다.

강진군의 총면적은 500.28㎢(전남의 4%)이고, 그중 농경지가 29%, 산림이 58%를 차지하고 있다. 행정구역은 1읍 10개 면, 112개의 법정리, 287개의 행정리로 이뤄져 있으며, 2013년 12월 말 기준 인구는 40,079명으로 전형적인 농어촌 지역이다. 인구 구성 비율에서

65세 이상의 11,027명으로 노령인구는 34%를 차지하고 있다.

최근 한국 사회는 인구의 급속한 고령화로 2004년 말에 이미 65세 이상의 인구가 100만 명을 넘는 등 농촌에 거주하는 사람들 세 명 중 한 명 정도가 65세 이상의 노인인 것으로 나타났다. 강진군 또한 60세 이상의 고령인구가 전체 인구의 34%를 차지하고 있고, 이 중 여성노령비율이 58.9%를 차지할 만큼 높은 비중을 차지하고 있다. 도시지역 여성노인과 농촌지역 여성노인들의 생활만족도는 도시와 농촌 간의 사회·문화·경제적인 격차로 인해 농촌의 여성노인들의 만족도가 현저히 낮은 것으로 조사되었다.[1]

이에 강진군은 60세 이상의 여성농업인을 대상으로 하는 '찾아가는 어머니 한글교실'을 군비 100%의 예산으로 6년째 운영해 오고 있다. 한글 교육은 고령 여성 농업인들의 열렬한 호응을 얻고 있다.

국립국어원이 2008년 한국갤럽조사연구소에 의뢰해 조사한 결과, 읽고 쓰는 능력이 전혀 없는 비문해율은 1.7%로 나타났으며, 연령별로 보면 비문해자가 대부분 60대와 70대인 것으로 발표되었다.

'찾아가는 어머니 한글교실'은 세계적으로 문맹률이 가장 낮은 대한민국에서 오직 60세 이상의 여성농업인만이 교육의 마지막 사각지대에 방치되어 이들에 대한 사회적인 관심과 배려가 절실히 요구됨에 따라 실시하게 된 것이다.

그동안 한글교실은 일부 뜻이 있는 종교나 사회단체에서 운영하고 있었으나 1년 단기 사업으로 끝나는 경우가 많아 참여율이 저조하고, 지속성이 없는 등 무료봉사라는 한계에 부딪쳤다.

강진군은 지난 2008년 6월에 제정된 강진군 여성농어업인 육성 지원조례를 근거, 한글학교 추진위원회(대표 강광석)를 구성, 2009년부터 지자체에서는 처음으로 운영해 오고 있다. 2009년 11개 읍면,

---

1    임정기, "농촌노인과 도시노인의 사회적 지지와 삶의 만족도 변화궤적에 관한 연구", 『한국사회복지조사연구』, 2013, 38(0), pp.217-240.

문화농촌·창조농촌

20개 마을, 300명으로 시작한 한글학교는 2014년 기준, 24개 마을, 351명으로 6명의 전문 강사진이 각 마을을 순회하며 한글과 기초연산, 음악, 여성농업인의 역할 등에 대한 교육을 매주 2회 2시간씩, 음악수업은 3주에 1회씩 운영한다.

아직도 시골에는 한글을 깨우치지 못한 할머니들이 많이 있다. 배고팠던 시절, 돈 버느라 일터에 나가고 살림 챙기기에만 바빴던 할머니들은 배움의 때를 놓치신 분이 많다.

또한 어려서는 '여자가 무슨 글을 배우냐'는 어른들의 타박도 글을 접하기 힘들게 했다. 시집와서는 자식들 먹여 살리느라 본인들의 안위는 돌보지도 못한 채, 평생을 눈뜬 장님으로 살아야 했다고 한다. 그분들이 바로 우리네 어머니들이다. 한글학교를 다니면서 노래를 배우고 그간 세월 속에 묻어 지나가면서 깨우치지 못한 한글을 배웠다는 당당함도 살포시 풀어낸다.

우리의 어머니들은 지금까지 이런 세월을 보내왔다. 가부장적인 남편과 함께 하면서 하염없이 자식들에게 모든 것을 내주고만 살아왔다. 자신의 몸보다는 자식들에게 맛있는 것 먹이고 편안한 잠자리를 마련했던 것이 우리의 어머니들이다.

아직도 우리의 어머니들은 힘든 한 해를 보내고 있다. 봄철에는 모심기에 나서고 여름에는 뙤약볕에서 고추를 따야 했다. 가을에는 쌀 한 톨이라도 더 건지기 위해 수시로 논에 나가보고 겨울에는 자식들 준다고 맹추위에 김장을 담그고 있다.

어머니로서의 삶만을 살아온 우리 어머니들에게 조금의 변화가 생겼다. 이러한 변화는 한글학교에 다니면서 나타난 것이다. 지금까지 자식들이 읽어주는 말을 전해들을 뿐 글을 읽고 쓸 줄 모르는 어머니들이 적지 않았다. 농협에 가서 자식들에게 돈을 부칠 때도, 정성껏 키운 농산물을 택배로 보낼 때도 어머니들의 답답함은 이루 말할 수 없었을 것이다.

2008년 한글학교에서 어머님들이 처음에는 학교를 다니지 못해

글을 알지 못한 것이 창피해 나락포대에 책을 숨겨 학교를 왔지만, 지금은 시장에 갔다 택시를 타고 오는 등 어머니들의 모습이 많이 달라졌다.

이에 한글학교는 글을 배우는 과정 외에도 강진의 풍물패 '장터'의 흥을 돋우는 사물놀이 과정과 건강교실, 웃음치료강의, 정기적인 노래교실도 운영하고 있다.

〈그림 1〉 농업기술센터 대강당에서 찾아가는 여성농민학교 웃음치료 건강교실
(출처: 강진신문)

25개 마을, 320여 명의 고령의 학생들이 젊은 음악강사의 율동과 웃음체조에 맞춰 신명난 박수와 웃음으로 즐거운 시간을 나누신다. 한글도 배우고 노래도 따라 불렀다. 소풍도 가고 운동회도 했다. 자식들 손에 이끌려 따라만 다녀봤던 우리의 어머니들. 농사로 바쁘다고 가보지 못했던 운동회에서 본인들이 직접 뛰어 다니면서 어머니들의 표정이 밝아졌다.

어머니 한글학교는 봄에는 봄소풍을 떠난다. 전세버스 6대를 이용해 300여 명이 모여 잠시 나이를 잊고 동심의 세계로 돌아가 보물찾기를 하고 마을대표들의 노래자랑이 펼쳐진다. 이러한 행사는 지역의 문화유적 및 역사유물전시관을 주로 찾아 떠난다.

찾아가는 어머니 한글학교는 가을이면 강진군 종합운동장에서 가을운동회를 개최한다. 큰 공 굴리기, 돼지몰이, 원숭이 엉덩이, 고무신 멀리차기, 줄다리기 등을 청군, 백군으로 나눈 경기와 전체 학생이 참여하는 강강술래, '내 나이가 어때서'를 비롯한 율동을 겸한 장기자랑 등을 하면서 즐거운 하루를 보낸다.

〈그림 2〉 봄소풍을 떠난 어머니들, 전남해양과학 전시관 앞 광장 (출처: 강진신문)

〈그림 3〉 가을운동회, 고무신 멀리 던지기 (출처: 강진신문)

그리고 5개월간 한글공부의 학습과정을 담은 찾아가는 여성농민 한글학교는 방학이 시작되기 전 어머니 솜씨 전시회를 개최한다. 군 농업기술센터 1층 로비와 학습실 등에 전시된 작품은 총 200여 점이 넘는다. 학생들이 직접 한글공부를 했던 '한글을 쓸 수 있어요', 학습 교재를 비롯해 우리 집 가훈쓰기, 내 손으로 그려지는 우리집 주소 등 각종 프로그램을 통해 어머니들이 직접 쓴 글들이 전시된다.

〈그림 4〉 작품전시회 (출처: 강진신문)

〈그림 5〉 한글을 쓸 수 있어요 (출처: 강진신문)

문화농촌·창조농촌

이렇게 1년을 공부해 온 어머니들이 이제 학교를 졸업한다. 그동 안 한글학교를 다니면서 노래도 배우고 그간 깨우치지 못한 한글을 배웠다는 당당함도 어머니의 미소 속에 살포시 드러내신다. 하지만 그 순간도 잠시 이제 이런 시간이 마지막이라는 한글학교 교장선생 님의 말씀에 여기저기서 조용히 눈물을 훔치는 어머니들을 볼 수 있 다고 한다. 한평생 가슴속에 담아둔 한(恨)이 표출된 것인지도 모른 다. 일 년 간의 즐거웠던 기억을 뒤로하고 조용히 눈을 감고 있던 우 리의 어머니들의 지그시 감은 눈가에는 하염없이 눈물이 흐르고 있었 다. 흐르는 눈물을 훔치는 어머니들은 보면서 가슴 한편이 먹먹해진 다. 가족과 자식을 위해 한 평생을 살아온 어머니들의 눈물은 어느 보 석과도 비교할 수 없는 값진 것이었다.

강진군 농촌의 어머니들 곁에는 현재 아무도 없는 경우가 많다고 한다. 남편은 어느덧 세상을 떠나고 그 많던 자식들도 모두 객지로 떠 나고 어머니들만 홀로 생활하고 계시는 분이 많다. 이러한 어머니들 의 곁에 함께 공부하고 함께 이야기하는 학교라는 공동체는 어머니들 에게 새로운 삶의 시작을 선사하고 있다.

다음은 2013년 한글학교를 졸업하신 강진읍 부춘마을의 오공순 할머니의 이야기이다.

〈그림 6〉 마을 동계날 감동의 감사편지를 쓴 강진읍 부춘마을 오공순 씨(83) (출처: 강진신문)

강진읍 부춘마을 회관에서는 마을 동계가 열렸다. 70여 명의 주민들이 모인 자리는 지난해 마을 일을 보고하고 새로운 한 해 마을 일을 소개하는 자리이다. 이날 마을 동계에서는 독특한 편지 하나가 소개됐다.

마을에 사는 오공순(83) 씨가 노트를 찢어서 써내려간 2장의 편지였다. 편지에는 이렇게 쓰여 있었다. "저는 석자 이름이 있어서 행복을 알고 느끼는 것이 지금에서야 알게 되는 것 같아요. 공부라는 걸 알게 되었고 내 손으로 편지를 써 본다는 것이 신기합니다." 이렇게 시작된 편지에는 그동안 한글학교를 다니면서 새롭게 한글을 배우고 한글을 알게 된 것에 대한 고마움을 표시하는 내용이 적혀 있었다.

비록 맞춤법이 틀리고 어법도 잘못된 문장이 많았지만 이날 동계에 모인 주민들의 마음을 적시기에는 충분한 내용이었다. 80세를 넘긴 마을주민이 1년 동안 한글을 배우고 고마움을 표시하기 위해 쓴 편지내용은 적지 않은 감동을 줬기 때문이다.

오 씨의 공부에 대한 마음은 애절했다. 어려운 가정형편으로 제대로 된 학교교육을 받아보지 못한 것이 지금까지 오 씨의 생활이었다. 어릴 적 야학을 통해 겨우 자신의 이름 정도를 써왔던 오 씨에게 공부는 평생의 짐이기도 했다.

어려운 가정 형편에 직접 농사를 지으면서 2남 1녀를 훌륭하게 키워낸 오 씨는 올해 마을회관에서 시작한 한글학교에 입학하게 됐다. 처음 마을회관에서 한글공부를 시작한 주민들은 13명이나 됐다. 하지만 바쁜 농촌의 특성상 한 명씩 빠지기 시작했고 최종 5명만이 졸업할 수 있게 됐다.

이런 어려움 속에서도 오 씨는 평생 간직한 공부에 대한 열정 때문에 수업시간을 최대한 지키기 위해 노력했다. 이렇게 해서 지난 22일 오 씨는 1년간의 한글학교 수업을 마치고 학사모도 쓰고 졸업장을 받았다. 눈물도 수없이 흘렸을 것이다.

문화농촌·창조농촌

이런 1년간의 과정을 2장의 편지에 담아 마을 주민들에게 들려준 것이다. 수업을 맡았던 박미옥 선생에게도 고마움을 표시하고 항상 마을주민들이 건강하고 행복하기를 비는 인사말까지 편지에 담았다. 모두 1년간의 한글공부로 일어난 변화였던 것이다.

오 씨는 아직도 한 권의 공책을 굳게 쥐고 있다. 공책의 표지에는 부춘마을 참새반 오공순이라는 이름이 선명하게 적혀있다. 자식들을 위해 살아온 생활 속에서 이제는 자신들을 위한 작은 변화가 시작되고 있다.

오 씨는 "지난 1년간 한글학교 수업은 너무나도 행복하고 즐거운 시간이었다"며 "여건이 허락되면 한글공부를 앞으로도 계속 하고 싶다"고 밝혔다.

강진군 작천면 죽산마을의 배안순(63) 부녀회장님은 이렇게 이야기한다. 한글학교는 어머니들에게 한글을 가르쳤을 뿐 아니라 엄마들의 시간을 되찾아 주었다고 말이다. 또한 어머니들의 이야기를 기록으로 남길 수 있는 즐거운 놀이터라고 말한다.

강진군청의 이러한 노력은 외부의 정책적 요청에 의해서가 아닌 자체 행정 군비 100%에 의해 어머니라는 이름만으로 살아오셨던 분들을 새로운 농촌창조의 주역으로 기억하게 만들었다. 한글학교 수업을 전국에서 처음 시도했던 강진군청은 초기에 여러 우려와 난관을 극복하였고, 현재 한글학교 수업은 전국적인 농촌 문화사업으로 확대해 가고 있다. 강진군청의 이러한 창조적 노력이 없었다면 우리는 그 이름만으로도 아련한 어머니의 이야기를 추억으로만 간직했을지도 모른다. 강진군청뿐만 아니라 전국의 모든 농촌에서 성공적인 모델로 자리 잡아 많은 어머니들의 이야기가 전승되었으면 한다.

어머니들의 삶을 기록하고 어머니들의 손맛을 차곡차곡 쌓여 가는 기록으로 남기를 바란다.

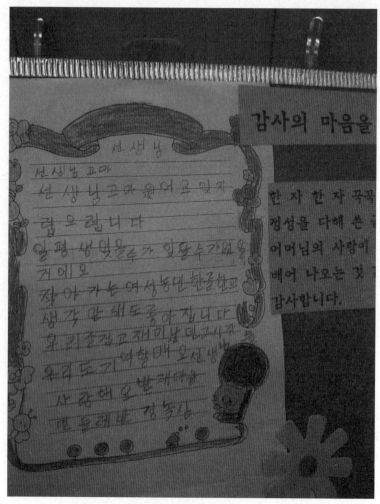

〈그림 7〉 찾아가는 어머니 한글학교 졸업식 (출처: 강진신문)

# 찾아가는 어머니 한글교실 운영

o 60세 이상 여성 농업인과 이주여성을 대상으로 한글과 산수 등 교육

o 여성농업인의 사회참여와 평생 교육기회 확대 및 삶의 질 향상

**[추진방침]**

o 교육생의 편익제공을 위해 마을회관을 찾아가서 교육실시

o 한글, 산수, 일반상식 등 실생활에 활용 가능한 영역으로 확대

**[추진계획]**

o 사업기간 : 2014. 1월~12월(시작연도 : 2009년~현재)

o 사 업 비 : 140백만 원(군비 100%)

o 교육인원 : 24개 마을 / 370명

o 교육방법 및 내용 : 마을별 주 2회, 4시간 교육

    - 한글(기초, 중급, 고급반), 기초연산교육(사칙연산 및 계량단위)

    - 대중가요, 동요 배우기 등 노래교실

    - 의료봉사, 웃음치료, 치매예방관리, 현장체험, 교양강좌 등

o 추진주체 : (사) 찾아가는 여성농업인 한글학교

    - 강사구성 : 6명(전담강사 5, 노래강사 1)

    - 전남대 사범대학교 국어교육과 학생회와 자매결연(2008. 12)

＊ 교육이수 현황 : 1,744명('09~'13년/ 5년간)

**[기대효과]**

o 여성농업인과 이주여성들의 알권리 보장 및 평생교육 확대

o 여성농업인의 사회 참여기회 확대 및 전문 인력으로 육성

이애란

# 5 농촌 문화예술교육 – 〈문화학교 숲〉 사례

## 1. 농촌과 〈문화학교 숲〉

〈문화학교 숲〉의 교사들은 삶이 교육에 앞서는 것이라 생각한다. 농촌의 가치와 의미를 생산해내기 위한 살아있는 교육은 내 삶에서부터 시작되어야 한다. 삶이 교육에 앞서는 삶을 몸소 살기 위해 농촌에서 생활하고 있다.

〈문화학교 숲〉은 참교육을 일구며 교육, 문화, 농사를 통해 삶의 의미와 가치를 배우고 사람들과 함께 가꾸어 가려 한다. 우리가 살면서 배우는 소중한 가치는 대부분 돈으로 살 수 없는 것이고, 사람과 자연의 힘은 농촌에서 꽃피는 것이기에, 우리는 농촌의 삶을 귀하게 여긴다. 농촌에서 자연을 배우고, 스스로 배우고, 더불어 나누며, 나날이 새롭고 창조적인 삶을 만들어 가려 한다.

2006년 괴산에 자리 잡았다. 내가 꿈꾸는 농촌공동체, 대부분의 사람들이 생각하는 농촌공동체의 모습을 상상해보자. 사람들은 흔히 농촌이라고 하면 자연과 사람이 어우러진 삶과 정서적인 안식처로서의 농촌을 생각한다. 삭막하고 힘겨운 도시생활을 뒤로하고 시골에서의 한적한 삶을 꿈꾸는 사람도 많을 것이다. 이것은 귀농·귀촌을 하는 사람들이 농촌을 선택하는 이유 중 하나이기도 하다. 하지만 지금의 농촌에서는 마을에 힘든 일이 생기거나 농사일이 바쁠 때 서로 노동의 대가를 기대하지 않고 몸과 마음으로 돕는 두레, 품앗이, 울력과 같은 공동체가 사라진 지 오래이다. 마을에 좋은 일, 나쁜 일이 생기면 크고 작은 잔치들이 열려 자연스러운 축제의 장이 마련되었다. 하지만 지금 이러한 농촌공동체는 찾아보기 힘들다. 농촌공동체는 무너진 지 오래이다.

전 세계적 에너지 위기, 식량 위기의 시대에 농촌의 가치는 앞으로도 점점 더 중요해질 것이다. 비단 산업적 측면에서뿐 아니라 대한민국이라는 국가의 생태적, 심미적, 공동체적 척도의 최후의 보루로서 농촌이 더 의미 있다고 여긴다. 하지만 괴산의 어린이·청소년들은 농사를 짓는 부모님의 삶과 괴산이 고향인 자신의 삶에 대해 만족하지 못하며 도시를 동경한다. 이들의 부모님 또한 우리 자식들이 공부를 열심히 해서 도시에서 학교를 다니고 직장을 얻어 자리 잡고 살아가길 원한다. 고향에서 살려고 마음먹는 사람들은 거의 없다. 화학물질에 병든 땅을 건강히 살려내고, 도시화에서 뒤처진 농민들의 상처받은 자존심을 회복시키고, 입시 외에 다른 삶의 방식을 생각하기 힘든 농촌 청소년들의 가능성을 키워내어 생명력 넘치는 생명의 땅을 가꾸는 사람으로 자라도록 도와야 한다. 농촌 문화예술교육과 농촌 공동체의 회복은 여기에서부터 시작되어야 한다.

우리는 존재 그 자체로서 귀하고 아름답다. 내가 얼마나 소중한지, 삶이 얼마나 가치 있는 것인지를 알게 하는 데 문화예술교육만큼 좋은 방법은 없을 것이다. 문화예술을 빌려 나를 세상에 내보이고 다른 우주와 통하는 여러 갈래의 길을 찾아보고, 내가 세상 속에 나이기에, 우리가 함께 우리이기에 얼마나 소중하고 자랑스러운가를 생각하고 느껴볼 수 있다. 이처럼 문화예술교육은 의미 있는 관계를 맺고 그 관계에 자신을 비추어 스스로를 객관화하고 이 관계를 통한 성찰의 과정과 결과로 자신과 타인에 대한 이해, 존중, 소통을 거쳐 자신과 주변의 삶을 가꾸는 힘을 키우는 것을 목적으로 한다. 곧 내 삶의 주인일 때 우리는 나, 우리, 지역을 가꾸고 행복한 공동체로 만들어 나갈 수 있다.

그래서 〈문화학교 숲〉은 살면서 필요한 일을 스스로 해결하는 일, 일과 놀이와 예술을 분리하지 않고 하나의 고리로 엮는 일, 나를 사랑하고 우리를 키우며 삶을 아름답고 가치 있게 가꾸어 가는 일, 존재에 대한 소중함을 알고 타인의 삶을 존중하며 함께 더불어 가는 삶을 문화예술교육을 통해 이뤄 삶의 주체로 살아갈 수 있도록 도우려 한다. 이처럼 〈문화학교 숲〉은 문화예술교육을 통해 자부심과 가치를 주는 교육을 하려 한다.

또한 삶을 가꾸는 문화예술교육을 통해 농촌의 문화와 가치를 재생산하고 재창조하려 한다. 이러한 움직임은 무너진 농촌 공동체를 회복하고 나아가 우리 모두가 행복한 공동체로 설 수 있는 원동력이 된다고 믿는다. 농촌 공동체의 회복은 나아가 이 시대를 살아가는 많은 사람들에게 근본적인 힘과 용기를 주는 가치로 작용할 것이다.

이러한 생각들은 문화예술교육 프로그램으로 녹아냈다. 괴산에서 10년 동안 어린이, 청소년, 어른, 어르신, 장애인, 이주여성 등 다양한 지역민들을 만나며 문화예술교육의 다양한 시도를 해왔으며 지금도 지속되고 있다. 만나는 사람들 저마다의 삶의 이야기를 그림, 글, 노래, 사진, 그림책, 연극, 인형극, 영화 등 다양한 미디어를 통해 표현했다. 교육 프로그램을 통해 얻은 많은 기쁨과 환희로 가득한 감동의 순간, 변화와 성장의 시간은 이루 말할 수 없었다. 하지만 늘 좋은 순간만 있었던 것은 아니며 개인과 단체에게 닥쳐온 시련과 어려움도 많았지만 괴산에서의 10년의 시간은 그 무엇과도 바꿀 수 없는 소중한 배움의 시간이었다. 많은 시간은 뒤로하고 그간 3년간 운영한 프

문화농촌·창조농촌

로그램과 지역활동을 중심으로 이야기를 이어가려고 한다.

현재 〈문화학교 숲〉에서는 어린이가 생명을 손수 심고 가꾸어 길러내 요리하고 그 과정을 기록하고 표현하는 〈어린이가 손수 가꾸는 보글보글 농장이야기〉, 〈신나는 요리교실〉, 조상들의 지혜가 담긴 전래놀이를 통해 즐겁게 뛰놀며 몸과 마음을 키우는 〈가슴펴고 어깨걸고〉, 〈뚝딱뚝딱 놀잇감 만들기〉, 자신의 생각을 사진으로 표현하는 〈사진 속에 숨은 이야기〉, 손수 이야기를 만들고 인형을 만들어 무대에서 공연하는 〈창작인형극 만들기〉, 어르신들의 삶의 이야기, 지역의 이야기를 엮어 그림책으로 만들어 이웃과 자손들과 나누는 〈할아버지 할머니의 이야기보따리〉와 같은 문화예술교육 프로그램을 운영하고 있다. 또한 지역 교육단체, 시민단체들과 함께 하는 연대활동을 해나가고 있다. 농촌의 가치와 의미를 몸소 배우기 위해 손수 농사짓고, 지렁이 사육, 숲과 자연에서 아이들과 만나는 일, 농촌에서의 대안적인 삶을 꿈꾸는 청년들의 소통의 장을 마련하는 일을 하고 있다.

## 2. 어린이가 손수 가꾸는 보글보글 농장이야기

먹고 입고 잠자는 일은 생명활동의 가장 밑바닥에 있다. 그중에도 먹는 일은 가장 중요하다. 뭐니 뭐니 해도 먹는 일이 먼저이다. 깨끗한 먹을거리, 바른 식생활은 우리 아이들을 건강한 사회인으로 자라게 하는 데 더없이 중요한 바탕이 된다. 모든 것이 넉넉한 요즘에 더욱 귀하게 느껴지는 '더불어 사는 삶'의 가치도 나눠 먹는 일에서 시작된다. 〈어린이가 손수 가꾸는 보글보글 농장 이야기〉는 어린이들이 손수 텃밭을 꾸려 씨앗을 뿌리고 키운 농산물을 수확하여 요리한다. 아이들은 주곡(쌀), 잡곡(콩, 팥, 수수, 보리, 녹두 등), 뿌리채소(무, 감자, 고구마, 도라지, 인삼), 잎·줄기채소(상추, 깻잎, 배추, 시금치, 브로콜리 등), 열매채소(고추, 가지, 오이, 옥수수 등), 버섯류, 나물류, 생선,

과일, 해조류 등 10가지 주재료의 문화사를 살펴보고, 이런 재료로 각각 음식을 만들어 나눠 먹는다. 농산물이 자라는 과정을 관찰하고 기록하여 그림책으로 만든다. 때때로 제철음식을 찾아 산, 들, 농장을 누비며 지역에서 나오는 재료들로 요리해 보기도 하고 음식에 얽힌 다양한 이야기들을 만나고 표현하기도 한다.

〈그림 1〉 2014 어린이가 손수 가꾸는 보글보글 농장이야기-〈문화학교 숲〉 앞마당 텃밭 모습

또한 음식을 통해 괴산(농촌) 사람들을 만난다. 우리가 텃밭에 농사짓지 않지만 요리에 필요한 재료인 잎채소, 열매채소, 버섯, 달걀 등을 구하기 위해 직접 농가를 찾아 일손을 돕고 일한 만큼 얻는다. 지

문화농촌·창조농촌

역의 유기농업 단체인 한살림 우리씨앗농장, 유정란 생산지인 눈비산 농장, 버섯 농장과 같은 생산지에 방문하여 우리 지역에서 나는 작물이 우리 밥상에 오기까지 과정을 살펴본다. 또한 땀 흘려 일하시는 지역의 어른들을 만나 농장을 둘러보고 정성껏 농사지으시는 삶의 이야기를 나눌 수 있는 소중한 기회도 마련한다. 이렇게 지역 사람들과 그들의 일터인 농장과 논, 밭이 아이들이 배울 수 있는 학교가 된다. 이처럼 땅을 살리고 생명을 살리는 유기 농업의 의미와 가치를 어린이·청소년과 함께 나누며 땀 흘려 농사짓는 일의 소중함과 그런 일을 하시는 부모님과 이웃을 둔 우리가 얼마나 행복하고 자랑스러운 삶을 살아가고 있는지에 대해 깨닫는 기회가 되었다.

매주 수요일이 되면 〈문화학교 숲〉 텃밭에는 꼬마농부들의 웃음꽃이 피어납니다. '어린이가 손수 가꾸는 보글보글 농장이야기'에 참여하는 아이들은 〈문화학교 숲〉에 도착하자마자 자기가 심고 가꾼 작물 앞으로 달려갑니다. 아이들은 작물 앞에 쪼그려 앉아 말을 겁니다. "안녕 잘 있었니?" 어떤 아이는 일주일 동안 조금밖에 안 자랐다고 투덜거리기도 합니다. 그리곤 작물들이 목이 말라 보인다며 직접 물을 떠 주기도 합니다. 물로는 부족해보였는지 퇴비를 한 움큼 쥐어 작물 한 편에 뿌리며 "잘 자라라"라고 힘을 주었지요.

따스한 4월, 감자심기를 시작으로 옥수수, 배추를 공동작물로 심고 가꾸었습니다. 토마토, 수박, 참외, 호박, 오이 등의 열매채소와 당근, 고구마와 같은 뿌리채소도 아이들 손에 쑥쑥 자라났습니다. 올해엔 예년보다 두 배 가량 텃밭규모를 늘린 탓에 아이들 저마다 개인작물을 충분히 심고 가꿀 수 있었습니다. 텃밭도 넓어지고 아이들의 정성과 염려의 마음이 더해진 덕에 올해도 텃밭 농사는 풍년이었습니다. 하지만 위기도 있었지요. 바로 마지막 작물인 배추를 키울 때의 일입니다. 텃밭에 이식한 지 얼마 안 된 배추가 자꾸 달팽이의 습격에 힘을 쓰지 못했습니다. 더 이상은 안 되겠다 싶어 아이들과 달팽이를 잡기로 하였지요. 허나 아이들은 달팽이를 잡아 종이컵에 담아 집에 가서 키우겠다며 배춧잎까지 떼어 먹이로 주었지요. 심지어 어떤 아이는 달팽이도 먹고 살아야 한다며 자신은 잡지 않겠다고 선언을 하고 구멍이 숭숭 뚫린 배추를 바라보기만 하기도 했습니다. 너무도 사랑스럽고 예쁜 우리 아이들이지요? 그 다음 주에 집으로 가져간 달팽이가 어떻게 되었냐고 물으니 모두 탈출해 없어졌다고 하여 한바탕 실컷 웃기도 하였습니다.

2주에 한 번은 텃밭에서 나는 수확물과 다양한 자연의 산물을 재료로 요리를 하였습니다. 아이들이 요리하는 모습을 볼 때면 세상에 이만한 놀이가 있을까 싶습니다. 재료다듬기, 썰기, 볶기, 삶기, 무치기 등등 모든 요리의 과정들은 아이들에게 가장 신나는 놀이입니다. 재료를 다듬다 갑작스레 서로 합을 맞춰 난타를 하기도 하고, 갖가지 알 수 없는 여러 양념이 들어간 자신들만의 특급소스를 만들며 매우 뿌듯해하고 만족스러워 합니다. 배추를 수확하여 양념을 만들어 버무릴 때는 자연스레 노래가 나오는지 "김치를 버무려~ 김치를 버무려~"라고 흥얼거리기도 하였지요. 날카로운 조리도구, 뜨거운 불과 냄비 등 위험한 것이 많은 보글보글실, 익숙하지 않은 칼질과 낯선 재료들이 아이들에게 주는 어색함과 두려움 등은 이러한 시간들로 금세 익숙하고 편안한 시간들이 되었습니다. 그렇게 만들어 내는 꼬마요리사들의 음식솜씨는 정말로 꿀맛이지요. 우리가 만든 음식이 세상에서 제일 맛있다며 엄마가 해준 것보다 더 맛났다며 맛나게 먹습니다. 이렇게 재료 준비와 만들기, 상차리기, 설거지 같은 요리과정을 아이들이 스스로 참여함으로써 '먹는 일'에 대해 두루 살피고 경험하며 성찰할 수 있었습니다.

문뜩 손수 키운 작물을 수확하여 재미있고 맛있게 요리하며 노래를 흥얼거리는 아이들의 모습을 보면서 "천국이 따로 없구나"라는 생각이 들었습니다. 잘 먹고 잘 노는 아이들을 보는 것만큼 더 큰 행복이 또 있겠습니까?

먹는 일에 주인으로 선다는 것은 내 삶의 주인으로 서는 것입니다.

아이들은 그동안 삶의 주인으로서 당당히 서는 법을 배웠습니다. 이러한 공부는 자연과 사람을 통해서 얻을 수 있는 소중한 배움의 기회이지요. 작물이 잘 자라날 수 있도록 늘 마음써준 아이들과 이 아이들을 도와준 하늘과 바람과 해, 모두 모두 고맙습니다. 무엇보다 성실하게 끝까지 함께해준 아이들에게 참 고맙습니다.

아이들이 그동안 작물을 심고 가꾸며 표현했던 다양하고 재미있는 기록들과 요리를 하며 보냈던 즐거운 시간들을 이 책에 담았습니다. 여러분들도 이 책을 들추어보면서 순간순간의 행복하고 아름다운 모습들을 엿볼 수 있기를 바랍니다. 고맙습니다.

2014년 11월 〈문화학교 숲〉
〈어린이가 손수 가꾸는 보글보글 농장이야기 그림책 여는 글 발췌〉

〈그림 2〉 어린이들이 손수 심은 작물이 커가는 과정을 기록

아이들과 2주에 한 번 요리를 하고 다음시간에는 요리한 과정과 작물들이 자라는 과정을 관찰하여 여러 가지 표현하기 작업을 한다. 아이들은 요리를 하면서 느꼈던 것을 시, 그림, 글, 만화 등으로 표현한다. 고구마를 심고 가꾸며 고구마가 땅속에서 어떻게 자라고 있을지에 대해 생각해보고 아이들은 직접 고구마가 되어본다. 커다란 자루 안에 들어간다. 그 곳은 곧 땅이 되고 아이들은 고구마가 되어 선생님이 알려주는 날씨와 시간의 변화대로 몸을 움직이며 고구마가 자라는 과정을 표현하고 그때의 느낌과 생각을 적어 글 또는 시로 표현하기도 했다.

아이들은 손수 키워낸 감자를 수확하여 감자버거, 감자튀김, 감자볶음, 감자전 등 다양한 감자요리를 했다. 요리를 한 후 표현하기 시간에는 감자를 키웠던 약 4달의 시간을 한 시간 만에 감자 이야기책으로 뚝딱 만들었다. 이야기는 두 모둠으로 나누어 감자의 여행, 무지개 감자 등 2편의 이야기가 만들어졌다. 그중 무지개 감자의 이야기를 소개해 볼까 한다.

옛날에 감자별이라는 별이 있었어요. 감자별의 모든 생명체나 물건들은 감자로 만들어져 있었어요. 모든 꽃은 감자꽃이에요. 하얀꽃 보라색꽃. 그리고 감자별에는 과학자 한 명이 살고 있었어요. 그런데 어느 날 과학자가 감자를 키우던 감자 중 무지개 꽃이 피어있는 감자를 발견했어요. 꽃 밑을 파헤쳐보니 무지개 감자가 있었어요. 무지개 감자를 연구해보니 DNA가 변종되어 하얀 감자와 자주 감자로 만들어진 감자였어요. 세상에 단 하나밖에 없는 감자랍니다. 이 감자는 모든 감자보다 영양분이 세 배이고, 쉽게 캘 수 있었어요. 이 감자를 먹으면 죽어가던 사람도 살고, 말로 표현할 수 없는 신비한 맛이 있었어요. 지구는 온난화로 점점 뜨거워져 식물들이 메말라 죽었어요. 과학자는 무지개 감자를 감자칼로 잘랐어요. 그리고 지구에 뿌려 주었어요. 지구의 하늘에는 감자비가 내렸어요. 사람들은 밭에 무지개 감자를 심었어요. 사람들은 무지개 감자 밭에 생태 화장실을 만들어 똥과 오줌을 거름으로 주고, 물도 주었어요. 감자는 쑥쑥 자랐어요. 사람들은 포클레인으로 감자를 마구 캤어요. 마을 주민 모두가 감자를 요리해서 먹고 감자를 준 과학자에게 버거 세트를 주었습니다.

〈만든 사람: 성민경, 이서희, 엄성우, 김찬후, 이남혁, 강덕형, 김나윤〉

〈그림 3〉 2013 어린이가 손수 만드는 보글보글 농장이야기-감자 표현하기

이 이야기 속에는 수업의 과정이 담겨 있다. 아이들은 감자를 심기 전에 〈문화학교 숲〉의 생태화장실의 똥과 오줌을 분리하여 만든 퇴비를 감자밭에 뿌려주었다. 그 후 감자를 쪼개어 땅속 깊이 심어주었다. 감자를 심고 가꾸기까지의 과정과 싹이 나기를 간절히 바랐던 아이들의 마음은 이렇게 멋진 이야기로 재탄생되었다. 무엇보다 지구를 구하기 위해서 감자를 쪼개어 심고 사람들이 정성스럽게 농사짓고

수확한 감자를 맛있게 요리해서 먹어 지구가 행복해졌다는 결말은 아이들의 마음을 고스란히 담아 잘 표현해 주고 있다.

1년의 수업을 마치는 마친보람잔치(책 출판기념식 및 요리경연대회)에는 수업의 전 과정을 성실하게 기록한 내용과 관찰일지를 모아 한 권의 책으로 만들어 나눈다. 또한 요리경연대회를 열어 그동안 배운 솜씨로 식사를 대접하고 싶었던 부모님, 친구, 이웃, 농가에서 만난 할머니, 할아버지를 초대하여 요리를 대접한다. 가장 맛있는 요리를 선보인 사람을 요리왕으로 뽑는 요리경연대회도 펼쳐진다. 요리경연대회에 임하는 아이들의 모습은 제법 진지하다. 부모님을 위해 미역국을 끓였다는 아이들, 고기를 못 먹는 사람들을 위해 자신들이 개발한 드레싱을 선보이며 샐러드를 만든 아이들의 이야기, 이를 지켜보는 부모님과 지역의 어른들은 함께 배우고 성장한다. 이제 아이들은 부모님이 아프실 때 "난 보글보글한 사람이야!"라고 하면서 설거지도 도맡아 하고 음식을 만들어 동생도 챙긴다고 한다.

처음 접하는 일도 두려움 없이 차근차근 해결해나가는 자신감을 키웠다. 이렇게 농작물이 땅에서 자라 우리 밥상에 오르기까지를 살피며 우리가 배운 것은 단순히 요리가 아닐 것이다. 우리는 생태적 감수성을 체득하고, 보살핌과 살림의 미학을 배우며 내 삶에서 주체적으로 설 수 있는 힘과 용기를 얻었다.

### 3. 가슴펴고 어깨걸고

아이들은 놀이를 하며 자란다. 놀이 속에서 많은 것을 저절로 배우고 깨우친다. 스스로 배우는 것만큼 오래 가는 것이 없다. 놀이를 통해서 알게 모르게 얻는 자발성, 창의성, 능동성, 사회성, 책임감 등의 여러 가지 능력은 어른이 되어서도 실제적인 힘으로 나타나 삶의 빛나는 보물처럼 작용한다. 그리고 놀이는 어떤 신비한 힘을 가지고 있다. 눈에 보이지 않고 잘 느낄 수 없지만 그 힘은 아이들 자신을 변화시키며 함께 노는 사람을 변화시키고 더 나아가 이 세상을 바꾸는 힘의 원천이다.

하지만 요즘 아이들은 놀이를 할 시간도, 장소도 마땅하지 않다. 막상 놀 시간이 생겨도 '어떻게' 놀아야 할지 몰라 막막해하거나 혼자 컴퓨터 앞에 앉기 일쑤이다. 제대로 놀지 못하면 마음의 병이 생기기 쉽다. 책상에 앉아 손가락만 움직이는 컴퓨터 게임과 달리, 전래놀이는 온몸과 머리, 가슴으로 한다. 몸의 여러 기능을 고루 발달시키고, 느끼고 깨닫는 힘을 기를 수 있다. 또한 규칙을 지키고 갈등과 타협 속에서 관계 맺고 어울려 사는 법도 배울 수 있다.

2011년부터 괴산 어린이들과 함께 〈가슴펴고 어깨걸고〉 전래놀이 수업, 〈뚝딱뚝딱 놀잇감 만들기〉 수업을 진행하였다. 놀이를 통해 보여준 아이들의 변화는 정말 놀라웠다.

〈부모님들께 보내는 편지글〉

안녕하세요? 〈문화학교 숲〉입니다.

3월 말, 온 세상이 따스한 봄기운으로 가득할 때 〈가슴펴고 어깨걸고〉가 시작되었는데 어느덧 무더운 여름입니다. 벌써 아이들과 함께한 세 달이 훌쩍 지나갔습니다. 아이들이 놀이 속에서 하루가 다르게 무럭무럭 커가는 모습을 부모님들과 함께 나누고 싶어 이렇게 글을 씁니다.

매주 월요일이면 〈문화학교 숲〉은 아이들 발 구르는 소리, 웃는 소리, 함성소리로 들썩였습니다. 아이들은 문광초등학교 운동장에 제일 먼저 모여 바깥놀이를 합니다. 〈어미새끼, 무궁화 꽃이 피었습니다, 달팽이, 팔자놀이, 삼팔선 놀이〉 등을 하며 새로운 놀이를 배우고 익히며 신나게 뛰어 놀았습니다. 한바탕 신나게 뛰어놀고 들어와 어머님들이 손수 준비한 간식을 맛있게 먹었습니다. 간식을 먹고 난 후에는 〈칠교, 산가지, 비석치기, 공기놀이〉 등 안에서 할 수 있는 재미있는 놀이를 배웠습니다. 안놀이가 끝나면 실뜨기 동화를 들으며 옛이야기에 흠뻑 빠졌습니다. 눈으로도 듣고 귀로도 듣고 온몸과 마음을 기울여 들었습니다. 이야기를 듣는 것에도 커다란 힘이 필요하지요. 처음에는 이야기에 집중하지 못하던 아이들이 하나둘 옹기종기 모여 앉아 금세 이야기 속으로 빨려 들어갔습니다. 잘 놀고 잘 먹고 함께 어울려 최선을 다해 노는 아이들의 모습을 보며 행복한 시간을 보냈습니다. 또한 맑고 초롱초롱한 눈으로 선생님의 이야기를 놓치지 않기 위해 귀 기울이고 있는 모습을 보면서 '여기가 천국이구나' 하는 생각이 절로 들었습니다.

처음부터 그랬던 것은 아닙니다. 어린 아이들은 가위바위보 하는 것도 몰랐고, 놀이의 규칙을 따르는 것보다는 혼자 흙장난 하고 자유롭게 뛰어노는 것이 좋았습니다. 하지만 시간이 흐르면서 규칙을 익히고 놀이를 하고 무슨 일이 있으면 가위 바위 보로 어려운 문제를 해결합니다. 함께 노는 것이 혼자 노는 것보다 훨씬 재미있다는 것도 알았습니다. 놀이를 모르는 친구들에게 잘 설명하는 기술도 익혔습니다. 아이들이 가장 좋아하는 놀이는 팔자놀이, 비석치기였습니다. 비석치기를 할 때 자신의 편을 소리 높여 응원하던 아이들의 모습은 늘 미소 짓게 합니다. 친구들을 도와주고 양보하며 놀이를 이어가는 모습을 보면 놀이는 어린이가 스스로 배우며 자랄 수 있도록 돕는 가장 좋은 방법이라는 것을 다시 깨닫게 됩니다. 어른이 놀아 봐도 그렇습니다. 즐겁고 개운하기가 놀이만 한 게 없지요. 함께 놀아본 사람들끼리는 재미와 비례하는 우정이 싹틉니다. 추위, 허기, 고독, 실패와 두려움 모두 이겨내게 만들지요.

자라나는 새싹처럼 아이들은 놀이를 통해 무럭무럭 자랍니다. 시간이 지난 후 지금의 시간을 아이들은 어떻게 기억할지 모르겠습니다. 하지만 확신합니다. 놀이의 재미에 흠뻑 빠져 본 〈가슴펴고 어깨걸고〉에 참여한 아이들이 놀이를 통해 알게 모르게 얻는 자발성, 창의성, 능동성, 사회성, 책임감 등의 여러 가지 능력은 어른이 되어서도 실제적인 힘으로 나타나 삶의 빛나는 보물로 작용할 것이라는 것을요. 이러한 보물이 더욱 더 빛날 수 있도록 더 마음껏 놀이를 하고 신나게 놀 줄 아는 아이들이 되었으면 좋겠습니다.

〈가슴펴고 어깨걸고〉에 끝까지 힘을 내어 즐겁게 참여해준 아이들과 늘 지지하고 응원하신 부모님들께도 고개 숙여 감사드립니다.

2013년 7월 1일

이렇게 아이들과 함께 보내고 나니 실컷 놀아본 아이들이 만들어 내는 이야기가 궁금했다. 이 아이들의 꿈과 희망을 이야기로 풀어내고 싶었다. 그래서 새롭게 꾸려진 2014년 〈가슴펴고 어깨걸고〉는 재미있고 신나는 전래놀이들로 시간을 꾸리고 천, 나무, 종이 등 다양한 재료로 손수 놀잇감을 만들어 놀기도 했다. 실컷 놀아본 아이들이 놀이와 놀잇감을 들여다보고 그 안에 담겨있는 기쁨과 슬픔, 화합과 갈등 등 일상의 이야기를 놀이와 놀잇감으로 표현하여 새로운 이야기로 재구성하여 공연했다. 온 몸과 마음을 다해 놀고 함께 하는 기쁨과 즐거움을 아는 아이들이 펼쳐 보인 이야기는 놀라웠다. 감정이 사라진 마을에 우연히 떨어진 아이들이 전래놀이를 알려주며 사람들에게 기쁨과 슬픔, 두려움과 같은 감정을 되살려 주어 마을 사람들이 행복하게 살게 도와준다는 줄거리였다. 아이들은 놀이를 하며 자연스레 이런 삶의 진리를 배웠나 보다. 또한 놀이를 통해 익힌 이해와 배려의 마음은 공연에서도 절실히 드러났다. 공연 도중 실수하는 친구를 응원하며 잘 할 수 있도록 도와주고 끝까지 기다려 주었다. 친구의 무대 의상이 흐트러지니 바로 잡아주며 무대에 설 수 있도록 돕는 이 아이들의 힘은 놀이를 통해 저절로 몸에 배게 된 것이다.

〈그림 4〉 2014 가슴펴고 어깨걸고
(좌: 세모돌기 놀이, 우: 어린이들이 손수 만든 놀잇감 팽이)

　　전혀 특별할 것 없는 보통의 평범한 농촌 어린이들에게 기술의 습득 혹은 성적향상을 위한 교육도 중요하지만 자신의 삶을 긍정하고 꿈과 희망을 키우는 교육을 통해 내면의 힘을 길러내는 것이야 말로 소중하고 가치 있는 일임을 다시 한 번 느낄 수 있었다. 자신이 손수 만든 이야기로 무대에 올라 공연하는 과정을 통해 자신감을 얻고 커다란 성취와 보람을 느낀 아이들은 긍정적인 삶의 힘을 키워나갔다.

〈그림 5〉 2014 가슴펴고 어깨걸고 (좌: 어미새끼 놀이, 우: 마친보람잔치-수업을 마치고 놀이를 소재로 이야기를 창작하여 공연함)

## 4. 괴산 두레학교 - 지역 어르신들과의 만남

2007년 봄, 괴산에 온 지 2년째 되는 해이다. 부모를 위해, 자식을 위해, 남편을 위해, 평생을 헌신하느라 한 번도 인생에서 주인공이지 못했던 어르신, 특히 할머니들이 주인이자 주인공이 되어 자기 삶을 펼쳐 보이며 고단했던 생애를 당당하게 여기고 서로 위로하고 격려하며 뽐내는 잔치마당을 만들어 보려 했다. 나와 이웃, 지역의 이야기를 엮은 그림책도 만들고 싶었고, 오랜 삶의 지혜를 담은 자서전을 만들어 노인세대가 자손세대, 젊은 귀농인, 어린이와 소통하고 교류할 수 있는 기회를 넓혀 나가 마을 단위 공동체의 바탕을 더욱 다지는 계기로 삼고 싶었다. 그래서 사람들을 모으기 시작했다. 처음에는 어르신들이 한 분, 두 분 모여들더니 20명도 넘게 교실 한 칸을 가득 채웠다. 앞으로 "어르신들의 삶을 엮어 한 권의 책으로 만들려고 해요."라고 말씀드렸더니 "내 이야기를 책으로 쓰려면 한도 끝도 없어."라고 하시며 좋아하셨다. 하지만 곧 한 분 두 분 모두 흩어져 아무도 남아 있지 않았다. 그 후로 알게 된 것은 시골에 사시는 대부분의 어르신들이 글을 알지 못하신다는 거였다. 가난한 어린 시절, 배움의 기회를 놓쳐 글을 잘 알지 못하시는 어르신들께 자서전을 만들자고 했으니 기가 막힌 일이 아니었겠는가? 현실을 바로 알지 못하고 생각과 의욕이 앞서 의미와 가치만으로 일방적으로 어르신들을 만나려 했던 것이다. 그때부터 지역의 어르신들과 한글을 배우는 일을 시작하였다. 이렇게 시작된 한글공부는 현재 9년째 지속되고 있다. 한글 공부를 하던 중 괴산군청에서 '문해교사 양성교육'을 진행하게 되었다. 이 교육을 이수한 문해교사들이 〈문해교사회〉를 만들어 함께 뜻을 모아 2010년 괴산두레학교를 만들었다.

　〈괴산두레학교〉는 주민들의 힘으로 배움의 기회를 놓친 어르신들이 한글, 수학, 영어, 한자 등을 배워 일상생활에 불편함 없이 읽고 쓰실 수 있도록 돕기 위해 만들어졌다. 〈괴산두레학교〉는 비영리 자치학교이며, '괴산주민들의 평생학교'로서 누구든지 배우고 가르치며 스스로의 삶을 가꾸어 나갈 수 있도록 이끄는 학교가 되려고 한다. 괴산두레학교에서 〈문화학교 숲〉의 교사들은 읍·면 단위에서 자원활동을 지속적으로 해가고 있으며 평생교육학교로서 자리 매김할 수 있도록 만들어 가고 있다. 면단위에서부터 시작된 한글공부는 9년째 접어들었다. 글을 모른다는 이유만으로 자신을 죄인으로 여기고 자신감이 없으셨다. 하지만 글을 배우는 시간이 지남에 따라 어머님들의 삶의 모습은 달라지셨다. 이제는 간판도 읽으시고 혼자 은행업무도 보신다. 그뿐만이 아니다. 멀리 사는 아들, 딸에게 옥수수, 감자 택배를 보내실 때도 이름과 주소를 척척 써서 보낼 수 있다. 또한 마을의 문제 때문에 이장님께서 동의서를 작성하러 다닐 때도 이젠 내 이름 석 자를 적으시며 자신의 의사를 직접 표현하신다. 이제 어머님들은 당당히 어깨도 펴고 활기가 넘치신다.

〈그림 6〉 괴산두레학교 어머니의 시화

자신감을 얻으신 어머님들은 공부뿐 아니라 다양한 분야에 관심을 기울이셨다. 나로 집중되어 있던 어머님들의 시선과 관심은 가족, 이웃, 지역으로 확대되었다. 이것이 바로 괴산두레학교가 생긴 지 5년이 되는 해의 일이다. 이제 어머님들과 그림을 그리고 시도 쓸 수 있

문화농촌·창조농촌

게 되었다. 그래서 이분들과 함께 문화예술교육 프로그램 운영을 고민해보았다. 이렇게 2014년 조심스럽게 어머님들과 함께하는 문화예술교육이 시작되었다.

〈2014 지역특성화지원사업-사진 속에 숨은 이야기〉는 기록과 표현의 대표적 도구인 사진기에 보통의 풍경을 담아 무심코 지나쳤던 일상의 아름다움을 새롭게 발견하고, 그 풍경 속에 숨은 이야기를 발견하여 나눈다. 또한 기억 저편에 묻어두었던 삶의 기억을 나누며 서로 격려하고 위로하며 시대와 세대가 가져온 편견과 오해의 틀에서 벗어나 기억과 꿈을 공유하며 함께 돕고 의지하는 친구로 살도록 도우려 했다. 하지만 기대와는 다르게 처음에는 "공부나 더하지 왜 이런 것을 하느냐"고 하셨다. 하지만 시간이 가면 갈수록 어머님들은 달라지셨다.

수업은 일주일에 한 번 이뤄졌다. 카메라에 대해 배우기도 하고, 사진을 찍기 위해 지역의 곳곳을 함께 다니며 많은 이야기들은 나눴다. 특히 수업시간에 과거 설정사진, 미래 설정사진을 찍는 시간이 있었다. 과거의 기억을 사진으로 담아보는 시간이었는데, 이 시간만큼은 꼭 사진으로 만들어 놓고 싶은 기억, 혹은 지워버리고 싶은 기억을 찾아 이야기를 나누었다. 대부분의 어머님들께서는 '결혼'에 대해 말씀하셨다. 그래서 결혼사진을 찍었다. 어머님들은 처음 입어보는 웨딩드레스를 입고 한껏 뽐내며 사진을 찍으셨다. 또한 혼례사진을 찍어보지 못한 어머님들을 위해 족두리를 쓰고 전통 혼례 사진을 찍기도 하며 어여쁜 새색시의 모습으로 돌아가 보았다. 또한 어머님들의 소망을 이룬 미래의 모습을 설정하여 미래를 사진으로 담아보았다. 공부를 열심히 해서 대학교를 졸업하고 싶다는 어머니, 남자친구와 다정하게 데이트를 하고 싶은 어머니, 아픈 다리가 말끔히 나아 산에 올라서서 만세를 외치고 싶으시다는 어머니, 죽는 순간 천사가 되어 잠들어 있는 자신을 바라보며 수고했노라 인사하고 떠나고 싶다는 어머니, 모두의 꿈과 희망을 이룰 수 있는 시간이었다.

8개월 동안 나누었던 이야기를 간추리고 묶어 하나의 이야기로 만들어 그동안 찍은 사진들을 바탕으로 영상을 만들었다. 어머님들의 지나온 삶의 이야기는 눈물 없이 들을 수 없었다. 이야기를 나눌 때마다 서로 눈물을 훔치며 각자의 회한을 보듬어 주기도 하고 다함께 한바탕 웃으며 서로의 인생을 축복해 주기도 하였다. 자신만의 힘듦과 어려움인 줄로만 아셨던 감춰둔 기억저편의 이야기는 나뿐만이 아니라 우리 모두의 이야기가 되었다. 함께 공부만 하던 사이를 넘어 서로의 삶을 이해하고 의지하는 친구가 되었다.

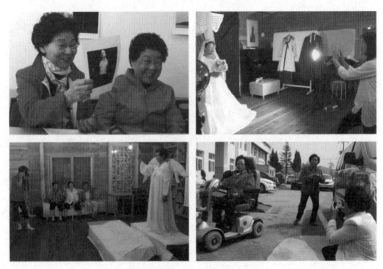

〈그림 7〉 사진 속에 숨은 이야기 수업

마친보람잔치(사진 전시회와 공연 발표회)에서는 어머님들이 수업시간에 담았던 일상의 풍경과 옛 사진들을 모아 재구성하여 한편의 영상을 만들어 공연하였다. 마친보람잔치에 참여한 지역 주민, 자식, 손자들은 어머님들이 무대에 서시는 모습을 보시고 깜짝 놀랐다. 부모를 위해, 자식을 위해, 남편을 위해 평생을 헌신하느라 한 번도 인생에서 주인공이 되지 못했던 어머님들이 주인공이 되어 무대에서 보여준 자신들의 삶의 이야기는 너무 소중하고 귀했다. 무엇보다 당당히 무대의 주인공으로 선 어머님들의 모습은 반짝반짝 빛이 났다.

수업을 마치며 어머님들께서 말씀하셨다. "재미있어 죽겠네.", "왜 선생님들이 공부 않고 사진 찍자고 했는지 알겠어요.", "우리가 어디 가서 내 속 이야기 꺼내놓겠어. 속이 후련해. 고맙습니다.", "우리 같은 노인네들이 언제 많은 사람들 앞에서 마이크 잡아보고 이야기를 해보겠어. 출세했네.", "나는 이제 죽어도 한이 없어요. 선생님."

이처럼 살아갈 날이 많지 않은 노인들에게 문화예술교육은 남은 시간을 알차게 쓰도록 하는 것보다는 지나온 삶을 돌아보고 지나간 인생의 꿈이 나를 밀어왔던 시간을 괴산주민, 자손들과 아름답게 공유하도록 돕는 것에 더 큰 의미가 있다고 하겠다.

2015년 괴산두레학교에서 〈할아버지 할머니의 이야기보따리〉라는 수업을 통해 나와 지역의 이야기를 엮어 그림책으로 만들려고 한다. 어머님들이 직접 유치원, 초등학교, 도서관에 찾아가 이 그림책을 들려주며 삶을 나누려 한다. 이러한 문화예술의 기회는 노인세대가 자손세대, 젊은 귀농인, 어린이와 소통하고 교류할 수 있는 기회를 넓혀 나가 마을 단위 공동체의 바탕을 더욱 다지는 계기가 될 것이라 믿는다.

이렇게 농촌의 어머님들의 삶을 배우고 마음을 나누며 문화예술교육 프로그램을 하기 위해 10년이라는 시간이 걸렸다. 어쩌면 지역에 녹아들어 함께하기까지 절대적인 시간이 필요한지도 모르겠다. 모든 일에는 때가 있듯이 함께 하는 일에도 때가 있다고 생각한다. 농촌지역과 그 곳의 오랜 역사를 담고 있는 한 분 한 분과의 만남을 소중한 배움의 기회로 생각하며 삶을 살아갈 때 함께 할 수 있다.

## 5. 교육의 수혜자에서 교육의 주체로 서다

지난 〈2010 괴산문화예술교육협력사업-문화예술교육이 꽃피는 괴산〉을 통해 40대, 50대 주민들이 주축이 되어 만들어진 '5학년 연극반', '교사양성교육-인형극워크숍'은 주민들의 큰 호응으로 '고전극회-향연', '수세미'라는 이름으로 자발적인 동아리로 형성되었다. '고전극회-향연'은 셰익스피어의 작품 〈맥베스〉, 〈오셀로〉에 이어 현대극 〈오아시스 세탁소 습격사건〉을 무대에서 공연하였고, 2015년에도 일주일에 한 번 만남을 지속하며 고전 작품을 읽고 공부하며 삶을 나누는 일을 지속해나가고 있다.

〈그림 8〉 좌: 소포클레스, 안티고네, 2010. / 우: 셰익스피어, 맥베스, 2011.

특히, 〈극단 수세미〉는 2010년 춘천아마추어인형극제에 '대화'라는 인형극을 공연하여 특별상을 수상하며 교육을 통해 모인 지역민들이 활발하게 움직이기 시작하게 되었다. 인형극 워크숍 수료과정에 그치지 않고 참여자들의 자발적인 참여로 극단 '수세미'가 만들어졌다. 수세미는 지역에서 자신들의 배움을 나누어 주고 함께 할 수 있는 일이 무엇일지 고민하며 활동하고 있다. 한 가정의 아내, 어머니로서 삶을 살던 단원들은 인형극을 통해 나를 돌아보고 우리를 돌아볼 수 있는 기회가 되었고 긍정적인 힘을 발휘하며 이 기운은 지역과 어린이들을 위해 자신의 재능을 나누려는 마음으로 커져갔다.

문화농촌·창조농촌

〈극단 수세미〉는 지역 어린이들을 위해 '주먹이', '세상에서 제일 힘 센 수탉' 등과 같은 인형극을 만들어 학교, 도서관 등을 중심으로 공연했다. 어린이들을 위한 공연에 머물지 않고 교육에 대한 고민도 나누며 교육에 대한 마음을 키우며 활동하였다. 올해 2015년은 〈극단 수세미〉에게 특별한 한 해일지 모르겠다. 그동안의 고민이 알에서 깨어 나와 지역의 아이들을 만나며 서로 소통하고 교류할 수 있는 기회를 가져 보고자 한다. 〈2015 지역특성화사업-창작인형극 만들기〉를 통해 지역의 어린이들을 만나며 나와 우리, 지역의 이야기를 인형극으로 표현하려고 한다. 무엇보다 교육의 수혜자였던 단원들이 자발적인 모임을 통해 지역공동체에서 자신이 할 수 있는 역할을 찾고 이제 교육의 주체로서 그동안 쌓아온 노하우를 바탕으로 부모로서 어린이들과 함께 나누고 싶은 것, 지역주민들과 함께 할 수 있는 것들을 문화예술교육을 통해 씨앗을 뿌려보려 한다. 〈문화학교 숲〉 교사들은 이러한 과정에 함께 하며 지역에서 새로운 문화기획자이자 교육자로 설 수 있도록 그동안의 노하우를 나누고 함께 수업을 이끌어가며 든든한 동반자가 될 것이다.

〈그림 9〉 좌: 2010 아마추어 춘천인형극제 〈대화〉 공연. 특별상 수상
우: 2010 교사양성교육-인형극 워크숍. 마친보람잔치(공연) 세모와 네모

농촌지역에서 일할 때 가장 힘든 것은 인적자원이 턱없이 부족하다는 것이다. 문화예술단체는 거의 찾아볼 수 없고 기획자, 교육인력

은 늘 부족하다. 문화예술교육의 영향력을 확장하기 위해서는 다양한 시도와 노력들이 필요하다. 그동안 〈문화학교 숲〉에 직·간접적으로 참여했던 기관 실무자, 아이들의 부모님, 마친보람잔치에서 감동과 희망을 얻게 된 관객들 모두가 교육의 주체가 될 수 있다. 무경험자를 관심자로, 관심자를 참여자로, 참여자를 기획자와 교육 강사로 이끄는 교육과 워크숍, 연구모임 운영으로 지역사회에 문화예술교육의 효과와 아름다움, 영향력을 확산시켜 나가야 할 것이다.

올해로 10년째 괴산에서 교육사업을 해왔다. 괴산 문화예술교육은 떡잎 두 장을 오므린 새싹처럼 이제 막 움트는 시간을 보냈다. 조금씩 자라는 이 싹이 어떤 꽃을 피우고 열매를 맺게 될지 알 수 없다.

아이들이 변한다고 세상이 변하지는 않는다. 한 아이를 키워내기 위해서는 마을 전체가 필요하다는 말처럼 〈문화학교 숲〉은 모두가 살기 좋은 행복한 공동체를 위해서 살아있는 교육을 하기 위한 노력을 기울일 것이다. 또한 사람들과의 만남을 지속해나가며 교육보다 앞선 삶을 살기 위해 노력할 것이다.

행복한 공동체를 만드는 일은 어느 누구의 몫이 아닌 우리 모두가 함께 마음과 뜻을 모아야 하는 일이다. 나를 살리고 우리를 살리는 문화예술교육을 통해 삶의 가치와 의미를 만들어 낼 수 있다는 것, 모두가 삶의 주체로 당당히 서서 농촌공동체 회복에 힘써갈 때 농촌은 더 의미 있는 공간이 될 것이다. 문화예술교육을 통해 농촌에서 근본의 가치와 의미를 새롭게 재생산하여 나누고 소통하며 교류하는 일이야말로 지속가능한 미래, 행복한 공동체로 향하는 지름길이다.

임영숙, 김병철

# 6 농촌마을의 무형문화재를 활용한 문화관광 활성화

## 1. 문화마을 소포리

소설가 김훈은 그의 여행에세이 〈원형의 섬 진도-한국의 숨결〉[1]에서 진도는 모든 원형들이 살아 숨 쉬는 고향이며, 진도 주민들의 노래는 살아 움직이는 원형이라 극찬하였다. 그들의 노래는 각 개개인의 삶 속에서부터 우러나오는 그들의 이야기이며 더불어 그 명맥을 이어가기 위해 진심을 다해 노력하고 있음을 이야기하고 있다. 그들에게는 모두가 프로, 아마추어 구분 없는 소리꾼들이며 그들이 있는 그 곳이 바로 문화유산의 고향, 진도이다.

---

1 문화기행 〈원형의 섬 진도-한국의 숨결〉은 다큐멘터리 사진가 허용무와 우리 시대의 대표 소설가 김훈이 공동으로 작업한 여행에세이다. 진도의 자연, 문화, 역사를 주민들의 개인 인터뷰 형식으로 진솔하게 담고 있다. 2001년 출판물.

기존의 전통 원형들이 사라지거나 점차 희미해져 가는 현실에도 진도의 주민들은 그 원형들을 지켜나가기 위해 많이 고민하였다. 특히 대표적인 모범 사례가 진도 지산면 소포리 마을이다. 염전을 주업으로 하던 작은 포구 마을이 이제는 전국에서 이 마을의 무형유산을 보기 위해 최종 목적지로 방문하기에 이르렀다. 무엇이 남해의 섬 그 안의 작은 마을 소포리를 찾게 만들었을까. 소포리 주민들은 지역의 원형만을 보존하는 데 그치지 않고 매년 마을 창작 연극을 만들고 학술 학회를 개최하며 서울과 독도 등의 외부 지역으로 진출하여 진도의 문화를 널리 알리는 데 많은 기여를 하고 있다. 나아가 이 작은 마을에서 해외 공연까지 추진하고 있다니 소포리의 원동력은 과연 무엇이며 어디에서 나오는 것인지 의문이 들기 시작했다.

진도 그리고 소포리 지역의 특성과 그 안에 살고 있는 소포리 마을 주민들의 이야기를 통해 문화 농촌이 창조 농촌으로 거듭나는 과정과 그들만의 방식으로 문화 원형을 어떻게 보전, 계승하는지 기존 문헌과 인터뷰를 통해 살펴보고자 한다. 지금의 소포리 마을이 있기까지 지나온 발자취를 되돌아보기 위해 진도 소포리 마을을 직접 방문하여 프로그램을 참관하고, 소포전통민속전수관 김병철 관장과 인터뷰를 진행하였다. 현재 소포리 마을에서 운영하는 프로그램과 주민들의 이야기를 바탕으로 소포리 마을의 특징을 정리하여 이를 통해 다른 지역에서 참고할 수 있도록 우수 모범 사례로 제시하고자 한다.

"인간문화재로 지정된 사람만이 소리하고 춤추는 것만 전통문화로 인정하는 현실. 식당의 차림표로 변해 버린 전통문화. 무대 위의 박제된 공연으로 명맥을 이어가는 풍류들. 그런데 이런 문제보다 더 큰 문제는 차림표마저, 박제된 공연마저 상속 기반이 무너지고 있어 시나브로 사라져 가는 현실이 우리를 더 슬프게 하죠."
김병철 소포전통민속전수관장[3]

　　　　　　　　　　　　　　　문화농촌·창조농촌

## 2. 보배의 섬 '진도(珍島)' 그리고 '소포리 마을'

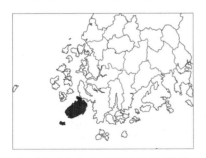

〈그림 1〉 전남 진도군 위치 (출처:위키백과)

진도는 한반도 서남쪽 256여 개의 크고 작은 유무인도들로 이루어져있는 우리나라에서 세 번째로 큰 섬이다. 사면이 바다인 진도는 다도해 해상국립공원으로 지정될 정도로 아름다운 경치를 자랑할 뿐 아니라 청정해역 지역으로 전복, 돌미역 등 풍요로운 특산품들이 생산되는 천혜의 어장으로 알려져 있다. 1985년 진도대교가 육지와 진도를 연결하면서 진도는 더 이상 섬으로 한정하기는 어렵다. 목포와 진도를 배로 오고가던 소포 나루도 갯벌로 개척되고 간척지에는 쌀농사가 경작되기 시작되었다. '진도 사람들이 1년 농사를 지으면 3년을 먹고 산다'는 말이 있을 정도로 진도의 땅은 비옥하고 기름지다. 그러한 이유인지 지금은 어업보다 농경을 주업으로 하고 있으며, 어업과 관련된 노동요(전라남도 무형문화재 제40호 조도닻배노래)보다 논이나 밭에서 부르는 들노래, 밭노래가 많이 전승되고 있다. 국가 지정 중요무형문화재 제51호 남도들노래(진도농요)와 전라남도 지정 무형문화재 제34호 남도잡가, 제39호 소포걸군농악 등이 대표적인 농업 노동요라 할 수 있다.

이와 같이 보배 '진(珍)', 섬 '도(島)'로 명명되는 진도[3]는 땅과 바

---

2  변상문의 풍류 여행기 '진도 소포리 사람들' 中 김병철 관장 인터뷰에서 발췌함. http://blog.daum.net/sm2909/6912660

3  진도는 세계 유네스코(UNESCO)에 등재된 한국의 인류무형문화유산 17개 중 강강술래(2009년 등재), 아리랑(2012년 등재), 농악(2014년 등재) 3종을 보유하고 있다. 또한 문화재청에도 10종의 중요, 지역 무형문화재를 보유하

다의 자연적 풍요로움뿐 아니라 즐길 거리, 재미거리인 진도 3락(珍島三樂: 진도민요, 진도서화, 진도홍주)을 빼놓을 수 없다. 이 중 하나인 진도민요는 농요, 어요, 놀이요, 장례요, 잡가로 나눌 수 있는데 일반적으로 김매기소리, 모심기소리, 모찌는소리, 도리깨질소리 등이 전해 오고 있다. 느리고 때론 빠른 장단에 육자배기토리와 남도경토리로 다양하게 구성되어 있어 음악적으로 변화가 있고, 이러한 특성을 인정받아 지산면 인지리 농요는 국가 지정 중요무형문화재 제51호 '남도들노래'로 지정된 바 있다. 신나는 농요에 맞추어 흥겹게 농사일을 하다보면 어느새 고된 논밭의 일도 힘든지 모르게 마무리되기 때문에 일손 몇 명을 더 고용하는 것보다 농요를 부를 인력을 불러오는 것이 일의 효율적인 측면에서 더 좋다고 한다. 대표적인 놀이요는 중요무형문화재 제8호 강강술래이고, 장례요는 진도 지산면의 신청예인들의 만가로 전문화된 상여소리인 전라남도 지정 무형문화재 제19호 진도만가가 있다. 잡가는 남도잡가, 육자배기, 흥타령, 진도아리랑 등이 있다. 노동요를 바탕으로 진도의 누구든 육자배기 한 소절씩은 자연스럽게 뽑아내고 여럿이 모이면 흥겹게 강강술래를 추는 곳, 바로 문화의 원형 진도이다.

특히 진도 지산면 소포리는 소리 잘하기로 유명한 마을이다. 소포리에는 소포걸군농악, 소포강강술래, 소포베틀노래, 소포닻배노래, 소포명다리굿, 소포세시풍속놀이보존회, 어머니노래방의 7개 공동체모임이 무형문화유산의 명맥을 꾸준히 이어가고 있다. 이 가운데 소포걸군농악은 임진왜란에 유래를 두고 상쇠의 계보를 갖춘 남해안 마을

---

고 있다. 국가지정 무형문화재인 강강술래(제8호), 진도씻김굿(제72호), 다시래기(제81호), 남도들노래(제51호) 4종목과 전라남도 지정 무형문화재 진도북놀이(제18호), 진도만가(제19호), 홍주(제26호), 남도잡가(제34호), 소포걸군농악(제39호), 조도닻배노래(제40호) 6종목이 진도의 대표 무형문화유산이다.

굿 원형을 백여 년간 유지하고 있으며 1964년 설립된 진도소포걸군 농악보존회가 이를 꾸준히 전승하고 있다.

소포리는 1984년 진도대교가 개통되기 이전까지는 외부 육지인 목포 등을 잇는 진도문화권의 관문 나루터였다. 흴 소(素), 개 포(浦)로 하얀 포구라는 뜻이다. 때문에 마을은 수백 년 전부터 염전을 주업으로 살았는데, 새마을 운

〈그림 2〉 진도와 목포를 잇는 소포나루
(출처: 소포리 정보화마을 홈페이지)

동의 여파로 소포만을 막고 방조제가 들어서면서 이 자리가 간척지로 바뀌고 염전은 매립되어 사라졌다. 결국 1980년 소포나루터를 막는 소포만 방조제가 자리하였는데 소포방조제가 만들어질 1970년 ~1977년 당시에만 해도 이렇다 할 별다른 중장비 기계가 없어 주민들이 맨몸으로 지게와 리어카만으로 바다를 메웠다고 한다. 일반적으로 염전일은 보통 남자들의 일이었다. 하지만 염전이 사라지고 간척지의 농업이 주가 되면서 자연스럽게 여자들의 일이 많아졌다. 염전일을 할 때에도 그 노동의 단계마다 염전일을 주로 하는 남자들의 노동요가 발전하게 되었다. 그러나 염전이 사라지면서 남성들의 노동요도 삶의 일부와 함께 사라지게 되었다. 그리고 간척지를 개간한 논을 중심으로 여성들의 노동요가 점차 발전하게 되었고 그마저도 농업이 기계화됨에 따라 점차 사라지는 추세이다. 직접 노동을 하지 않고 노래만 이어오는 노동요는 그 명맥을 이어가기 어렵다.

자고로 본인의 이야기와 가슴 속의 한을 잘 풀어내는 것이 진정한 노래라 할 수 있다. 진도의 노래는 형식적인 틀은 있지만 자기만의 것으로 다시 만들어 낸다는 점이 특징이다. 아리랑을 일정한 장단에만 맞춰 가사 그대로 부르기보다는 논밭에 앉아 자신의 이야기로 변

형하여 흥얼거리는 것이 원형이다. 점차 우리의 아리랑이 없어지고 있는 추세임에도 진도 소포리 마을은 그들의 이야기를 소리로 지켜가고 있다는 점에 자긍심을 가지고 있다.

소포리 마을에선 일 년에 한 편씩 그들의 이야기로 창극을 만들고 있다. 2014년까지 4개의 창극을 만들었다. 극적인 스토리, 사랑, 죽음, 예술혼, 이별의 아픔 등이 이야기의 주제이다. 개개인의 속을 바라보면 모두 소설 같은 내용이다. 그것을 노래로 풀어내고 있는 것이다. 작창을 하라 하면 처음에는 잘 못한다. 하지만 흥타령을 보면 자기 마음에 맞는 노래를 각자 부르는 것을 볼 수 있다. 노래를 듣고 있으면 묘하게 어떤 마음의 상태이구나 하고 짐작할 수 있다. 현재 강강술래, 상여군, 어머니노래방(공동체 문화의 핵심), 뱃노래, 씻김굿, 다시래기 등 진도의 무형문화예술 전수조교가 소포리 마을 출신들이다. 소포리 마을을 포함한 진도 전체가 진심으로 우리의 원형을 지켜가려고 노력하고 있다.

### 3. 소포리 마을 사람들[4]

소포리 마을의 사람들은 무대, 영상, 음악 등 하드웨어적 지원이 된다면 세계 최고의 공연도 만들 수 있다는 자신감을 가지고 있다. 그들은 북 하나, 장구 하나 그리고 노래하고 춤 출 수 있는 소포리 사람만 있으면 어디에서든 사람들을 감동시킬 수 있다고 이야기한다. 이렇게 당당하고 자신감있는 태도는 그 바탕에 소포리 마을 사람들의 소리에 대한 그리움이 있기에 가능하리라 본다.

2003년 5월, 현 소포전통민속전수관 김병철 관장이 마을 이장을 새롭게 맡게 되면서 당시 소포리 경로당 어르신들께 원하시는 바를 여쭤 보았다. "어르신, 원하시는 한 가지는 무엇이든 해드리겠습니

---

4    진도 소포전통민속전수관 김병철 관장 인터뷰를 중심으로 정리함.

다." 시설 개보수, 운영비 지원, 1주일에 한 끼 식사 제공 등의 일반적인 대답을 예상하고 있었다. 그런데 30분 뒤 하시는 말씀은 의외의 대답이었다.

"소리를 원 없이 듣고 싶네."

그는 마음속으로 국내여행이나 해외여행까지도 다소 무리가 되더라도 해드릴 수 있다 그래! 거기까지도 각오하고 있었던 참이었다. 그런데 뜻밖의 대답에 놀라움과 더불어 이렇게 행복한 말이 또 있을까 가슴이 벅차오름을 느꼈다. 이러한 대답은 문화적으로 완성된 사람만이 할 수 있는 말이기 때문이다. 본인이 이렇게 행복한 마을에 살고 있고 이 마을의 이장으로서 무언가를 할 수 있음에 감사하였다. 어르신의 말씀 한 마디가 앞으로 소포리 마을을 위해 어떠한 일들을 해야 하는지 인지할 수 있는 중요한 계기가 되었다.

김병철 관장이 해외 쌀 견학 시찰을 위해 호주를 방문한 적이 있었다. 당시, 그 지역의 유명 공연장인 오페라 하우스를 방문하였는데 6개월 전임에도 불구하고 이미 20~30만원 상당의 티켓이 매진됨을 알게 되었다. 저녁이면 사람들이 삼삼오오 오페라 하우스로 가는 모습을 보며 오페라 하우스가 건축학적으로 아름답기도 하지만 그보다도 오페라를 즐길 수 있는 호주 시민들이 이렇게 많구나 하는 생각이 먼저 들면서 진도는 어떤 곳인지 되돌아보게 되었다. 진도 향토문화회관은 당시 관객들로 가득하였다. 소리를 들을 수 있는 귀가 있는 사람들이 진도에도 많다는 사실이다. 그러던 중 경로당 어르신께서 원 없이 소리를 듣고 싶다 하시니 반가움을 넘어 큰 감동으로 다가왔던 것이다.

국립창극단의 지인을 통해 이미 명창 왕기석 씨(현 시립정읍사국악단장)를 알고 있던 참이었다. "소리가 필요하면 불러주면 언제든지 내려감세."라는 말이 불현듯 생각나 연락했더니 "당연히 가야지요."

흔쾌히 대답이 전해온다. 전용 고수를 함께 모셔야 하지만 마을에 고수 분이 2분 정도 계신데 그 동네 분들이 왕기석 명창 소리에 북을 쳐보고 싶다 전하니 그 또한 "당연하지요."라고 응한다. 일반적으로 소리 공연은 20분 정도하고 공연료도 100만 원은 족히 지불해야 한다. 하지만 어르신들께서 소리를 원 없이 듣고 싶어 하신다는 이야기를 전해 듣고 2시간 공연을 선물로 약속해주었다. 2시간이면 거의 완창을 할 시간이다. 완창이란, 일주일 동안 먹을 것을 못 먹고 한 달을 연습해야 하는 고되고 어려운 작업이다. 나중에서야 이 공연이 얼마나 큰 선물임을 알게 되었다. 그런데 추가로 또 부탁을 했다. 보통 창극단은 음향에 맞춰 소리를 하는데 창극채와 마당소리채가 다르다 보니 "미안하지만 육성으로 해주게." 2시간 공연임에도 갖은 어려운 부탁을 다 한 것이다. 그 또한 "OK!" 그렇게 해서 소리꾼들이 진도로 내려오게 되었다.

이 공연을 보기 위해 소포리 주민 80명이 방 안에 빽빽하게 들어섰다. 육성으로 해야 소리꾼이고 그런 소리가 매력이 있는 법. 이내 수궁가가 흘러나왔다. 1시간이 넘어섰는데 어머님들이 화장실도 안 가고 옴짝 않고 자리를 지키신다. 그럼 소리꾼은 환장한다. 소리꾼들은 많은 무대를 서지만 실제로 관객과 교감을 나눌 수 있는 판은 그리 많지 않다. 소리꾼의 발림이 좋으니 현장 관객들 입에서 진짜 추임새가 나오고 이렇게 이들이 서로 어울려 느낌이 통하니 예정했던 2시간을 넘어 결국 3시간을 공연했다. 속된 말로 뒤집어졌다. 소포리 마을 사람 중에는 명창 왕기석의 부족한 면을 지적할 정도로 소리에 일가견이 있는 분들도 있다. 현장의 느낌은 '소리 하나로만으로도 된다'는 확신을 주었다.

이듬해 군청에서 소정의 금액이 지원되었다. 지원금으로 소포리 마을이 검정쌀로 유명하니 검정쌀 축제를 열기로 하였다. 기존 지역 축제들과는 다르게 우리만의 소리로 축제를 만들기로 했다. 서울로 올라가서 다시금 왕기석 명창을 만났다. 4일 동안 소리굿을 하려 하

〈그림 3〉 국립창극단 명창 왕기석 초청공연
(출처: 소포리 정보화마을 홈페이지)

는데 주변의 명창들과 악사들을 부탁했다. 그래서 왕기석, 왕기철, 유수정 3명의 명창이 2시간씩, 그리고 가야금 연주를 위해 가족 3대가 진도로 내려왔다. 예산이 턱없이 부족하여 소정의 출연료만 드릴 수 있었다. 공연 당일은 바람이 불고 추운 궂은 날씨였다. 그럼에도 소리 좋아하는 사람들이 소리 소식을 듣고 찾아와 소리굿이 거방지게 벌어졌다. 준비하는 과정에는 걱정도 있었지만 막상 소리판을 펼쳐보니 역시 소리만으로도 되었다.

일반적으로 무슨 쌀 축제에 쌀을 판매해야지 소리꾼을 부르냐며 다녀간 방문객의 숫자만을 중요하게 보는 경향이 있기도 하다. 하지만 감동을 주는 소리를 통한 마을 소개도 나름 성공적으로 볼 수 있다. 김병철 관장은 소포리는 작은 마을이지만 소리를 들을 수 있는 마을, 소리하는 사람들이 서보고 싶은 마을로 만들고 싶었다. 그는 소리가 좋아 몸소 공부하고 있는 진짜 우리 문화 지킴이 분들을 위한 자리를 소포리에 만들고 싶었다. 이곳 무대에서 인정을 받아 진정한 소리꾼이라는 이야기를 듣고 싶었던 것이다.

## 4. 소포리 마을 문화예술 프로그램 사례

### 1) 남도소리 체험

〈그림 4〉 소포전통민속전수관 전경

어느 날 진도학회 회장인 서울대 정경수 교수가 "김병철 이장, 학생들과 외국인 학자와 서울대 교수 분들을 모시고 가는데 책임질 수 있겠습니까? 소포리 마을의 판을 연출해서 보여줬으면 좋겠는데요." "오케이! 네. 그렇게 하겠습니다." 그래서 숙박도 소리 하시는 주민 댁에 삼삼오오 방문객이 투숙할 수 있도록 하였다. 그리고 주민들에게 그들의 마음을 보여주십사 부탁드렸다. 야외에도 판을 구성하였다. 그때까지는 아무도 소포리 마을에 그런 에너지가 있는지 알지 못했다. 그런데 공연을 보는 관객들이 운다. 평범하고 하찮은 소리들을 펼쳐 보였는데 그동안 다양한 대회에 참석한 경험을 바탕으로 무대를 만들었는데 관객들이 울고 웃고 춤도 추고 박수도 친다. 이게 도대체 무엇이란 말인가. 소포리의 공연에는 다른 소리판과 다른 무언가가 있음을 인지했다. 사람을 웃고 울린다는 것은 웬만한 에너지가 아니면 불가능하다. 특히 육자배기와 흥타령이 주요했다. 흥타령에는 사람을 감동시키고 울릴 수 있는 대목이 있다. 그동안 이 어르신들의 에너지를 모르고 있었구나 생각한 관장은 순간 '아, 이건 된다. 뭔가 있다.'고 생각을 했다.

공연을 보고 가신 분들이 온라인에 소문을 내기 시작했다. 문화답사 동호회(나문답: 답사여행카페) 팀들이 보러 오겠다고 연락이 왔다. 그분들도 공연을 보고 울고 가더니 이후 급속도로 온라인상으로 소문이 났다. 2003년~2004년 당시는 블로그, 카페 활동이 붐처럼 활발하게 운영되던 시절이었다. 공연을 통해 소포리 어머니들, 어르신들의 가치를 비로소 많은 사람들이 알아보게 되었다. 어르신들도 평상시 날마다 부르는 노래인데 사람들이 울고 웃으니 자신의 존재감을 다시금 확인하는 계기가 되었다. 평소 놀기 좋아하는 마을 사람들이지만 그런 변화가 생기면서 긍정적인 에너지와 시너지가 점차 생겨났다. 공연을 위해 억지로 홍보를 한 적도 없다. 다만 공연과 관련된 프로그램 및 관련 체험 등 기획에 관한 노력들은 다 했다.

이러한 판들이 거의 매주 이루어졌다. 마을 이장은 소포리 주민들에게는 공연을 위해 토요일마다 놀러 나오시면 "담배 한 갑 값은 보답해드리겠습니다."라고 약속했다. 나중에 손주들 먹을 거리까지 만들어질 수 있을 터이니 함께 놀아 봅시다! 했더니 하루 일과가 끝나고 공연이 밤이고 그 연세에 힘드실 텐데도 불구하고 공연을 위해 서둘러 나오신다. 낮에 일하다가도 오늘 2시 손님이 오시니 1시간 놉시다 하면 나오신다. 이것은 돈의 문제가 아니다. 이것이야말로 즐길 줄 아는 것이다. 공연의 수익금은 N분의 1로 나누게 되고 그러면 보통 1인당 5천 원씩 받게 된다. 방문하는 사람이 많아 자칫 금전적으로 많은 수입을 예상하기도 해서 오해를 받기 쉽다. 하지만 상설로 공연을 하는 동안에는 소수의 인원이 와도 공연을 한다. 당시에는 지자체의 지원도 없었다. 소포리 마을을 보기 위해 관객이 1명 방문한다 하여도 마을 방송을 하면 저녁에 어르신들이 무대로 나와 계신다. 관객이 1명인 적이 실제 몇 차례 있었다. 보통 80명, 100명이 오면 1인당 5천원 이상 되겠지만 관객이 5명 이하면 N분의 1로 해서 개인적으로 돌아가는 것이 거의 없다. 연말에 정산하니 회당 출연료가 1,800원 정도 나왔다. 처음 약속했던 담배 한 갑 값은 다행히도 지켜졌다. 현재는 소포리 마을과 이 주변 마을의 외부 지원금까지 하면 100억이 넘는다. 하회마을처럼 점차 대규모로 자리 잡아 가고 있다. 이러한 결과는 10년 넘게 많은 사람들이 수고를 아끼지 않았기 때문이다. 세상에 이런 마을은 없다. 소포리 마을 주민들은 그야말로 행복한 예술가들이다.

〈그림 5〉좌: 방문객들과 함께 하는 강강술래 / 우: 전라남도무형문화재 진도 북춤 김내식
보유자의 '진도 북춤' (사진제공: 소포전통민속전수관)

물론 쉬운 일은 아니다. 타지에서 누군가 진도로 시집을 오면 시간이 지남에 따라 점차 마을에 동화되어 간다. 장시간 밭에서 일을 하는 경우가 많고, 그들에게는 밭 일이 곧 생활이니 어느덧 밭에서 흥얼거리는 리듬에 본인의 이야기를 붙여 노래하게 된다. 하지만 현대 사회로 발전하면서 논의 모를 기계가 대신 심어주고, 장례식장에서도 모든 일을 업체가 대행해주면서 사람들이 모여 함께 하는 일이 점차 사라졌다. 맘 놓고 노래할 수 있는 공간이 나날이 줄어들고 있다. 그래서 소포리 마을에서는 일부러 판을 계속 벌이는 것이다. 단순히 돈을 벌자고 하는 일은 아니다. 소포리를 방문하는 외지인들은 육자배기, 흥타령을 안 불러본 사람이 90% 이상이다. 하룻밤 방문하여 배울 수 있는 노래는 아니다. 다만 가사라도 듣고 가서 궁금하면 검색해보지 않을까 하는 소소한 바람을 가지고 있다.

이러한 과정 중에 공연을 하는 마을 사람들뿐 아니라 주변 사람들도 변화하기 시작하였다. 여태껏 소포리 마을 출신의 사람들은 본인들의 어머니와 아버지가 얼마나 대단한 줄 알지 못했다. 굿판에서 하는 굿인 줄 알고 있다가 다른 사람들이 감동하고 온라인에서 사진도 보이고 하니 부모님을 다시금 생각하기 시작하였다. 부모가 설령

인간문화재라 하더라도 공연 한번 보러 오지 않는 자녀들도 있었다. 이제는 아들이 "누나 이거 꼭 봐야해. 얼마나 멋있는지." 그러고 와서 보고 그들도 눈물을 흘린다. 우리 어머니가 부르는 멋진 노래를 통해 나를 어떻게 키워냈구나 하는 마음에 감동한다. 가끔 도시의 극장에서 소포리 주민 공연을 하려고 고집하는 이유는 자녀들이 와서 보기 때문이다. 소포리 마을의 주민들이 당당하게 섰던 좋은 무대들에서 자녀들의 생각들은 점차 달라진다. 때문에 주민들은 작은 배역이라도 잘 해 보려고 노력을 한다. 무대를 맛본 사람들은 스스로 행복해한다. 박수를 치고 반응을 느끼는 분들은 문화를 즐길 줄 아는 정선된 분들이다. 진도 전수관에서 계속 하면 싫증도 나고 바깥바람을 느끼고 싶어 하는 것이 당연한 심리이다. 가끔씩 변화가 필요하다. 그래서 상징적인 곳에 가서 하려고 노력한다. 2014년 독도 공연과, 세월호 관련 안산 공연을 추진한 것도 같은 취지이다.

〈그림 6〉 좌: 서울시청 광장 '진도 소포마을 민속 한마당', 2007. 11. 24. / 우: 남이가을소리 축제 '소포리사람들', 2008. 10. 19. (출처: 소포리 정보화마을 홈페이지)

우리가 원하는 것, 그들이 원하는 것은 가슴 속 이야기를 담은 소리판이다. 남쪽 끝 진도까지 기름값을 내고 오려면 30만 원은 족히 든다. 그들은 소포리를 최종 목적지로 온다. 그분들을 실망시키지 않고 최소한 30만 원 이상의 가치를 제공해야 한다. 나아가 50만 원 이상의 가치를 전달해 주면 다시금 소포리 마을을 찾게 된다. 어떻게 감동시킬 것이냐는 과제에, 공연자와 관객 사이에서 매개체 역할을 하는 진행자, 잠자리, 먹거리, 그들을 대하는 모습 등 섬세한 것들 모두가 중요한 요소로 작용한다. 남도소리체험 프로그램은 거의 매주 공연하여 벌써 13년을 넘어 섰다. 술 먹고 고기 먹으러 오는 것으로 알고 오는 사람들도 물론 있었으나, 특히 고위관료 조직체나 기존에 을의 입장에 서 본 적이 없는 사람들도 소포리 마을에 오면 갑도, 을도 아닌 병정 정도로 대우를 받으며 공연에 이끌려 빠져 든다.

이곳 소포리 마을 사람들은 삶의 깊이만큼 남몰래 갈고 닦은 내공을 가지고 있다. 소포리 주민들은 약 270명, 130여 가구 정도이다. 소포리 주민들이 가지고 있는 노래, 춤, 말, 울음, 웃는 것조차도 에너지로 전달된다. 진도에서는 글씨 자랑, 그림 자랑, 소리 자랑을 하지 말라는 옛말이 있다. 일부 지자체에도 극단을 가지고 있지 않은 경우가 많은데 소포리 마을 주민들은 본인들이 주인공이고 춤과 노래 모든 것을 소화한다. 가슴마다 열정을 가지고 무대에서 이야기하면 30만 명 단위의 지자체와 비교해도 문화적인 면에서는 뒤지지 않는다.

2007년 SBS TV일요스페셜 〈한국의 힘-한국의 소리〉에서 소포리의 소리를 촬영하기 위해 소포리 마을을 방문하여 다큐멘터리를 촬영한 바 있다. 죽음을 상징하는 관은 공연의 아주 좋은 소재이다. 소 모는 소리, 울음도 소재이다. 각 지역의 소리는 모두 소재로 활용할 수 있다. 특히 상여소리는 문화가 유지되어야 무너지지 않는다.

〈그림 7〉 좌: 남도민요, 소리 고헌신, 장구 조열환, 고수 김병철
우: 각설이 타령, 장구 조열환, 고수 김병철

문화농촌·창조농촌

〈그림 8〉좌: 상모돌리기, 홍복동, 차현지, 장구 임귀현, 고수 김병철
우: 소포리 주민들의 강강술래

〈그림 9〉좌: 흥타령, 소리 한삼례(소포어머니노래방 운영자), 장구 조열환
우: 육자배기, 소리 오른편부터 박정자, 이옥지, 임춘심, 장구 김병철

---

**〈남도소리체험〉**

- 일시 : 매주 토요일 저녁
- 장소 : 진도소포리전통민속전수관
- 비용 : 1박 2일 성인 4만 원, 어린이 3만 원 / 당일 1만 원
- 공연 : 남도민요, 걸군농악 북품, 상모 돌리기 공연관람
- 체험 : 남도잡가, 민요 한 대목 배우기, 2식, 숙박
- 문의 : 진도 소포검정쌀마을 sopoli.invil.org

## 2) 민요공동체 '소포어머니노래방'

〈그림 10〉 진도군 소포리 '소포어머니노래방' 입구 (출처: 개인 블로그[5])

전라남도 진도군 지산면 소포리 노래방의 역사는 일제 강점기 이전부터로 알려져 있다. 하지만 그 시작을 정확히 아는 이는 없다. 일제 시기에는 노래방 활동이 금지되어 명맥만 이어오다 해방이 되면서 다시금 결성되었다고 한다. 원래 소포리 노래방은 남자들 중심의 모임이었다. 농업의 기계화로 인해 노동요를 부를 일이 그만큼 줄어들고 점차 남자들의 노래가 줄어들자, 이제는 여자들의 노래방이 결성되기 시작하였다. 노래방을 본격적으로 만든 이는 소포리 한남례 씨이다. 19살에 시집와 앞 못 보시는 시할머니와 어려운 시부모님에 어린 시동생까지 11명을 챙겨야 했다. 그 많은 시동생들과 슬하에 5남매까지 기르고 가르치고 세상에 내보낸 후에 비로소 소리를 시작할 수 있었다. 1975년, 한남례 씨는 남편과 시어머니를 설득해 본인 집 사랑방에 노래방을 만들었다. 이름하여 '소포어머니노래방'이라는 간판을 달고

5  개인블로그, "진도 소포리 마을에선 시간이 말을 건넨다" (http://love4chon. tistory.com/14), 2010. 8. 23.

저녁이 되면 할머니 댁 사랑방에 동네 어머니들이 하나 둘씩 모여 하루 일과의 고단함을 노래로 풀었다. 특히 농사 비수기인 겨울이나 비가 오는 날이면 일을 접고 그날은 한판 놀아보자며 구성진 남도 흥타령, 진도아리랑, 다양한 타령이 사랑방을 넘어 멀리 울려 퍼졌다. 물론 우리가 아는 노래방과는 형식이 다르다. 그렇다할 최신의 음향시설도 없다. 단지 북 장단에 맞춰 한 사람씩 번갈아가며 노래를 이어받는다. 노래를 하며 손바닥으로 바가지를 두들기기도 하고, 모를 심는 동작을 따라 하며 리듬을 탄다. 흥이 나면 누가 먼저라 할 것 없이 일어나 어깨춤을 추기 시작하면 어머니 노래방의 분위기는 절정에 달한다. 이러한 소포리 어머니 노래방을 보고 소설가 김훈은 마을에서 '노래'가 어떻게 살아 작동하고 문화적 기능을 잘 수행하는지 보여주는 좋은 사례라 하였다. 타지에서 시집 온 아낙네는 진도의 들노래를 따라 부를 수 없기에 본인이 부를 부분에서 창피를 당하지 않으려고 틈틈이 사랑방에서 열심히 배운다. 일명 개인교습 또는 지역에 동화하기 위한 수단인 노래방은 대표적인 민요 공동체라 할 수 있다. 우리가 흔히 말하는 노래방이라는 단어를 쓰기 시작하기 이전부터 소포리 마을에서는 노래방이라는 단어를 이미 사용하고 있었다. 그렇다면 소포리가 노래방의 원조라 해도 과언이 아닐 것이다.

〈그림 11〉 '소포어머니노래방'에서 노래하는 소포리 어머니들 (출처: 중앙SUNDAY[6])

6    김종록, "즉흥과 불협화음의 조화…한국인은 숨결 자체가 음악", 『중앙

진도 사람들은 홍그레(홍글이 소리, 일하면서 신세타령하듯 홍얼거리며 부르는 노래) 노래와 같이 한을 홍으로 즉흥적으로 바꾸어 부른다. 즉 삶의 애환과 시집살이의 답답함을 노래로 승화시킨다. 말을 뱉으면 노래가 된다. 그저 본인의 이야기에 리듬을 섞어 노래로 전할 뿐이다. 서로의 이야기를 한 소절씩 하면서 이야기를 들어주고 서로를 토닥이며 위로해주는 모습이다. 진도의 아낙네들에겐 사랑방이 곧 노래방이며 휴식처인 것이다.

"입이 시키는 대로 하는 게 노래지. 내 마음대로 가사를 만들어서 부르면 그게 노래인 거야. 배우긴 뭘 배워. 그저 어깨너머로 들은 게 전부지"
－《소리의 땅에선 시간이 말을 건넨다》 김감덕 씨 인터뷰 중에서

〈그림 12〉 소포어머니노래방 사랑방 내부 (출처: 예스24채널예스7)

———
SUNDAY』, 2014. 8. 3.
7    오성은, "진도 소포의 노래방엔 그것이 없다?" (http://ch.yes24.com/Article/View/23085), 『예스24 채널예스』, 2013. 9. 12.

엄메 엄메 우리 엄메

뭐달라고 나를 나서

글공부나 시켜 주제

일공부를 시켜 가꼬


논에 가면 가레 원수

집에 가면 시누 원수

아깝다 내 청춘, 언제 다시 또 올끄나

– "소리의 땅에선 시간이 말을 건넨다" 한남례 씨 인터뷰 '흥그레 노래' 중에서


### 3) 세상과 소통하는 소포리 마을


#### (1) 진도 소포리 연극제 '소포리 사람들'

소포리 마을은 어르신들의 대표적인 이야기를 창극으로 만들어 선보
인다. 시간을 거슬러 오래전 진도 소포리 마을에 악극단이 있었고 그
악극단은 진도 전 지역을 돌며 공연을 했었다. 50년 전, 연극 〈피 묻
은 손수건〉을 마지막으로 이후 공연을 못하다가 50년 만에 마을 주
민 20여 명이 다시금 모여 '소포리 연극제'라는 이름으로 연극을 올
렸다. 50년 전 젊은 청년들은 어느덧 60, 70대의 노인이 되었지만 직
접 대본을 쓰고 연출을 하고 무대에 오르는 열정만은 그대로였다. 첫
번째로 올린 공연은 〈김개판네 죽음〉으로 실제 소포에 살다가 돌아가
신 분의 이야기로, 임종을 앞두고 유언을 하시기를 소포 지역 주민들
에게 수건 하나라도 나눠드리고 잔치를 섭섭지 않게 해달라는 당부를
하셨다. 이 실화를 바탕으로 착안한 작품이다. 50년이 지났지만 목소
리나 대화 처리 그리고 순간 애드리브까지 막힘이 없었다. 간혹 매끄
럽지 못한 부분이 있다하더라도 어르신들의 어색하고 미흡한 그 자체
에서 느껴지는 작품의 사실성이 도리어 좋은 평으로 돌아왔다. 낮에

는 농사일을 하며 틈틈이 연극제를 위해 준비한 결과이다. 이와 같이 행복한 죽음을 소재로 한 〈김개판네 죽음〉(2010)을 시작으로 사랑을 소재로 한 〈대현네 어머니의 사랑〉(2012) 역시 소포리 마을 어르신의 실제 삶을 소재로 연극화한 작품이다. 세 번째 〈장가 가는 날〉(2013)은 전통 혼례를 소재로 일제 치하의 어려웠던 젊은 시절을 회고하는 이야기이다. 그리고 2014년 진도 팽목항 인근 바다에서 있었던 안타까운 세월호 침몰 사고 이야기를 소재로 한 3대 독자 17세 소년 김개똥의 이야기를 연극으로 만든 작품이 〈김개똥이의 죽음〉이다.

2014년 5월, 소포리 마을과 깊은 인연을 맺은 교수님의 정년퇴직 고별 강연 때 굿판을 준비하였다. 그런데 이야기가 해당 대학 총장님에게까지 전달되어 판이 커졌다. 당시 5월은 세월호 때문에 울고 즐기는 판을 할 수 없는 상황이었다. 그래서 넋을 달래는 굿을 하자는 의견이 있어 1시간 30분간 굿을 했다. 진도 사람들에게 죽음은 새로 태어남과 함께 하는 의미를 포함하고 있다. 이 공연의 경우, 세월호와 관련된 사람들을 위로하는 의미를 담고 있었다. '세월호를 씻겨라!' 그렇다고 유족들에게까지 연락하지는 못하고 소포리 마을식으로 조촐하게 하였다. 내용은 세월호 17세 소년의 이야기인 〈김개똥이의 죽음〉이다. 소포리 연극제에서 처음 선뵌 〈김개판의 죽음〉에 이어 3대 독자를 잃어버린 세월호 실화를 바탕으로 하였다. 세월호가 조용해지면 안산에 가서 굿으로 씻겨주자는 의견도 이어 나왔다. 그래서 안산 유족들과 마을주민, 진도군, 안산시 함께 의미 있는 행사를 계획 중이다. 〈김개똥이의 죽음〉을 확장시켜 진도씻김굿이나 진도다시래기뿐 아니라 소포리만의 명다리굿도 추가하려고 한다. 명다리굿은 사주팔자에 명이 짧은 어린 아이의 수명을 길게 이어질 수 있도록 기원하는 굿으로 마을과 마을 사이의 징검다리 위에서 농악을 울리며 수명을 길게 이어지도록 비는 굿이다.

| 타이틀 | 제목 | 일시 | 장소 | 내용 |
|---|---|---|---|---|
| 소포리 사람들 I | 김개판네 죽음 | 2009. 11. 4. | 서울대 | 소포리에 살던 김씨가 죽음을 맞이하며 동네사람들을 배려 하는 행복한 죽음 이야기 |
| | | 2010. 8. 28. | 소포마을 야외무대 | |
| 소포리 사람들 II | 대현네 어머니의 사랑 | 2012. 12. 1. | 목포시 남교 소극장 | 대현네 부부가 젊은 시절 강강 술래 마당에서 만나 사랑하고 결혼한 후 가난을 물리치고 행 복을 찾아가는 이야기 |
| 소포리 사람들 III | 장가 가는 날 | 2013. 2. 1. | 국립남도 국악원 | 전통 혼례를 소재로 일제치하 의 젊은 시절을 회고하는 이야기 |
| 소포리 사람들 IV | 김개똥이의 죽음 | 2014. 5월. | 서울대 | 세월호 17세 소년의 죽음 이야기 |

〈그림 13〉 소포리 연극제 〈김개판네 죽음〉 (출처: 소포리 정보화마을 홈페이지)

### (2) 소포권역 마을 주민 이야기 출판

진도 염전을 간척사업을 통해 농토로 바꾸며 거친 삶을 이겨내고 살아온 진도 주민들의 이야기를 인터뷰 형식으로 출판하였다.《소리의 땅에선 시간이 말을 건넨다》는 진도 소포리 땅과 그 속에서 살아가는 마을 주민들의 진솔한 삶의 이야기를 책으로 엮어냄으로써 진도의 이야기를 세상 밖으로 알리는 데 좋은 계기가 되었다. 진도아리랑과 강강술래로 굴곡진 70년을 살아온 할아버지,

〈그림 14〉 마을 주민 이야기 책 출판《소리의 땅에선 시간이 말을 건넨다》

할머니들의 고단한 삶의 흔적을 이야기와 노랫소리로 담았다. 점차 잊혀져 가는 지역의 노랫소리를 사실적으로 전달하기 위해 그들이 직접 부른 노랫말을 CD 별첨 부록으로 담고 있다. 2010년 9월 발간되었다.

> "영혼이 맑은 사람만이 아름다운 노래를 할 수 있습니다. 거친 삶 속에서도 노래의 끈을 놓지 않으신 그대들은 세상에서 가장 아름다운 사람입니다."
>
> – 소포전통민속전수관 관장 김병철[8]

### (3) 진도 소포리 마을의 외주 문화공연

2014년 10월 29일, '독도의 날(매년 10월 25일)'을 맞이하여 독도 선착장에서 소포리 마을 40여 명이 참여하는 강강술래 공연이 펼쳐졌다. 강강술래는 한자로 강강수월래(强姜水越來)로 강한 적이 강을 건너 넘어오니 경계하라는 의미를 담고 있다. 또는 원을 지어 일정한 지

---

8  김영순, 『소리의 땅에선 시간이 말을 건넨다』, 인포마스터, 2010.

역을 돌아다니며 지킨다는 순수 우리말의 의미도 있다. 일반적으로는 임진왜란 때 이순신 장군이 우리의 열세를 극복하고 왜적을 물리치는 데 사용한 의병술로 널리 알려져 있다. 독도의 위치상 여전히 일본의 끊임없는 도발에 대응하며 독도를 수호해야 하는 상황인지라 지금이나 옛 이순신 장군의 전시 당시와 다를 바 없다. 이에 진도 소포리 마을 주민들의 강강술래 독도 공연이 갖는 의미는 크다. 이미 진도를 벗어나 서울대, 서울시청, 남산국악당 등에서 소포리 공연을 올린 바 있다. 독도와 울릉도에서 공연을 하고, 앞으로 안산에서도 세월호 유가족을 위로해주는 공연 일정도 구체적으로 잡고 있다. 해외 문화교류도 오래전부터 준비해오고 있다.

〈그림 15〉 진도 소포리 마을 주민들의 독도 선착장 강강술래 공연 (출처: 국민일보[9])

〈그림 16〉 소포 강강술래 울릉도 공연 (출처: 소포리 정보화마을 홈페이지)

### (4) 국내외 학술대회 주관
전국의 지자체 중 유일하게 학회가 있는 곳이 진도의 진도학회[10]이다.

---

9    김재산, "독도를 수 놓은 강강술래… 진도 소포리 마을 주민 40여 명 선착장 공연", 『국민일보』, 2014. 10. 30.

10   2002년 출범. 진도와 관한 정치, 경제, 사회, 복지, 문화 등 다양한 주제에 대해 연구하는 학회. 전경수 회장(서울대 교수)을 중심으로 목포대, 조선대 교수 및 국내외 진도 연구진들과 주민 등으로 구성되어 있다. 1년에 한 번씩 국

진도학회는 진도를 주제로 국내 학술 연구뿐 아니라 국제교류를 통한 국제학술대회도 개최하고 있다. 소포리 마을은 주제에 따라 진도학회의 국내외 학술회에 주관 단체로서 적극적으로 참여하고 있다. 학회를 통해 외부에 소포리 사례를 공유하고 내부적으로는 소포리 주민들의 참여를 이끌어내고 있다. 2006년 '이탈리아 빵과 진도 떡의 만남'이라는 주제로 이탈리아 깔리아리대학 지네타 무루 교수를 초청하여 진도 특산물로 만든 떡과 이탈리아 빵의 제조 과정을 비교, 공유하여 학문적 접근을 시도하였다. 또한 2008년 마을 활성화 방안 연구에 대한 국제학술대회에 주관 단체로서 사례를 발표하고, 2011년에도 '진도 소포만 섬나루, 세계와 통하다'라는 주제로 농촌종합개발사업 소포권역 추진의원회가 주최하고 진도학회와 목포대학교 도서문화연구원이 주관한 국제학술대회를 개최하였다. 한중일 저명 학자들이 소포 민속전수관에 방문하고, 일본 아마미오시마 시마우타 섬 민요와 진도의 강강술래 한마당 등 학술과 문화교류의 좋은 사례로 섬마을 진도의 작은 나루터였던 소포만의 현재의 모습과 지역문화 활성화 사례를 다른 나라에 알리는 데 기여하였다.

〈그림 17〉 2006년 국제학술대회 '이탈리아 빵과 진도 떡의 만남' (출처: 소포리 정보화마을 홈페이지)

〈그림 18〉 국제학술대회 '진도의 상례문화' (2008. 11. 1.) (출처: 소포리 정보화마을 홈페이지)

제 학술대회를 개최하고 있다.

## 5. 문화농촌마을로서의 지속 발전 전망

각 지역의 지자체 및 마을에서는 중요, 지역 무형문화재를 지정하고 이를 보전, 유지, 계승하기 위해 다양한 방안을 모색하고 노력하고 있다. 이를 위해 나라에서도 각종 문화정책과 지원 사업을 통해 무형문화에 대한 전승을 중요한 이슈로 다루고 있다. 하지만 실제 현실에서는 농업의 기계화로 논과 밭에서 직접 농요가 불리는 빈도가 줄어들고, 전통을 이어나갈 젊은 사람들이 도시로 떠남으로써 지역에 전통이 설 자리는 점차 좁아지고 있다. 진도의 경우도 예외는 아니다.

이 글을 통해 점차 잊혀져가는 우리의 전통문화를 이어가기 위해 노력하는 진도의 소포리 마을과 주민들의 이야기를 살펴보았다. 문화로 마을을 활성화시키고 문화적 주체자로서 주민이 나서 적극적으로 마을을 재정립할 수 있음을 보여주는 대표적인 사례이다. 주민이 직접 무대에 올라

〈그림 19〉 진도 소포리 마을 어머니들
(출처: 소포전통민속전수관)

매주 토요일 상설 남도소리체험 프로그램을 만들고, 고단한 몸을 이끌고 저녁이면 삼삼오오 모여 민요공동체인 소포어머니노래방을 열어 잊혀져가는 민요의 흐름을 놓치지 않기 위해 노력하고 있다. 일 년에 한 번씩 그들의 이야기를 바탕으로 소포리 창극을 만들어 선보이며, 진도 섬 안에만 국한하지 않고 육지로 나가 진도의 문화를 소개하고, 마을 사람들을 주인공으로 그들의 이야기를 책으로 엮어 또 다른 문화로 소포리를 알리려 노력하였다. 또한 해외 연구진들과 진도의 사례를 공유함으로써 세계에 진도 문화를 널리 알리고 다각적인 활용 방안을 함께 고민하고 있다.

소포리 사람들은 당면하고 있는 불리한 사회적 여건 속에서도 그

들의 고유한 문화전통에 삶의 뿌리를 두고 이에 기초하여 자신들의 문화를 재생산하고 있다.[11] 하지만 많은 노력에도 불구하고 공연을 하는 주체인 소포리 마을 주민의 연령층이 50~80대로 연로한 나이대여서 추후 지속적으로 전통을 이어갈 젊은 층이 부재하다는 것이 남겨진 과제이다. 나아가 그들이 생활풍습 속 그들의 이야기를 문화 관점으로 살펴보고 체계적이고 다양한 관점에서 조사연구가 필요하다. 이를 통해 단순히 유네스코에 등재된 무형문화유산을 보존하는 마을이 아닌 그 지역의 과거-현재-미래를 볼 수 있는 대표적인 문화마을로 조성될 수 있을 것으로 전망한다.

---

11  나승만, "소포리 노래방 활동에 대한 현지 연구", 『역사민속학』, 1993. 3. pp.36-60.

# 참고문헌

"진도 소포리 마을에선 시간이 말을 건넨다" (http://love4chon.tistory.com/14), 『강강수월래』, 2010. 8. 23.

김영순, 『소리의 땅에선 시간이 말을 건넨다』, 인포마스터, 2010.

김재산, "독도를 수놓은 강강술래... 진도 소포리 마을 주민 40여 명 선착장 공연" (http://bit.ly/1wNihP4), 『국민일보』, 2014. 10. 30.

김종록, "즉흥과 불협화음의 조화…한국인은 숨결 자체가 음악", 『중앙SUNDAY』, 2014. 8. 3.

김훈, 『원형의 섬 진도』, 이레, 2001.

나승만, "소포리 노래방 활동에 대한 현지 연구", 『역사민속학』, 1993. 3. pp.36-60.

디지털진도문화대전 (http://jindo.grandculture.net).

"진도 소포리 사람들" (http://blog.daum.net/sm2909/6912660), 『변상문의 풍류(風流) 여행기』, 2012. 12. 10.

오성은, "진도 소포의 노래방엔 그것이 없다?" (http://ch.yes24.com/Article/View/23085), 『예스24 채널예스』, 2013. 9. 12. 위키백과, "진도군" (http://ko.wikipedia.org/wiki/%EC%A7%84%EB%8F%84%EA%B5%B0),

진도군 홈페이지 (http://www.jindo.go.kr).

정지수, 송정은

# 7 지역문화자원의 발굴과 가치창조를 위한 지방문화원의 역할

## 1. 농어촌에서의 지역문화자원 발굴의 의미

2000년 이후, 웰빙(well-being)문화가 점차 확산되고 공동체(community)의 개념이 부상하면서, 농어촌은 도시사회의 낙후된 거주지에서 개인의 삶의 질을 높이는 환경으로 재인식되었다. 이 영향으로 귀농 및 귀촌하려는 가구가 늘어나기 시작하였는데, 농림축산식품부와 통계청에 따르면 2001년에 880가구에서 2014년 4만 4천 586가구로 50배가 증가한 것으로 집계되었다.[1]

농어촌은 '읍·면의 지역 또는 읍·면 외의 지역 중 그 지역의 농어업, 농어업 관련 산업, 농어업 인구 및 생활여건과 관련하여 농림수산식품부장관이 고시하는 지역'이다.[2] 1970년대 이후 급격한 도시화 현

---

1   http://news.nate.com/view/20150319n19072
2   네이버지식백과, "농어촌"

상으로 젊은 연령층이 도시로 이주하면서 농어촌은 점차 고령화되었다. 최근 중년층의 귀농이 증가하고 있지만 여전히 농어촌은 고령화 및 공동체적인 성향이 강한 편이다. 도시에 비해 농어촌 지역은 해당 전통문화와 생활문화의 특색에 따라 지역정체성이 뚜렷하며 지역주민들의 지역문화에 대한 자부심도 높고 문화향유의 성향 및 유형도 차이가 크다. 농어촌은 과거 전통문화의 보고로 단순히 인지되었지만, 지역문화자원이 재창조되고 관광자원으로 부가가치를 창출하면서 문화를 통해 지역의 발전을 이루고 있다. 또한 농어촌은 장기간 문화소외지역이었는데, 지방분권화와 주민복지에 대한 인식이 높아지면서 지자체기관들은 농어촌 지역의 생활문화의 증진을 위해 생활문화시설의 수를 늘리고 문화예술향유의 기회를 확대하고 있다.

2014년에 제정된 〈지역문화진흥법〉은 '지역문화진흥에 필요한 사항을 정하여 지역 간의 문화격차를 해소하고 지역별로 특색 있는 고유의 문화를 발전시킴으로써 지역주민의 삶의 질을 향상시키고 문화국가를 실현'하기 위한 것이다.[3] 이에 따라 2015년 2월에 '문화로 행복한 지역창조'를 기조로 문화를 통해 국민행복, 사회통합, 미래가치창출을 목표하는 '지역문화진흥기본계획'[4]이 수립 및 실행되었다. '지역문화진흥기본계획'에서, 지역은 주민들의 삶의 터전이자 주민들의 삶의 환경을 향상시킬 수 있는 문화의 생산지이자 소비지이다. 지역의 문화는 고유성, 일상성, 다양성이 보장되어야 하며 지역주민들의 삶의 질을 향상시키고 지역발전을 이루는 지역의 가치창출의 원동력이다. 따라서 '지역문화진흥기본계획'은 지역의 문화자치의 중요성

---

http://terms.naver.com/entry.nhn?docId=585363&cid=42094&category-Id=42094

3  [시행 2014.7.29.] [법률 제12354호, 2014.1.28., 제정]
http://www.law.go.kr/lsInfoP.do?lsiSeq=150758&efYd=20140729#0000

4  지역문화진흥계획 2020대토론회 자료집 (2015), pp.1-11.

과 비전을 제시한다. 즉, 지역 내의 문화향유의 불균형 개선 및 타 지역과 지역 간의 문화적 편차를 감소시켜 지역주민들의 문화향유권리를 보장하는 것이 급선무일 것이다.

〈지역문화진흥법〉과 함께 농촌산업화전략은 문화소외지역이었던 농촌이 문화를 통해 지역의 경제, 사회, 문화적 여건을 향상시키며 지역주민의 행복추구를 실현할 수 있도록 문화전략을 강조하고 있다. 농촌 6차산업화는, 농림축산부 자료에 따르면, '농촌에 존재하는 모든 유·무형의 자원을 바탕으로 농업과 식품, 특산품 제조, 가공(2차 산업) 및 유통, 판매, 문화·체험·관광서비스(3차 산업) 등을 연계함으로써 새로운 부가가치를 창출하는 활동'으로 정의되어 있다.[5] 즉, 농촌 6차산업화 전략은 문화를 매개로 농촌의 자원과 산업적 요소를 연계하여 농촌을 발전시키고자 하는 의지를 보이고 있다. 이와 같은 농촌의 산업화 현상은 농촌을 새로운 가치를 창조하는 발신지로 접근할 필요성을 제시하며, 농촌의 가치를 문화적 수단을 통해 의미를 재생산하고 다양성을 기반으로 한 소통의 장으로 확대할 수 있다. 이는 새로운 부가가치를 창출하며 농촌 활성화에 기여할 수 있기 때문에 농촌화 현상을 위한 인적, 환경적, 시스템적, 물적 자원이 보충되어야 한다. 또한 지역주민들의 자발적인 참여와 협력은 농촌문화의 활성화를 촉

---

5  "이것은 문화 전략이 다른 분야와 연계하여 농촌의 6차산업화를 활성화하는 중요한 전략이라는 점을 의미한다. 문화를 활용한 6차산업화 전략은 문화와 관광을 연계하는 문화관광산업 활성화, 문화와 생태를 연계하는 체험 콘텐츠 개발, 문화와 스토리텔링을 연계한 장소 및 농산물 브랜딩, 문화와 농업을 연계한 경관농업, 문화와 숲을 연계한 숲 문화 치유 프로그램 등 다양한 층위에서 개발될 수 있을 것이다."
임학순, "문화정책맥락에서의 농촌화 현상 이슈"
(http://webzine.arko.or.kr/load.asp?subPage=10.View&searchCate=10&pageType=Webzine&page=1&idx=33), 『웹진 아르코』.

진한다.[6]

　지역에서 자연 및 문화자원을 활용하여 지역활성화를 이루기 위해서는 지역정체성, 지역주체의 의지 및 참여, 유·무형 자원여부와 사회경제적 상황에 따른 지역사회의 잠재력 향상 등의 지역의 내적 요인 및 외적 구성요인의 조화가 중요하다. 외적 구성요인은 국가·지방자치단체의 역량, 문화원 등 지역 문화 활동조직과의 연계, 대중매체 활용도 등으로 지역의 내·외적 범위에서 지역문화를 체계화할 수 있는 인프라가가 중요하다(Shortall and Shucksmith, 2001: 이한기, 박덕병, 박은식, 2002).

　농촌지역에서 내생적 활성화가 이루어지기 위해서는 풍부한 인적, 문화 자원과 체계적인 마을 자치조직 등이 필수적으로, 지역주민을 비롯한 지역주체들이 전통문화자원을 활용하기 위해서 자발적으로 참여하는 것이 매우 중요하다.[7] 지역주체들의 의지와 자발적 참여에 따른 지역활성화는 문화자원을 경제적 효과를 위한 수단으로 활용하기보다는 지역민들의 정체성과 애향심을 기반으로 문화자원의 전승 및 발전에 가치를 부여한다.

　따라서 최근 지역문화의 동향은 고유한 문화자원의 가치와 지역 내 문화향유의 불평등 해소를 강조하고 있다. 지역의 문화자원이 지역발전의 핵심적 요인으로 인식되면서, 지역의 문화정책은 문화자원의 발굴 및 개발을 위한 사업과 문화향유를 위한 문화시설에 대한 지원을 증가하고 있다. 지방문화원은 지역의 문화가치를 제고하고 활성화하는 문화주체로서 위상이 상승하고 있다.[8]

　지방문화원은 지역문화의 보존과 부흥을 위하여 지역주체들 간

---

6　임학순, "문화정책맥락에서의 농촌화 현상 이슈".

7　이한기·박덕병·박은식, "전통문화와 전통지식을 통한 농촌의 내생적 발전 요인에 관한 연구", 『농촌사회』, 2002, pp.58-59.

8　『지역문화진흥2020대토론회 자료집』, pp.83-86.

의 구심점 역할을 하며 지역문화가 생성, 보존, 확산 및 향유될 수 있도록 노력하고 있다. 1990년대까지도 지방문화원은 새롭게 바뀌는 현대사회에 적응하지 못하고 옛것에만 집착하는 보수적인 경로당 취급을 받은 적도 있었다. 2000년대에는 지역문화에 대한 중요성이 강조되면서 지원금이 증가하였는데, 이로 인해 지역사회를 대표하는 관변 기득권 세력으로 오해를 받았던 적도 있었다. 하지만 점차 지역문화가 지역사회의 존속이나 발전의 근간이 되면서 지방문화원에 대한 필요성과 중요성이 부각되어, 지방문화원은 지역을 대표하는 문화기관으로 인정받고 있다.

지방문화원은 문화를 통해 지역의 정체성을 확립하고 지역주민들의 자긍심을 고취시키며 지역의 경제와 사회문화적 발전을 위해 다각도로 문화자원을 활용하고 있다.

이 글에서는 농촌문화의 활성화를 위해 지방문화원의 역할을 강조하면서, 태안문화원의 사례를 바탕으로 지역문화자원의 복원과 재가치화의 과정에서 지방문화원과 지역주민들의 협력이 지역문화발전에 미치는 영향력을 고찰할 것이다. 태안은 다양한 향토자원 및 문화재를 보유한 지역으로, 역사문화자원과 생활문화자원을 통한 지역활성화의 잠재력이 높다. 태안의 다양한 문화자원 중에서 본 연구는 태안문화원의 '자염복원 및 전승사업'에 관련한 문헌자료, 이미지 및 인터넷 자료를 살펴보고 자염전의 현장조사를 실시하였다.

태안문화원의 전통문화 '자염복원 및 전승사업'은 자염이라는 한국 농어촌의 생활문화자원이 그 역사가 50년 이상 단절된 상황에서 지역문화의 주체들의 오랜 노력에 의해 발굴된 사례이다. 자염의 개발은 태안군의 정체성을 고취할 뿐만 아니라 한국의 문화적 자원이 지역주민들의 참여를 통해 명맥을 유지할 수 있다는 점에서 의의가 크다. 하나의 작은 지역문화자원인 '자염'은 태안의 스토리텔링의 자원이 되었으며 지속적으로 부가가치를 탄생시키고 있다. 이와 같이 태안문화원의 '자염복원 및 전승사업' 사례는 지역의 역사문화자원의 중요성과 지역문화의 활성화를 위한 지역문화의 주체로서 지방문화원의 역할을 강조한다. 태안문화원은 지역주민들과 협력을 통해 지역문화의 역사적 가치를 높이고 지역의 문화자원을 발굴 및 창조하여 지역문화의 활성화를 위해 주력하였다. 태안문화원의 사례는 타 지역에서도 지역전통문화의 창조와 지역문화의 부흥을 위한 주민참여의 중요성을 재인식할 수 있다는 점에서 그 의의가 크다.

## 2. 태안문화원의 주요 사업

### 1) 지방문화원의 발전

지방문화원은 그 지역에 잠재되어 있는 역사의 흔적을 찾아서 가꾸는 역할을 한다. 특히 농어촌에 잠재되어 있는 문화자원은 그 규모와 가능성이 무한하기 때문에, 농어촌 지역의 지방문화원은 지속적으로 지역문화자원 개발에 주력하고 있다. 1947년에 강화군수가 설립한 강화문화관은 한국의 최초 지방문화원의 형태이다. 지방문화원은 정부 수립 이후 1960년대에 급격히 증가하였다. 이후 지방문화원들은 정부에 의견을 제시할 수 있는 단일 창구와 문화원 상호간에 협조와 유대강화를 위한 기구가 필요하였고, 이러한 배경에서 1962년 한국문화원연합회가 공식 출범하였다.[9]

지방문화원의 설립에 관련된 법령은 〈지방문화사업조성법〉과 〈지방문화원진흥법〉이다. 1965년에 설립된 〈지방문화사업조성법〉에 의해 지방문화원은 국가로부터 비영리법인으로 인정받으며 중앙 및 지방정부의 공공지원을 받을 수 있었다. 〈지방문화사업조성법〉이 명시한 지방문화원은 지역의 향토문화를 개발, 보급, 전승, 및 보존하고

---

9  한동현, "한국문화원연합회와 지방문화원의 기능적 역할 연구", 『역사문화 연구』, 2012, pp.285-286.

국내외로 한국의 지방문화를 홍보하기 위한 문화기관이다. 1994년에 〈지방문화사업조성법〉이 폐지되고, 이를 대체하여 〈지방문화원진흥법〉이 발효되었다. 〈지방문화원진흥법〉은 1991년 지방의회가 생성되고 1995년 지방자치제가 활성화되면서 지방문화원의 법적 위상과 지원을 중앙정부에서 지방자치단체에 위임하며 지역의 자치를 강조하였다.[10] 이에 따라 지방문화원의 역할이 보다 명확하게 정립되고 지역의 인적, 물적 자원의 네트워크가 강화되었다.

〈지방문화원진흥법〉은 지방문화원을 '지역문화진흥을 위한 지역문화사업을 수행할 목적으로 설립된 법인'으로 규정하였다. 즉, 지방문화원은 지역 간 문화편차를 해소하고 지역향토문화의 계발, 보급, 보존, 전승과 문화진흥을 위해 지역문화 행사의 개최, 국내외 문화교류, 문화예술교육 등 다양한 지역문화사업을 수행하는 특별법인이다. 또한 지방문화원은 문화를 통해 지역발전을 이루는 기반을 다져야 한다. 1995년에 시행된 〈지방문화원진흥법〉에서 규정한 지방문화원의 역할은 다음과 같다.

1. 지역고유문화의 계발, 보급, 보존, 전승 및 선양
2. 향토사의 조사, 연구 및 사료의 수집, 보존
3. 지역문화행사의 개최
4. 문화에 관한 자료의 수집, 보존 및 보급
5. 지역전통문화의 국내·외 교류
6. 지역문화에 관한 사회교육활동
7. 지역환경보존 등 지역사회발전을 위한 문화활동

---

10  "문화체육관광부장관에서 특별시장, 광역시장, 도지사 또는 특별자치도지사로 바뀌었으며 지방문화원의 예산도 지방자치단체에서 부담하게 되었다", 한동현, 2012, p.285.

8. 기타 지역문화발전에 기여할 수 있는 사업[11] [12]

이후 2011년에 개정된 〈지방문화원진흥법〉은 지방의 인구 및 사회문화적 변화를 반영하여 지방문화원의 역할을 지역문화의 계발, 보존, 연구, 교육, 및 홍보를 넘어 지역구성원의 다문화적 특성을 장려할 수 있도록 규정하였다. 이에 따라 문화원은 지역 고유의 유·무형자원뿐만 아니라 문화를 통해 지역주민의 문화향유 기회를 확대하고 삶의 만족도를 향상시키는 데 기여해야 한다.

1. 지역문화의 계발, 보존 및 활용
2. 지역문화(향토자료를 포함)의 발굴, 수집, 조사, 연구 및 활용
3. 지역문화의 국내외 교류
4. 지역문화행사의 개최 등 지역문화 창달을 위한 사업
5. 지역문화 활성화를 위한 컨설팅 지원 사업
6. '문화예술교육 지원법' 제2조 제1호에 따른 문화예술교육 사업 지원
7. '다문화가족지원법' 제2조에 따른 다문화가족에 대한 문화 활동 지원
8. 그 밖에 지역문화 활성화를 위하여 국가 또는 지방자치단체가 위탁하는 사업[13]

한국문화원연합회(구: 전국문화원연합회)는 지역의 문화환경을 역사문화자원, 생활문화자원, 예술문화자원, 관광·여가문화자원으로

---

11  한동현, 2012, p.284.
12  송낙길, "지방문화원 발전방안에 대한 고찰: 양주문화원을 중심으로", 『사회복지경영연구』, 2014, p.117.
13  한동현, 2012, pp.284-285.

분류하였다. 역사문화자원은 유형문화재, 무형문화재, 민속자료, 국가지정문화재, 시도지정문화재이고, 생활문화자원은 지역특산물, 향토음식, 시장, 전통생활민속 등이다. 예술문화자원은 공연, 축제 및 행사이며, 관광·여가 문화자원은 관광지와 관람·체험시설 등이다. 각 지방문화원은 위의 4가지 문화자원을 기획, 실행, 관리 및 개발, 보존하는 주체로서 지역주민과 방문객의 참여를 촉진할 수 있는 리소스를 제공하고 있다.[14][15]

이와 같이, 지방문화원은 근본적으로 지역문화 자원을 개발하고 전승하며 그 가치를 확산시킨다. 경제·정치·사회·문화적 변화에 따라, 지방문화원의 역할은 점차 지역주민의 문화향유와 소통을 촉진하는 지역의 문화센터이자 문화를 통해 지역의 발전을 선도하는 것으로 확대되었다. 이를 위해, 지역의 문화활동의 매개자이자 촉매자로서, 지방문화원은 지역 내외의 다양한 문화 주체와 지역주민과의 협력관계를 발전시켜야 한다.

### 2) 태안문화원의 주요 사업

1990년에 설립된 태안문화원은 태안의 향토문화와 생활문화의 보존 및 확산을 위해 문화자원 발굴 및 조사, 정보제공, 축제개최, 보존학술사업(출판 및 발표회) 등을 개최하고 있다. 현재 태안문화원은 '자염' 자료를 비롯하여 태안관련 도서 및 인쇄물 971권, 시청각자료 585종 641점, 향토유물 442종 1,204점을 보유하고 있다. 태안문화원은 온·오프라인을 모두 활용하여 태안의 문화예술을 홍보하고, 문화예술진흥을 위해 전시, 공연, 교육 등의 사업을 실시하고 있다. 〈표 1〉은 〈지방문화원진흥법〉에 명시된 지방문화원활동과 이에 관련된 태

---

14  김영순·오세경, "강화문화원과 남도문화원의 문화사업 내용분석", 『인문콘텐츠』, 2010, p.180.
15  김영순·오세경, 2010, pp.178-180.

안문화원의 주요 사업을 정리하였다.

<표 1> 지방문화원활동과 태안문화원의 주요 사업

| 지역문화원진흥법에 명시된<br>지방문화원활동 | 태안문화원의 주요 사업<br>(2000년 이후) |
|---|---|
| 지역문화의 계발, 보존 및 활용 | 중앙대제 / 고남면 조개부르기제 / 당제전승보존 / 자염축제 / 이원면볏가리대놀이 |
| 지역문화(향토자료를 포함)의 발굴, 수집, 조사, 연구 및 활용 | 태안 역사문화 학술발표회 / 유적답사 / 옛사진공모 및 수집 / 향토민속발굴사업 / 향토유물기증캠페인 / 지역문화관련도서발간 / 향토사료 도서관 및 사료관운영 |
| 지역문화의 국내외 교류 | 사이버문화원운영 / 태안의 문화(문예지) 발간 / 섬기행 / 문화예술안내지도발간배부 |
| 지역문화행사의 개최 등 지역문화 창달을 위한 사업 | 태안문화제 / 움직이는 문화공연 / 찾아가는 문화활동 (초청음악회·콘서트) / 주말영화교실 / 백화산해맞이행사 |
| 지역문화 활성화를 위한 컨설팅 지원 사업 | 문화예술인워크숍 / 관내 기관 지역개발사업 자료제공 및 감수(해변길조성- 국립공원관리공단태안해안무소, 농어촌테마마을조성-농업기술센터 등) |
| '문화예술교육 지원법' 제2조 제1호에 따른 문화예술교육 사업 지원 | 지역문화학교 / 초·중·고 미술실기대회/ 백일장 / 청소년문화체험캠프 / 우리고장 바로 알고 바로 알리기 / 어르신문화학교 |
| '다문화가족지원법' 제2조에 따른 다문화가족에 대한 문화 활동 지원 | 가족문화체험 / 지역사회서비스투자사업 |
| 그 밖에 지역문화 활성화를 위하여 국가 또는 지방자치단체가 위탁하는 사업 | 태안군지발간(4개년사업) / 충청남도 민속경연대회 출전/ 태안읍 명품명소만들기 사업/ 백화산성시발굴조사 등 |

첫째, 태안문화원은 '지역문화의 계발, 보존 및 활용'을 위해 실시하는 사업이 다양한데, 매년 중앙대제, 고남면 조개부르기제, 당제전승보존, 자염개발 및 축제, 이원면볏가리대놀이 등이 있다.

둘째, 향토자료를 포함한 '지역문화의 발굴, 수집, 조사, 연구 및 활용'을 위해 태안문화원은 매년 태안역사문화 학술대회 개최 및 유적답사, 향토민속발굴사업, 도서관 및 향토사료관 운영, 향토유물기증캠페인, 지역관련 도서발간 등을 실시하고 있다.

셋째, '지역문화의 국내외 교류'의 경우 섬기행 사업과 문화예술 안내지도 등을 통해 지역문화의 홍보를 포함한 교류 활동을 지속하고 있다.

넷째, '지역문화행사의 개최 등 지역문화 창달을 위한 사업'은 태안의 문화행사와 지역주민의 문화향유를 증진할 수 있는 태안문화원의 활동에 중점을 두었으며, 태안문화제와 찾아가는 문화예술공연 등이 있다.

다섯째, 태안문화원은 '지역문화 활성화를 위한 컨설팅 지원사업'을 위해 다양한 규모의 문화예술단체와 예술가를 지원하며, 문화예술인의 활동을 홍보하고 예술인 간에 친교의 기회를 제공한다. 지역문화예술발전을 위한 토론과 지역문화예술정책과 방향에 대한 강연, 유적답사 등을 지원하여 문화예술인들의 성장과 이들이 지역문화의 발전에 기여할 수 있는 기반을 마련한다. 그리고 태안문화원은 문화원에서 축적된 각종 연구자료와 지역문화자료를 관내 개발기관과 공유한다. 예를 들어, 태안문화원은 '국립공원관리공단 태안해안사무소'의 해변길 조성을 위한 각종 지역문화자료와 설화 등의 자료를 제공하여 '해변길'에 어울리는 스토리 콘텐츠 개발에 도움을 주고, '농업기술센터'를 통한 '농어촌 테마마을' 개발 사업에서 마을과 관련된 역사문화를 자료를 적극 활용할 수 있도록 지원하고 있다.

여섯째, '문화예술교육지원법에 따른 문화예술교육 사업 지원'을 위해 태안문화원은 지역문화학교와 초·중·고등학교 학생들을 대상으로 문화예술경연대회를 실시하고 있다.

일곱째, '다문화가족지원법에 따른 다문화가족에 대한 문화 활동 지원'을 위해 태안문화원은 가족단위의 문화행사를 기획하여 다문화 가족이 비 다문화가족과 어울릴 수 있는 기회를 제공하고 있다.

마지막으로, '지역문화 활성화를 위하여 국가 또는 지방자치단체 가 위탁하는 사업'은 태안문화원이 4년간의 연구를 바탕으로 '태안군 지'를 제작하고, 지역 현안사업 중 지역의 역사와 문화에 관련된 용역 사업인 '태안읍명품명소만들기' 사업과 '백화산성 발굴·조사' 사업 등 의 연구과제를 수행하는 것이다.

## 3. 태안문화원의 전통소금문화 '자염복원 및 전승사업' 사례

자염은 서민들의 생활문화로서 가장 중요한 비중을 차지하고 있는 소 박하고 아름다운 전통문화의 본질이라고 할 수 있다. 하지만 우리나라 의 역사에서 사라지면서 지역사회에서도 그 흔적이 미비하여 주민들 의 기억에서조차 희미하게 사라져 가고 있었다. 태안자염사업은 사라 진 농어촌의 생활문화자원을 지역문화를 기반으로 발굴한 사례이다.

자염(煮鹽)이란 한자로 끓일 '자(煮)', 소금 '염(鹽)' 자를 써서 바 닷물을 끓여 만드는 우리나라의 전통 방식의 소금을 말한다. 흔히 지 역에서는 화렴(火鹽)이라고 불렀는데, 일제강점기인 1907년 인천의 주안염전을 시작으로 들어 온 천일염에 밀려 우리나라에서 사라졌던 소금이다. 자염은 단순하게 바닷물을 끓이는 것이 아니라 잘 말린 갯 벌 흙에 바닷물을 투과시켜 엉겨있는 소금알갱이를 녹인 염도가 높은 물인 함수(鹹水)를 끓이는 방식이다.*

＊  갈개조금 방식은 조금[16] 바닷물이 조금 들어오고 조금때 바닷물이 닿지 않는 갯벌에서 7~8일 동안 흙을 잘 말린 다음 한곳에 모아 바닥에 갈대 또는 솔잎을 깔고 바닷물을 뿌려 한곳으로 모이도록 장치하여 함수를 얻는 방식이다. 갈개조금은 누구나 할 수 있는 손쉬운 방법이지만 생산되는 소금의 양이 적기 때문에 대규모로 소금을 만들기 위해서는 좀 더 과학적으로 진보한 '통조금' 방식이 필요하다. 하지만 통조금 방식은 까다로운 조건의 갯벌을 필요로 한다. 조금기간이 길어야 하고 갯벌도 모래가 약간 섞여야 하고 육지에서 흘러나오는 물의 간섭이 없고 갯벌고도가 해발[17] 6미터 이상이 되는 곳에서만 가능하다.

통조금 방식은 이러한 조건을 가지고 있는 갯벌에 조금기간 동안 깊이 약 1.5m, 지름 7~8미터의 깔때기 모양의 웅덩이를 만들어서 함수를 모으는 통자락이라는 장치를 만들고 파낸 흙을 그 주변에 잘 펼쳐서 말린다. 그리고 통자락 가운데 말뚝을 박아 함수가 고일 수 있는 통을 만들고 갯벌 흙이 들어가지 않도록 이엉을 엮어서 두르는데, 이엉의 재료는 반드시 띠풀[18]을 사용해야만 바닷물에 오랜 동안 잠겨 있어도 썩지 않는다. 이러한 장치를 만들고 바닷물이 들어오지 않는 7~8일간 통자락에서 파낸 흙을 잘 말려준다. 갯벌흙은 점도가 높고 흙 알갱이가 고와 잘 마르지 않기 때문에 계속 뒤집어 주는 일을 반복해야 한다.

흙을 뒤집는 일은 사람이 할 수 없는 어려운 일이므로 소를 이용해서 써레질을 하게 되는데, 뒤집어진 흙덩이가 더욱 더 잘 마르도록 덩어리를 부수는 덩이질과 써레질을 반복하게 된다.

이처럼 통자락 방식에서 가장 중요한 것이 흙을 말리는 작업인데,

---

16  바닷물이 조금 들어오고 조금 나가는 기간(음력 약 7일~13일, 22일~그믐)
17  평균 해수면의 높이로 자염을 만드는 마금리 낭금 갯벌의 높이는 605cm이다.
18  벼과에 속하는 다년생 초본식물. 높이는 30~80㎝로 뿌리줄기가 땅속 깊이 뻗으며 마디에 털이 있고, 잎 끝이 뾰족하다. (한국민족문화대백과, 한국학중앙연구원)

얼마나 갯벌 흙을 잘 말렸는가에 따라서 소금이 만들어지는 양이 크게 달라지기 때문이다. 갯벌흙이 잘 마르면 보통 밀가루나 콩가루처럼 잘 게 부서지게 되는데 이 작은 가루들의 표면에 붙어 있는 소금가루를 추출하기 위해 바닷물이 통자락이 설치된 갯벌까지 올라오기 하루 전날에 '통자락 되 메우기' 작업을 한다.

마른 흙은 소의 힘을 빌려 통자락을 덮게 되는데, 이때 사용하는 도구를 나래[19]라고 한다. 흙으로 가득 메워진 통자락에는 이엉을 두른 통의 모양만큼 빈 공간으로 남는데 그 위에도 흙이 들어가지 않게 뚜껑을 덮고 갯벌 흙을 그 위까지 작은 무덤 모양으로 완전히 덮어준다. 그리고 다음날 바닷물이 들어와 통자락을 덮어 놓은 마른 흙으로 물이 스며든다. 물이 스며들면서 마른 갯벌에 엉겨있는 소금알갱이를 녹이면서 통자락 안으로 스며들게 된다. 짠 바닷물에 마른 흙의 소금기까지 녹여서 스며들었기 때문에 간통[20]에는 매우 짠 물이 고이게 되며 이 물은 바닷물보다 4~5배 이상인 12도~15도까지 염도가 올라간 함수가 된다. 이렇게 모아진 함수는 바닷물이 나간 후에 물지게로 퍼서 육지에 있는 염벗으로 옮겨 '소금가마'에서 끓이게 된다.

염벗은 함수를 끓이는 소금공장 역할을 하는 곳으로 크게 세 가지 구성으로 나눌 수 있다. 첫째는 염벗의 형태를 유지하고 외부의 바람이나 간섭으로부터 내부시설을 보호할 수 있는 움막을 들 수 있다. 움막의 형태는 커다란 원의 각 둘레에 긴 말뚝을 안쪽으로 비스듬히 박은 다음 그 둘레를 볏짚으로 만든 이엉으로 둘러 내부를 보호하게 한다. 그리고 안에 설치되는 가마솥의 아궁이 방향에 커다란 문을 만들어서 완성한다. 둘째는 염벗 안에 커다란 아궁이를 만들고 정면 8자(240*cm*),

---

19  나무판에 대나무 발을 이어 붙여 넓은 면적의 판을 만들어 위에 손잡이를 덧 대어 소를 이용해 흙더미를 끌거나 밀어 넣는 데 사용하는 도구(일종의 커다 란 '고모래'와 비슷한 원리)
20  통자락 안에 짠 함수가 모여들 수 있도록 만든 공간

측면 12자(360cm), 높이 1자(30cm)의 대형 가마솥을 얹는다. 솥의 크기가 매우 넓기 때문에 중간 부분이 아래로 처지는 것을 막기 위해 나무보에 새끼줄을 매고 솥의 중간부분을 잡아매서 고정하고 그 위에 비가림을 할 수 있는 '덕보'라는 덮개를 만들면 완성이 된다. 셋째는 통자락에서 퍼온 함수를 저장하기 위해 염벗 내부에 땅을 파서 커다란 '버굿'이라는 함수 저장 웅덩이를 만든다. 버굿은 염벗 바깥쪽으로 급수로가 연결이 되어 외부에서 함수를 부으면 안으로 흘러들어 고이게 된다.

염벗으로 가져온 함수는 가마솥에 붓고 솔가지 등을 이용하여 보통 8~10시간 정도 불을 때면 '자염'이 완성되는데, 많은 양의 소금이 나면서 솥에 누룽지가 생기지 않도록 불 조절을 잘 해야 한다. 이렇게 만들어진 소금은 '되주걱'이란 도구를 사용하여 '삼태미(삼태기)'에 올려 물이 충분히 빠지면 소금 가마니에 담는다. 물이 잘 빠질수록 소금의 색깔이 하얗게 되고 함수를 끓이는 과정에서 떠오르는 불순물을 잘 걸러 주어야만 품질이 좋고 깨끗한 소금이 만들어진다.

'자염'은 지역주민들의 고증과 참여를 통해 어렵게 복원되었고 재현과정과 만들어진 소금은 생활문화자원이자 식문화 역사에서 중요한 요소라는 점에서, 자염은 새로운 지역브랜드이자 한국의 생활문화자원의 브랜드로서 가치가 높다.

### 1) 자염의 복원과정

1996년에 태안군에서는 마을 내 옛 물건이나 가정에서 수습한 소소한 유물을 전시하는 '신월향토유물관'이라는 작은 전시관이 개장되었다. 그리고 그곳 한 귀퉁이에 네모난 무쇠 그릇에 바닷물을 끓여 소금을 만드는 자염의 모형이 재현되었다. 태안은 대규모의 천일염 생산지로, 지역주민을 비롯한 관람객 대부분은 번거롭게 솥에서 물을 증발시켜 만드는 '자염'에 대해서 비효율적이고 미개한 소금제조방식으로 치부하기도 했다.

〈그림 1〉 함수가 만들어진 갯벌의 통자락을
열고 있는 장면

〈그림 2〉 가마솥에서 만들어진 자염을 건져
삼태미에 쌓아 간수를 빼는 장면

　　그러나 전시관 개장 후, 태안문화원에서 몇몇 임직원들이 지역문화에 대한 이야기를 나누던 과정에서 태안지역의 '자염'에 대한 이야기가 자연스럽게 나오게 되었다. 바닷물을 끓이면 소금이 되는 증발의 현상으로 만들어진 '자염'에 대해 가볍게 토론하고 이야기하는 과정에서, 임직원들은 지역주민들의 삶과 역사가 '자염'이라는 생활문화 속에 고스란히 녹아 있음을 발견하고 문화적인 재현을 위해 본격적으로 고민하게 되었다.

　　하지만 자염생산의 특성상 이를 재현할 수 있는 장소는 '태안'을 포함한 국내 모든 염전지역에서도 찾을 수 없었다. 과거 전국적으로 실시되었던 간척사업으로 인해 모든 염전지역이 자염생산에 적합하지 않게 매립되었기 때문이다. 불과 50여 년 전 만해도 태안군에는 200여 군데의 자염 생산 터가 있었으나 모두 소멸되었고, 이후 자염은 천일염과의 경쟁에 밀려 사라지게 되었다. 태안문화원은 사라진 자염을 되살리기 위해 수년간 갯벌을 찾기 시작했는데, 다행히도 태안문화원 임직원들과 함께 고민했던 한 중학교 선생님에 의해 자염생산이 가능한 갯벌을 찾게 되었다. 선생님이 지도하는 한 학생이 예전에 자염을 했던 갯벌이 현재 '근흥면 마금리 낭금마을'에 남아 있다는 이야기를 할아버지께 들은 적이 있다는 것이었다. 현장조사를 실시해보니 다행히도 과거 자염을 만들었던 갯벌이 실제로 존재하고 있었다. 사실 '낭금' 갯벌도 간척사업이 시행된 곳이어서 1964년 방조제의 물막이 공사까지 진행되었으나, 여러 가지 우여곡절에 의해 제방이 일부 붕괴되어 방치됨으로써, 다행스럽게도 옛 자염 터가 겨우 살아남게 되었던 것이었다.

이후 태안문화원은 마금리의 자염 터를 기반으로 자염 재현을 위한 사업을 진행하였다. 자염을 복원하기 위해서는 무엇보다 주민들의 고증, 자문, 그리고 노동 과정에 협조하는 것이 중요하였다. 하지만 자염의 복원에 대한 지역사회의 시각이 긍정적이지 못했기 때문에 복원 사업의 진행 및 사업비의 조달에 차질이 생기게 되었다. 사업의 원활한 진행을 위해 마을을 대표하는 이장님과 어촌계장님을 중심으로 한 '반도의 역사 소금마을만들기' 추진협의회가 설립되었는데, 어촌계장이 바뀌면서 후임 어촌계장의 자염사업에 대한 이해의 차이가 나타났다. 이로 인해 자염 재현과정은 수개월간 지체되었다. 마을 주민 및 추진위원회가 반대를 한 1차적인 원인은 자염복원 이후 축제진행과 같이 자염개발사업의 규모가 확대되면서 마을환경이 오염될 수 있고 환경 자체에 편의성이 부족하다는 것이었다. 그러나 보다 근본적인 원인은 마을 주민 간에 양식장과 관련된 의견이 불일치하였고, 그에 더해 자염은 천일염에 비해 경제성이 적었기 때문이었다. 공동체단위의 마을과 연대해서 사업을 할 경우에는 마을의 대표자를 통해서 협조를 구하는 것이 당연한 수순이기는 하지만, 태안문화원은 다른 통로로 마을의 정서, 종교, 주민관계 등에 대한 사전조사를 실시하였다. 사전조사를 면밀히 분석한 다음 사업에 필요한 사항을 정리해서 그 마을 여건에 맞도록 적용해서 접근하였다.

복원사업을 위한 사업비 조달도 급선무였다. 지방자치단체에서는 정보와 인식의 부족으로 자염복원에 대한 가치를 낮게 평가해서 사업비 지원에 다소 부정적이었다. 그러나 자염의 생활문화적 가치를 이해한 태안문화원의 임직원은 자체활동사업비 중 시급성을 요하지 않는 사업비를 이사회의 승인을 얻어 과감히 전용해서 자염복원을 위해 투자하기 시작했다. 이는 태안문화원 사업운영의 자율성과 효율성을 극대화하는 계기가 되었다. 하지만 활동사업비의 규모 자체가 작아 사업을 진행하는 데 어려움이 컸기 때문에, 결국 태안문화원 임직원들이 직접 복원을 위한 노동에 참여하고 지역의 노인들은 고증을 담당하였다. 과거 자염 터에 관한 도면, 사진, 또는 그림이 없어 지역의 노인들의 고증에 의존하였는데, 노인들은 향수에 젖어 들어 지난날의 기억들을 떠올렸다. 소를 타고 갯벌을 갈던 모습, 함수를 물지게에 지고 갯벌을 가로질러 오던 길, 땔감을 장만하기 위하여 수십 리 길을 지게를 지고 오간 일, 어릴 적 소가 끄는 덩이판에 올라 일을 돕던 기억 등을 통해 '자염'은 50여 년 만에 '낭금'이라는 시골마을에서 복원될 수 있었다. 이렇게 시작한 '자염' 재현은 그 이후 많은 이야기와 부가가치를 만들고 있다.

## 2) 자염 재현을 통한 문화콘텐츠 개발

2001년도부터 태안문화원은 '자염' 재현사업을 실시하였고, 이로 인해 자염축제를 포함한 다양한 2~3차 연계 문화사업과 상품이 파생되었다. 태안의 자염축제는 오지 작은 갯벌에서 재현된 작은 행사로 태안지역의 대표적 문화·관광자원으로 상품화되고 있다. 자염축제를 통해 태안 지역에 대한 다수의 스토리텔링 요소가 개발되었고, 자염축제는 태안지역의 브랜드가 되어 지역경제에 이바지하고 있다. 또한 태안문화원은 자염 재현행사와 자염축제를 비롯하여 여러 방송매체, 도서 및 어린이 교재 등을 통해 자염을 홍보하여 한국의 소금역사에 대한 올바른 지식을 대중에게 전파하는 데 주력하고 있다.

| 콘텐츠 및 사업 | 내용 | 기대효과 |
|---|---|---|
| **'태안자염' 상품화 (2002)**<br><br>〈그림 3〉 태안자염<br>(출처: 태안문화원) | - 태안자염을 생산하는 영농조합법인 '소금 굽는 사람들' 설립 | - 자염의 상품화<br>- 자염에 대한 특허 및 '지리적표시제' 추진 중 |
| **태안소금명품화사업** | - 자염의 전통적 이미지와 청정 이미지를 활용하여 '태안소금명품화사업단 (2013~2015)'의 천일염, 송화소금 등을 동반 홍보 | - 태안지역의 소금산업 활성화에 기여 |
| **역사문화마을 만들기 사업** | - 한국문화원 연합회 공모사업 '2003년도 역사마을 만들기 사업'<br>- 마금리 재현지역에 소금문화체험장을 조성하고 자염을 재현할 수 있는 갯벌 3,000평을 '공유수면점용허가'를 받아 보존 및 관리 | - 자염갯벌 보존<br>- 자염축제의 새로운 콘텐츠 개발<br>- 자염갯벌과 재현을 태안지역브랜드로 강화 |
| **태안지역 홍보** | - 자염에 대한 이해와 교육을 위한 영상물 제작 및 보급 | - 대중에게 쉽고 친근하게 자염과 국내 유일하게 자염갯벌이 보존된 태안을 홍보<br>- 지역의 문화적 가치 향상 |

| | | |
|---|---|---|
| **태안지역 홍보** | [예 1] 영화 식객 2 '김치전쟁'에서 배우 '김정은'이 자염 만드는 과정 연출<br>[예 2] KBS 다큐멘터리 '잊혀진 맛의 신비 자염' 방송 이외 각종 시사 교양프로그램, 소금과 관련된 방송물 등 | |
| **자염 및 한국의 소금문화 홍보**<br><br>〈그림 4〉 국립민속박물관 특별전(2011) (태안문화원 소장자료, 출처: 태안문화원)<br><br>〈그림 5〉 국립중앙과학관특별전 (2008) (태안문화원 소장자료, 출처: 태안문화원) | - 자염을 만드는 도구와 유물의 적극 활용한 홍보<br>- 국립해양박물관, 인천시립박물관, 전남 문화의 해 특별전, 국립민속박물관특별전, 국립중앙과학관 등의 각종 전시회에서 태안문화원의 자염이미지, 도구, 유물 등을 대여 | - 한국의 올바른 소금문화에 대해 전국에 홍보 및 교육<br>- 태안의 문화적 가치 상승<br>- 태안문화원의 중요성에 대한 인식 확대<br>- 태안과 타 지역의 문화교류 증가 |
| **어린이 도서 및 교육자료 활용**<br>〈그림 6〉, 〈그림 7〉 | - 상업용 어린이 교육도서에 태안문화원 제공 이미지 사용 (사진 및 감수 태안문화원) | - 자염 홍보와 한국의 소금문화에 대한 교육의 대상 확대 |

〈그림 6〉게 물렀거라 가마꾼 납신다 (아이세움출판사, 2009)

〈그림 7〉예쁜 소금 맛 좋은 소금 (한국헤밍웨이, 2004)

태안문화원의 전통소금문화 '자염복원 및 전승사업'의 활성화 요인은 크게 문화자원, 참여주체, 그리고 사업효과로 고려할 수 있다. '자염복원 및 전승사업'은 태안군, 충청남도, 한국문화원연합회, '태안소금명품화사업단'이 지원하며, 사업의 실행 및 관리를 위해 '반도의 역사 소금마을만들기' 추진협의회[21], 영농조합법인 '소금 굽는 사람들', 지역전문가, 향토사학자, 그리고 마금리 주민이 사업에 협조한다. 〈표 3〉은 '자염복원 및 전승사업'의 참여주체와 사업효과를 단계별로 정리한 것이다.

---

21  마을을 대표하는 이장과 어촌 계장을 중심으로 자염전의 복원을 위해 결성된 추진협의회.

〈표 3〉 '자염복원 및 전승사업'의 참여주체와 사업효과

| 문화자원 | 사업 진행을 위한 참여주체 | 사업의 효과 |
|---|---|---|
| 자염전 | 마금리 주민(고증 담당하는 어르신) + 태안문화원 + 지역전문가 + 향토사학자 + '반도의 역사 소금마을만들기' 추진협의회 | 지역문화자원의 복원 |
| 자염 재현 | 태안문화원 | 지역문화자원의 보존 |
| 낭금갯벌 | | |
| 자염(상품) | 지역생활공동체 영농조합법인 '소금 굽는 사람들' | 지역문화자원의 생산 및 판매 |
| 자염 재현 이미지 | 태안문화원 | 지역문화자원의 홍보 |
| 자염축제 | 마금리 주민 + 태안문화원 | 지역문화자원의 활성화 및 전승 |
| 자염을 주제로 한 교육자료 | 태안문화원 | 지역문화자원의 활용 |

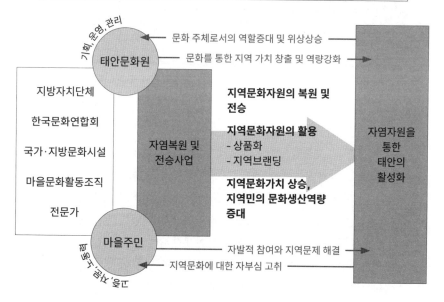

〈그림 8〉 '자염복원 및 전승사업'이 태안의 활성화에 미치는 영향

〈그림 8〉은 〈표 3〉을 바탕으로 '자염복원 및 전승사업'이 태안의 지역활성화에 미치는 영향을 요약한 것이다. 태안문화원은 지역의 민간단체 및 주민과 협력하며 지역의 문화적 가치를 제고하고 있다. 문화자원을 활용한 지역활성화는 그동안 관광산업이나 문화콘텐츠산업의 영향 아래 관광명소, 특산물 축제를 통한 지역의 경제적 이익에 치중한 경향이 높았다. 그러나 태안문화원의 '자염복원 및 전승사업'은 지방문화원의 역할인 향토자원개발 및 보존을 중심으로 지역주민과 협력하여 사업을 실현하였다. 특히 지역문화의 생산자이자 향유자인 주민의 자발적 참여는 사라졌던 향토자원을 발굴하여 지역경쟁력을 높이는 데 핵심적 요인이다.

〈그림 9〉 자염축제의 통자락 체험장면　　〈그림 10〉 조금기간 갯벌이 말라 자염축제 현장으로 활용되는 낭금갯벌

### 3) 자염 재현을 위한 자염축제 사업의 문제점 및 해결과제

자염축제는 참가자들에게 자염 재현과정을 소개하고 체험의 기회를 제공하며 한국의 소금문화의 전통을 이어가고 있다. 자염축제의 교육적 가치에 대한 인식이 높아지면서 자염축제는 태안지역의 대표적 문화·관광자원이 되었다. 2001년에 '자염생산재현'으로 시작되었던 자염축제는 다음 해인 2002년부터 '자염축제'로 명칭이 전환되어 매년 5~8월 사이에 실시되었다. 자염축제는 초기에 약 1,000명을 대상으로 실시되었다가 2008년부터는 약 2,000명을 수용하는 규모로 확대

문화농촌·창조농촌

되었다.

태안문화원은 숙련된 마을 주민들과 협력하여 매년 낭금갯벌에서 자염생산을 재현하는 것을 주요 프로그램으로 자염축제를 실시하고 있다. 자염축제가 갯벌에서 진행된다는 특성으로 인해, 갯벌의 자연환경적 요인은 축제의 가장 큰 변수이다. 또한 낭금갯벌이 위치한 마금리는 농어촌 지역이기 때문에, 자염축제가 실시되는 낭금갯벌 주변은 대규모의 관광객을 수용하기 어렵다. 다음의 〈표 4〉는 자염축제 실시를 좌우하는 5가지 요소를 정리한 것이다.

첫째, 한국에서 자염을 만들고 재현할 수 있는 장소는 태안군 근흥면 마금리 낭금갯벌이 유일하지만, 마금리는 교통여건이 불편하고 도로사정이 좋지 않아 대규모의 행사 진행시에 관광객 접근성이 매우 불리하다. 태안문화원은 자염축제에 관광객의 유치를 위해 행사기간 동안 관광객이 도보할 수 있도록 갯벌 입구를 정리하고 자염 재현행사의 독창성을 홍보한다.

둘째, 자염축제는 주변 환경 및 날씨에 크게 영향을 받는데, 바닷물의 조수간만의 차이, 날씨, 계절, 태양, 바람, 안개 등 행사를 준비하면서 고려되어야 할 자연조건이 까다롭고 민감하다. 자염축제는 공유수면[22]의 일부를 점용해서 운영되는데, 매년 자염축제 후에 공유수면인 갯벌에 바닷물이 들어와 시설물이 바닷물에 덮인다. 시설물을 재활용하기 위해서는 다시 처음부터 작업을 해야 하는 어려움이 있고, 육지에 설치하는 염벗은 나무와 볏짚 등으로 만들어 지기 때문에 매년 시설을 다시 하거나 대대적으로 보수를 해서 사용해야 한다. 자염 재현을 위해 사용되는 도구 또한 나무로 만들어진 것이 대부분이기 때문에 보존성이 약하다. 또한 갯벌 주위에 편의시설이 없고 주차공간이 부족하여, 태안문화원은 행사기간 동안 관광객의 편의를 위해 마을 주민에게 협조를 요청한다. 자연환경에 의해 발생하는 문제점으

22  해수면에 잠기는 곳.

로 감수해야 하지만, 태안문화원은 향후 원활한 축제진행을 위해서
태안문화원 및 행정기관에서 갯벌의 인근 농지를 구입하여 체험장을
조성하는 것이 필요하다. 육지에 전시관을 만들어 모형을 제작하고
실내 체험시설 등의 자염보존을 위한 시설을 설립하면 연중 교육이나
체험이 가능할 것이다.

셋째, 자염축제에서는 자염생산재현 외에 보조 프로그램 개발이
어렵다. 자염축제현장이 온통 산과 논, 그리고 갯벌로 이루어져 있어
태안문화원은 매년 자염 재현일정을 잡거나 행사를 치르는 데 매우
신중해야 한다. 이를 해결하기 위해, 태안문화원은 자염축제 중에 갯
벌작업의 일부를 생략하고 자염을 끓이는 방식을 중심으로 프로그램
을 진행하는 방법도 고려하고 있다. 프로그램을 변경할 경우에는 육지
나 외부 출장 재현도 가능하고 이때는 날씨나 계절의 영향에서 벗어날
수 있기 때문이다. 하지만 자염을 재현하는 행사는 특산물 판매를 위
한 백화점식 체험프로그램을 도입할 수도 없기 때문에, 현장의 갯벌,
식물, 나무, 돌, 조개껍데기 등의 자연환경을 최대한 보존하면서 옛날
놀이문화를 재현하거나 개발할 수 있는 보조프로그램이 필요하다.

넷째, 자염은 50여 년간 단절이 되었던 생활민속자원이었기 때문
에, 아직까지도 자염 재현을 위해 현장일을 하고 도구를 만들 수 있는
사람과 소(牛)가 부족하다. 자염 재현을 위한 갯벌작업은 상당한 기간
의 노하우와 육체적으로 힘든 노동력에 의지해야 하지만, 자염갯벌작
업을 위한 젊은 기능자를 구하는 것도 어려운 일이다. 자염 재현사업
초기부터, 지역에서 자염에 대한 기억이 있는 60대 이상의 노인층을
재현 인부로 구성하고 70대 이상의 노인의 자문을 받아 도구를 제작
하였다. 그러나 재현 노인들은 문화적 이해부족과 현대적 도구에 대
한 상식으로 과거의 도구제작 및 재현과정을 편의에 따라 자의적으로
변경하였다. 예를 들어, 피풀을 사용해야 하는데 손쉽게 구할 수 있는
볏짚을 사용한다거나 간통에 이물질이 들어가지 않도록 비닐을 사용
한다거나 하는 경우가 있었다. 이를 해결하기 위해 태안문화원 직원

들은 복원과정의 현장에서 끊임없이 현장에서 지역의 어르신들께 과정에 대한 질문과 확인을 반복하는 방법으로 원형유지에 최선을 다해서 재현에 성공하였다. 또한 갯벌작업에서 가장 중요한 것이 일소의 몫인데 현재는 코를 뚫어 일을 할 수 있도록 훈련된 소가 없다. 매년 일소를 구하는 것이 가장 큰 과제이기 때문에, 태안문화원은 향후 대안책으로 소를 이용해서 방송이나 영화에 출연하는 전문가를 통해서 연출이 가능한 소의 확보를 고려하고 있다.

마지막으로, 지역행사의 문화적 의의보다도 경제성과 규모성을 강조하는 지원체계는 자염축제의 가치를 과소평가할 수 있다. 갯벌에서 축제를 개최할 경우 적정인원은 500~700여 명, 최대 수용인원은 1,000명 이내(1일 기준)로, 현장의 수용능력이나 재현 프로그램의 특성상 적정 체험인원이 한정된다. 하지만 지역의 행사를 지원하는 기관에서는 현장 동원 인원을 중심으로 행사의 성패를 평가하고 지원하기 때문에, 행사의 중요성에도 불구하고 향후 지속적인 지원을 보장하기 어렵다. 자염 재현은 특성상 현장성에 대한 경제원칙을 적용하기보다는 전통문화자원의 보존과 지역의 이미지 발전을 위해 지자체 및 민간단체의 지속적인 지원이 필요하다. 이를 통해 태안문화원 및 지역의 행정주체는 자염축제를 일반 축제와 구별해서 보존해야 될 무형의 문화자원으로 분류해서 특별한 축제로 승화시켜야 할 것이다.


## 4. '자염복원 및 전승사업'의 발전방향

'자염복원 및 전승사업' 사례에서 나타나듯이, 농어촌의 향토문화자원개발은 지역의 내적요인을 최대한 활용하여 자원의 보존가치를 높이고 지역의 경쟁력을 향상시킬 수 있다. 농촌지역에서 문화환경 개발의 중요성이 확대되면서, 자염과 같이 잠재력이 높은 농어촌의 문화자원이 내생적으로 가치를 재창조하고 지역사회의 발전에 공헌할

| | 문제점 | 내용 | 해결책 및 과제 |
|---|---|---|---|
| 1 | 취약한 접근성 | - 마금리는 교통수단이 적고 도로사정이 좋지 않아 관광객 접근성이 매우 불리함<br>- 편의시설이 전혀 없음<br>- 주변에 활용가능한 토지도 없을 뿐 아니라 일시적인 행사 때 유용한 주차장 부지 확보가 어려움 | - 문화콘텐츠로서 자염 재현행사의 독창성을 강조하여 관광객의 체험을 장려<br>- 인근 농지 구입을 통한 체험장 조성이 필요함 |
| 2 | 환경적 영향 | - 환경적 변화에 따라 매년 시설을 다시 제작하거나 대대적으로 보수를 해서 사용해야 함<br>- 나무재질의 도구들이 다수이고 보존성이 약함<br>- 바닷물의 조수간만의 차이, 날씨, 계절, 태양, 바람, 안개 등 행사를 준비하면서 고려되어야 할 자연조건 | - 육지에 자염축제를 위한 시설을 설립하면 연중 교육이나 체험이 가능함<br>- 자염에 대한 홍보나 프로그램에서 갯벌작업을 일부 생략하고 자염을 끓이는 방식을 중심으로 변경을 고려 |
| 3 | 자염 재현 외에 미흡한 보조 프로그램 | - 자연조건 외에 시·공간적 요인에 의해 축제진행 여부가 결정됨<br>- 편의에 따라 특산물 판매 형식의 축제로 전환할 수 없음 | - 갯벌 주변의 자연을 최대한 보존하면서 자염 재현과 병행할 수 있는 특색 있는 보조프로그램 개발이 필요 |
| 4 | 재현인력과 일소의 부재 | - 자염재현을 위한 갯벌작업은 오랜 기간 동안 숙련된 노동력과 일소에 의지를 해야 함 | - 전문가를 통해서 연출이 가능한 소의 확보를 고려함 |
| 5 | 경제성과 규모성을 강조하는 지원체계 | - 현장의 수용능력이나 재현 프로그램의 특성상 적정 체험인원이 한정이 됨<br>- 하지만 지원기관에서는 현장 동원인원에 대한 평가를 통해서 지원하거나 행사결과를 평가하기 때문에 향후 지속적인 지원이 불투명함 | - 일반 축제와 구별해서 보존해야 될 무형의 문화자원으로 분류해서 특별한 축제로 승화시켜야 할 것 |

수 있는 가능성을 인정받고 있다. 자염은 농어촌 지역인 태안의 새로운 브랜드이자 지역의 역사적 특성을 부각하여 경제적·문화적 발전을 촉진할 수 있는 자원이 되었다. 이 과정에서 지역주민들은 사라졌던 향토문화자원을 복원하여 지역활성화에 참여함으로써 지역의 문화생산주체이자 향유자가 되었다.

나아가 태안의 지역주민들은 향후 자염자원을 보존할 수 있는 지역의 문화주체이다. 태안지역주민은 '자염복원 및 전승사업'을 통해 지역의 전통문화에 대한 자부심과 전통문화의 보존이라는 사명감을 가질 수 있었다. 태안문화원은 자염을 문화상품화의 자원으로만 개발하지 않고 지역문화자원 보존화의 중요성을 높이며 지역의 경제, 사회, 문화 분야에서 지역의 경쟁력을 향상시킬 수 있는 자원으로 그 가치를 제고하였다. 즉, 자염발굴의 시작부터 자염이 상품화된 현재까지도, 지역주민과 태안문화원에게 자염은 문화를 통한 지역활성화를 성취할 수 있는 지역의 향토문화자원이다. 무엇보다도 50년 이상 단절되었던 한국의 소금문화를 부활하였다는 점에서, 자염은 지역주민과 태안문화원의 자부심을 고취시키고 지역에 대한 애착심을 향상시킬 수 있는 계기가 되었다. 이를 바탕으로, 태안지역주민들은 자염자원의 문화적 가치를 중시하며 자염자원의 보존에 핵심적 역할을 할 것이다.

하지만 태안문화원이 '자염복원 및 전승사업'을 실현하는 초기 과정에서 문화원의 내적 요인부터 지역주민과의 소통과정까지 여러 장애요인이 발생하였으며, 현재도 부족한 인력 및 자원 등 자염의 보존 및 전승을 위한 당면과제가 많다. 사업 초기에는, 자염복원에 대한 인식과 당위성이 부족하여 지역 내에 회의적인 여론이 형성되면서 사업비를 지원받지 못하였다. 자염을 재현해서 태안의 대표적인 민속문화로 선점하고자 했던 태안문화원의 목표에 비해 자염복원 초창기 지방자치단체는 정보와 인식의 차이로 인해 복원에 대한 가치를 낮게 평가해서 사업비 지원에 부정적이었다. 그러나 자염의 생활문화적 가치를 이해한 태안문화원의 임직원은 자체활동사업비 중 시급성을 요하지 않는 사업비를 이사회의 승인을 얻어 과감히 전용해서 사업을 실시하였다. 이는 태안문화원 사업운영의 자율성과 효율성을 극대화하는 계기가 되었다.

그러나 무엇보다도 태안문화원은 마을 주민들의 정서파악과 관계설정이 가장 큰 난제였다. 자염을 복원하기 위해서는 무엇보다 주민들의 협조가 중요했는데, 자염 재현의 초기 단계에서 마을 주민들은 자염사업 자체에 관심이 낮거나 반대하기도 했다. 공동체단위의 마을과 연대해서 사업을 할 경우에는, 특히 지역사회에서 공동양식장, 공동작업장, 집단성씨 및 몇 개의 씨족으로 형성된 마을의 경우에는, 마을 정서와 관계 등을 사전에 조사할 필요가 있었다. 태안문화원은 마을의 정서, 종교, 주민관계 등에 대한 사전조사를 실시하였고, 그 결과를 마을 여건에 맞도록 적용해서 사업을 추진할 수 있었다.

자염복원 후의 난제는, 부족한 인력 및 재정자원과 자염의 상품화 과정이었다. 자염 재현과정에 참여하는 문화원의 임원들을 중심으로 '자염'을 지역의 특화상품으로 개발하는 과정에서 '무형 문화로서의 자염'에 대한 가치가 상실될 우려가 있었다. 물론 상품을 만들어 지역경제를 활성화하고 지역을 알리는 수단이 늘어나는 것은 바람직하나 '자염'은 생산방식에 있어서 전통 그대로의 과정으로는 대량상품화가 불가능하다. 일부 과정을 생략한 공장방식으로 자염을 만들 경우 '자염' 특유의 전통성과 지역성이 훼손될 우려가 있었기 때문이다. 따라서 태안문화원은 상품으로 만들어지는 '자염'과 문화원에서 재현하는 '자염'을 명확하게 구분지어서 홍보하였다. 즉 문화원은 자염의 전통적인 역사와 이미지를 강조하고 재현해서 지역의 무형 문화자원으로 활용하고, 상품으로 생산되는 자염은 '소금'의 맛과 성분이 강조된 명품 소금으로 각각의 특성을 구분지어 홍보하고 판매하는 방법을 선택하였다.

이러한 과제를 해결하기 위해, '자염복원 및 전승사업'의 발전방향에 대한 제언은 다음과 같다.

① 태안군의 자염생산업체의 확대와 마을 기업을 통한 상품 생산필요

현재 자염은 자염 재현에 참여했던 일부 사람을 중심으로 영농조합법인인 '소금 굽는 사람들'이라는 업체에서 겨우 맥을 이어가고 있는 실정이다. 실제로 낭금 마을 사람들은 '자염' 생산의 상품화에 관심을 갖고 있지 않다. 여러 이유가 존재하지만, 자염은 천일염에 비해 생산이 가능한 갯벌규모도 작고 보다 많은 양의 노동력이 요구되기 때문이다. 하지만 한국 고유의 소금인 자염의 문화유산적 가치와 태안이 유일하게 그 명맥을 유지할 수 있다는 점에서, 자염은 지속적으로 생산되며 특산물로서 상품화되어야 한다. 자염생산이 천일염생산에 비해 이윤은 낮겠지만, 농어촌지역으로서의 태안군의 특징을 살리고 마금리 낭금 갯벌을 활용한 '사회적 기업' 또는 '농어촌 마을 기업'을 만들어 '자염'을 상품화하고 자염 재현의 맥을 이어서 진정한 '자염'의 복원이 이루어져야 한다. 이와 함께, '전통소금문화의 전승지역'으로 지역의 브랜드 가치를 상승시켜야 한다.

② 지역의 미래가치창출을 위한 태안문화원의 역할 확대

지방문화원은 지역의 문화자원을 개발하여 지역사회의 토양을 조성하고 문화를 발전시키는 곳이다. 문화재를 비롯한 향토문화자원은 일차적으로 보존 및 전승되는 것이 중요하지만, 일상생활에서 대중이 경험하며 그 가치를 공유할 때 더욱 의미가 높다. 지방문화원은 문화매개자로서 진정한 의미의 지역문화진흥을 위해 지역주민과 소통하면서 지역의 향토자원을 발굴하고 및 전승의 가치를 제고하여야 한다. 즉 지방문화원은 지역 고유의 자원과 가치를 이해하고 문화자원을 경제적 이익창출을 위한 수단보다도 지역문화를 형성하고 발전시키기 위한 가치재로 인식할 수 있도록 노력해야 한다. 태안문화원의 '자염복원 및 전승사업' 사례는 지역문화유산 발굴 및 활용이 지역의

인적, 문화적 자원에 새로운 가치를 부여하며 지역을 대표하는 정체성을 갖는 사례이다.

지방문화원은 사업규모에 상관없이 지역문화 및 경제발전에 큰 영향력을 줄 수 있는 정보와 자원을 보유하며 이를 보존하고 활성화하는 데 구심적 역할을 한다. 이를 위해 지방문화원은 우선적으로 지역의 자원을 잘 정리하고 보존해야 한다. 그러나 지방문화원은 사업의 규모와 중요성에 비해 열악한 조직과 재원으로 인해서 지역 고유의 자원에 대한 연구와 활용에는 많은 한계를 가지고 있다. 태안문화원은 15년간 자염 재현과 홍보를 통해서 많은 자료와 이미지를 확보했지만, 자료관리를 할 수 있는 공간이 터무니없이 부족하다. 현재 전문적인 문헌을 확보하고 지역 내에 전문 운영팀을 만들어 자염을 무형문화재로 등록하여 제도적으로 '자염 재현'의 생활문화가 보존될 수 있도록 노력하고 있다. 하지만 담당인력의 부족으로 인해 자염자원의 정보화 및 데이터베이스(Database: DB)화는 효율적으로 진행되지 못하는 실정이다. 지역의 향토문화자원은 지속적으로 정보가 축적되고 정보의 공유를 통해 타 지역과 교류할 때 비로소 그 가치가 상승되며 부가가치를 창출할 수 있다. 따라서 태안문화원은 우선 자염에 관련된 자료를 DB에 구축하는 데 주력하고 지역의 인프라를 최대한 활용하여 문화원을 주축으로 해당 자료를 통합적으로 관리하는 방안을 강구해야 할 것이다.

### ③ 지역문화인력 양성

지방문화원의 위상과 역할을 강화하기 위해서는 지방문화원을 체계적으로 관리, 운영할 수 있는 전문인력 확보 외에도 문화원의 사업에 협력할 수 있는 지역주민의 참여가 매우 중요하다. 특히 지역을 이해할 수 있는 풍부한 인적자원과 체계적인 마을 자치조직은 지역의 문화사업의 운영에 더욱 효과적이다. 지역주체들의 의지와 자발적 참여에 따른 지역활성화는 문화자원의 고유성과 차별성을 부각할 수 있다. 하지만, 자염 재현의 초기 과정에서 나타나듯이, 지역의 문화사업에 지역주민의 동의를 얻고 참여를 유도하는 것은 실제로 매우 어려운 과제이다.

태안의 '자염복원 및 전승사업'이 지속되기 위해서는 농어촌의 환경적 특성을 이해하고 대응할 수 있는 지역주민의 협력이 필수적이다. 자염 재현을 위해, 현재 지역의 노인들이 역할을 대체할 젊은 기능자들을 섭외한다 해도 그들이 기술력 외에 자염생산에 대한 자부심이나 자염을 보존한다는 사명감이 없다면 '자염복원 및 전승사업'의 효과는 크지 않을 것이다. 향후 '자염복원 및 전승사업'이 발전하기 위해서는 태안문화원의 인력이 보강될 뿐 아니라 지역환경에 익숙한 주민의 참여가 꼭 필요하다. 다행히, 현재 태안군 내에 15세~24세의 청소년층과 40대 이상 중장년층 인구의 비율이 높다. 태안문화원을 비롯한 지역의 리더들은 이들에게 지역문화의 중요성을 강조하고 '자염복원 및 전승사업'의 가치에 대해 재인식할 수 있는 기회를 확대하여야 한다. 태안군의 청소년과 중장년층의 주민들이 태안에서만 가능한 자염보존에 대한 자부심을 갖고 '자염복원 및 전승사업'에 참여한다면, 태안지역의 정체성을 강화할 수 있는 자염의 브랜드 파워 및 가치가 상승될 것이다.

또한 태안문화원은 충남지역 내·외에 개인, 단체, 지방자치단체, 기관 등과 네트워크 및 협력체계를 발전시키고 이를 바탕으로 지역 간의 교류를 확산시켜야 한다. 이를 위해서는 지자체 단위의 지원 체계가 안정되어야 한다. 현재 태안문화원이 위치한 태안군에는 대학이나 문화재단이 없어 '자염복원 및 전승사업'에 참여할 수 있는 전문인력 및 협력기관이 부재하다. 낭금 갯벌이 위치한 마금리나 인근 마을의 주민들도 대다수가 농어업에 종사하기 때문에 단기간 내에 지역주민을 중심으로 자원봉사체계를 구성하거나 문화전문인력을 양성하기가 쉽지 않다. 따라서 태안문화원은 광역단위의 지자체와 문화기관과 협력체계를 구축하고 '자염복원 및 전승사업'에 참여할 수 있는 인력을 확보할 수 있도록 노력해야 한다. '농어촌마을해설가'와 '문화관광해설사'와 같은 지역문화전문인력의 확보도 중요하지만, 향후 태안군 내에서도 지역문화전문인력을 양성할 수 있는 방안도 모색하여야 할 것이다.

### ④ 태안의 문화환경과 자연 보전

마지막으로, 태안문화원은 풍부한 지역문화자원으로 인해 문화자원의 재가치화를 시도할 수 있는 잠재력이 높다. 자염터의 복원과정부터 자염축제의 실행과정에서 알 수 있듯이, 마금리 낭금에 이러한 소중한 갯벌이 남아 있었기 때문에 '자염'을 재현할 수 있었고 축제도 개최할 수 있었다. 자염은 환경과 자연 보전이라는 중요한 시사점도 주고 있다. 자염을 만들 수 있는 갯벌은 살아 있는 건강한 갯벌이어야만 한다. 하지만 이러한 갯벌의 대부분이 과거의 경제논리로 대부분 간척되고 개간되면서 우리나라에서 사라지게 된 것이다. '자염'이 사라진다는 것은 곧 '자염'을 만들 수 있는 소중한 갯벌도 동시에 사라진다는 것을 의미한다. 따라서 축제와 재현도 중요하지만, 우리나라에 단 하나 남아 있는 낭금 갯벌의 보존 및 전승을 위한 노력은 더욱 중요하다. 이를 위해서 한국의 전통소금문화를 보존하기 위해 중앙정부의 인적·물적·재정적 지원이 필요하며, 태안문화원은 지역의 행정기관 및 전문 문화기관과 지역주민 간의 소통을 확대하여, 태안지역의 문화가 지역의 내외로 활발하게 교류될 수 있는 환경을 구축하여야할 것이다.

# 참고문헌

국가법령정보센터, "지역문화진흥법" (http://www.law.go.kr/lsInfoP.
do?lsiSeq=150758&efYd=20140729#0000).

김영순·오세경, "강화문화원과 남도문화원의 문화사업 내용분석",
『인문콘텐츠』, 2010, 15, pp.175-200.

네이버 지식백과, "농어촌" (http://terms.naver.com/entry.nhn?do-
cId=585363&cid=42094&categoryId=42094).

송낙길, "지방문화원 발전방안에 대한 고찰 : 양주문화원을 중심으
로", 『사회복지경영연구』, 2014. 2. pp.107-127.

이병석 의원·도종환 의원, 문화체육관광부, 『지역문화진흥계획 2020
대토론회』, 한국문화 관광연구원, 2015.

이한기·박덕병·박은식, "전통문화와 전통지식을 통한 농촌의 내생적
발전 요인에 관한 연 구", 『농촌사회』, 2002. 12(2). pp.51-74.

임학순, "문화정책맥락에서의 농촌화 현상 이슈" (http://webzine.
arko.or.kr/load.asp?subPage=10.View&idx=336&search-
Cate=10), 『웹진 아르코』, 2015. 2. 2.

정낙추, "태안지방 소금생산의 역사", 태안문화원, 2002.

정지수, "지역의 특성을 담은 축제 개발방안", 한국문화원연합회 문
화발전대 토론회, 2004.

"지난해 귀농·귀촌 4만 4천 가구…사상 최대" (http://news.nate.com/
view/20150319n19072), 『연합뉴스』, 2015. 3. 19.

태안문화원 홈페이지 (http://taean.cult21.or.kr/0016_taean/index.jsp)

한국문화원연합회(구: 한국지방문화원) 홈페이지 (http://www.kccf.
or.kr)

한동현, "한국문화원연합회와 지방문화원의 기능적 역할 연구", 『역
사문화연구』, 2012, 44, pp.279-316.

# 8 농촌 일상의 체험 프로그램 사례

## 1. 농촌 대상 문화정책의 관심 영역 변화

과거의 농촌 대상 문화정책의 주된 관심 영역은 농촌지역 주민들에게 다양한 문화혜택을 제공하는 것이었다. 도시지역 주민들에 비하여 상대적으로 문화수용의 기회로부터 소외된 농촌지역 주민들의 일상을 고려하면 나름대로 의미 있는 정책적 관심이라 할 수 있다. 그러나 인터넷과 디지털 방송의 보급, IPTV의 확산 등 미디어 환경의 변화는 농촌지역에서도 다소간의 시차는 있으나 주요 장르의 문화콘텐츠들을 도시지역과 마찬가지로 향유할 수 있도록 하였다. 더 이상 도시에서 즐기는 문화를 경험해보는 것이 농촌지역 주민들의 문화수요가 아니게 되었다는 것이다.

오히려 이제는 농촌의 일상을 동경하는 도시지역 주민들의 감성적 체험수요가 확대되고 있고, 농촌의 일상을 체험할 수 있는 이른바 '힐링' 프로그램들이 농촌지역 문화 활성화의 한 대안으로 고민되어,

이러한 흐름의 연장선상에서 여러 지자체들과 농촌 마을 단위에서 다양한 지역 축제와 이벤트, 농촌 체험마을 등의 사업들이 추진되고 있다.

이 글에서는 이러한 흐름들 가운데 농촌 생태공간을 테마로 한 체험형 공간의 테마파크화의 이슈를 살펴볼 수 있는 두 가지 사례를 살펴보고자 한다. 지역 축제와 이벤트가 단발적인 성격을 가지는 데 비하여, 농촌 체험마을 등의 체험형 공간 운영은 장기적인 관점에서 농촌과 외부 관광객들이 감성적인 소통을 할 수 있다는 의미에 주목하는 것이다.

이제부터 세 가지의 화두를 두고 농촌 체험형 공간 운영의 사례들을 살펴보고자 한다. 첫 번째 화두는, 도시의 문화를 경험해보는 것만이 농촌지역 주민들의 문화수요일까? 하는 것이고, 농촌문화의 중심은 농촌 고유의 생태환경이어야 하지 않을까? 하는 것, 세 번째 화두는, 농촌이 스토리텔링의 종착지여야만 하는 것일까? 하는 것이다.


## 2. 용인 농도원 목장의 사례[1]
### '가나안 농군학교와 새마을 운동의 시원'

경기도 용인시 처인구 원삼면에 자리하고 있는 농도원 목장은 1952년에 설립되어 국내에서 가장 오랜 역사를 가진 농장 가운데 하나이다.

설립 초기에 농장 내에 '복음 농도원'이라는 농업학교를 세워 수많은 농촌지도자와 '가나안 농군학교'를 탄생시킨 한국 농촌운동의 산실로 평가받고 있다. 또한 농도원 출신인 유태영 박사는 1960년대에 새마을운동의 이론적 기초를 수립하여 농도원이 새마을운동의 시

---

[1]  농도원 목장 홈페이지 (www.nongdo.co.kr).

원이라는 역사적 평가를 받고 있기도 하다.

<그림 1> 용인 농도원 목장의 전경(출처: 농도원 목장 홈페이지 www.nongdo.co.kr)

농도원 목장은 1973년부터 홀스타인 젖소를 기르고 우유를 생산하는 정통 낙농목장으로 꾸준히 유지되어 왔다. 농도원 목장 측이 밝히는 설립취지는 "식량자원이 부족한 상황에서 농업의 자주권을 확보하는 것이었으며, 지금도 그 정신을 계승하여 생산목장의 본질을 유지하며 목장을 소비자인 도시인에게 개방"하는 것이다.

이후 1990년대에 낙농시설의 자동화와 전산화를 완료하고 젖소 한 마리당 평균 생산량 11,000kg을 달성하였고, 2000년대 들어 친환경직불제 시범농장 선정, 금탑산업훈장 수훈 등 대외적으로도 높은 평가를 받는 낙농 전문 목장으로서 입지를 구축하였다.

한편 1999년 처음 목장 웹사이트를 개설한 이후 적극적으로 일반인들과의 커뮤니케이션을 시도하였고, 이를 기반으로 다양한 체험 프로그램을 개발하여 운영하였다. 이러한 노력의 결과로 2005년에는 낙농진흥회로부터 국내 2호 낙농체험목장 인증을 받았고, 한국증축개량협회로부터는 가장 아름다운 목장으로 선정되었으며, 2007년에는 경기도와 용인시로부터 '밀크스쿨1호'로 선정되기도 하였다. 2014

문화농촌·창조농촌

년에는 여성가족부로부터 청소년수련활동인증을 취득하였다.

<그림 2> 농도원 목장의 스토리텔링 (출처: 농도원 목장 홈페이지 www.nongdo.co.kr)

　　현재 농도원 목장은 약 165,000㎡의 부지에 초지와 소나무 숲 등
이 조성되어 있으며, 후리스톨 우사(착유우사) 2,080㎡, 400여 톤 저
장용량의 트렌치 싸일러 2기 등의 설비와 트랙터, 굴삭기, 스키드 로
더 등의 장비를 보유하고 있다. 모두 120여 두의 사육두수를 가지고
있으며, 이를 통해 연간 700여 톤의 원유를 생산하고 있다.
　　목장 홈페이지를 통한 사전예약제로만 진행되는 목장 체험 프로그램은 목장견학, 송아지 우유 먹이기, 건초 먹이 주기, 젖 짜기 체험, 송아지 만지기, 아이스크림 만들기, 치즈 만들기, 트랙터 타기, 피자 만들기(동계 체험에 한함) 등으로 구성되어 있다. 낙농을 위한 인력들 이외에 별도의 전문 체험 가이드들이 체험 프로그램을 운영, 진행하고 있다.

이러한 체험 프로그램들은 〈그림 2〉와 같이 농도원 목장의 하루 일과를 담백하게 스토리텔링하는 방식으로 구성되어 있다. 아침 착유 → 젖소에게 먹이주기 → 외양간 청소 → 송아지 돌보기 → 저녁 착유 → 어미 젖소 관찰하기로 이어지는 '목장의 하루'를 농도원 복장의 체험 프로그램을 통해 고스란히 접해볼 수 있도록 한 것이다. 그리고 단조로울 수 있는 일상 체험을 보완하기 위하여 아이스크림과 치즈 만들기 등 쿠킹 프로그램을 편성하고 있으며, 언덕길을 달리는 트랙터 타기 체험을 어트랙션으로 활용하고 있다.

그 밖에도 가족단위 방문객들이 목장 안 초지와 소나무 숲 곳곳을 자유롭게 산책하고 뛰어놀 수 있도록 하였고, 방문객들이 직접 싸온 도시락을 숲 속에서 먹을 수 있도록 하여 자연 속에서의 하루를 만끽할 수 있도록 배려하고 있다.

〈그림 3〉 송아지 우유 먹이기 체험

농도원 목장의 체험 프로그램에서 몇 가지 특징을 도출해볼 수 있겠다.

우선 실제 목축과 생산, 비즈니스가 진행되고 있는 현장을 체험형 테마파크로 구성하고 있다는 점이다. 목장의 설립취지에서 밝히고 있듯이 농도원 목장이 추구하는 정체성은 '생산목장'이다. 농도원 목장은 유제품을 생산하는 대기업에 양질의 원유를 공급하는 역할과 함께, "대기업이 생산하지 못하는 세계적 수준의 수제 유제품의 생산과 판매로 고객들에게 감동을 선사"하는 것을 중요한 사업영역으로 설정하고 있다.

이러한 '생산목장'으로서의 브랜드 가치를 확장하기 위하여 상업성을 배제한 교육 프로그램으로 진행되고 있는 목장 체험 프로그램을 운영하여 소비자들과 소통하고 신뢰를 구축하겠다는 것이다.

때문에 농도원 목장의 있는 그대로의 모습을 꾸밈없이 보여주는 것이 가장 중요한 체험의 테마가 되고 있으며, 목장의 일상에 대한 판타지를 제공하여 농도원 목장 브랜드에 대한 방문객들의 우호적인 태도를 형성하고 있다.

낙농을 위한 최적의 청정 생태환경의 유지·보존이라는 두 번째 특징은 첫 번째 특징의 효과를 더욱 강화하고 확장하기 위한 것이다. 농도원 목장은 국내에서 가장 아름다운 목장으로 선정될 만큼 목가적인 경관과 아름다운 건축물을 지니고 있는데다가, 경내에 서식하는 반딧불이나 야생 노루, 고라니 등을 목장 안에서 종종 접할 수 있는데, 이는 농도원 목장의 청정 생태환경 유지 노력의 결과물이라 할 수 있다. 낙농 브랜드로서 소비자들의 신뢰를 얻기 위해 가장 중요한 요소라 할 수 있는 안전성 문제를 청정 생태환경 유지를 위한 투자와 그 결과물의 공개를 통해 해결하고 있는 것이다. 이를 통하여 체험 프로그램으로 접하는 목장 안의 모든 대상과 경험이 안전한 청정 생태환경 속에서 이뤄지고 있음을 확신시켜, 체험에 대한 만족도와 농도원 목장 브랜드에 대한 신뢰도 모두 높아질 수 있도록 하고 있다.

결국 농도원 목장은 스스로의 공간을 '목장의 하루가 있는 청정 생태환경 체험 테마파크'로 자리 매김하고 있다. 다만 '생산목장'으로서 소비자들과의 커뮤니케이션을 목적으로 하고 있기 때문에 본격적인 테마파크로서의 스토리텔링 구성과 프로그램의 다양성 측면에서는 아쉬운 점이 있다.

그러나 생산과 생산을 위한 노동이 농촌문화의 가장 중요한 요소이자 출발점이라는 점을 생각하면, 자립을 통한 생산의 안정화와 사업적 기반을 확립한 농도원 목장이 스스로의 목장 문화를 도시인들과 공유할 수 있는 체험문화로 재탄생시킨 점은 매우 높은 평가를 받아야 마땅하다. 생산을 위한 일상과 동떨어진 판타지가 아닌, 생산을 위한 일상을 담백한 판타지로 구성해내 생산을 위한 체험의 즐거움을 제공하고 있다는 점이, 청정 생태환경 체험 테마파크로서 농도원 목장의 수수한 스토리텔링의 의미에 무게를 더하고 있는 셈이다.


### 3. 홍천 모둘자리 힐링체험마을의 사례[2] – '자연 속에서의 편안한 휴식'

강원도 홍천군 서석면 모둘자리 계곡에 소재한 모둘자리 힐링체험마을은 1980년대 중반부터 부지 매입 및 설계에 들어가 1992년부터 본격적으로 운영을 시작하였고, 1994년에 농림식품부 공식지정업체로 선정된 바 있다. 외딴 오지였던 모둘자리 계곡 인근의 부지를 사들여 건립된 모둘자리 힐링체험마을은 초기에는 숙박시설을 중심으로 운영이 이루어졌다가 점차 수영장, 눈썰매장, 황토찜질방, 전통찻집, 대형 인공호수와 호수무대 등의 체험 시설들을 추가로 건축하여 계곡의 작은 복합 리조트로 변신하였고, 최근에는 레저 어트렉션인 짚라인과 에코 어드벤처 n12를 완공하고 계절별 테마 패키지 체험 프로그램을

2    모둘자리 힐링체험마을 홈페이지 (www.moduljari.co.kr).

선보여 친환경 생태 체험 테마파크로서의 규모와 시설, 프로그램을 구비하게 되었다.

〈그림 4〉 모둘자리 힐링체험마을 안내도
(출처: 모둘자리 힐링체험마을 홈페이지 www.moduljari.co.kr)

　　모둘자리 힐링체험마을이 자랑하는 차별화 포인트는 무엇보다 모둘자리 계곡의 아름다운 자연경관과 생태환경을 그대로 살려낸 건축물과 부대시설들이다. 모든 객실과 전통찻집, 사무동 등의 건축물들이 전통 한옥 방식으로 건축되었으며, 찜질방은 천연 황토를 재료로 제작되었다. 야외수영장은 계곡물을 끌어와 다시 계곡으로 흘러들어가게 설계되었고, 역시 계곡물을 끌어들인 대형 인공호수에서는 쪽배 타기와 워터롤러 체험이 가능하며, 호숫가에서는 아름다운 경관을 내려다보며 식사를 할 수 있도록 테라스형 식당이 설계되었다. 모둘자리 힐링체험마을을 둘러싼 산악지형을 이용한 1km 코스의 짚라인과 계곡을 가로지른 다양한 형태의 12개 다리 등을 통과하는 에코 어드벤처 n12도 자연경관을 훼손하지 않고 시설물을 최소화하고 있다. 또 계곡을 따라 조성된 울창한 자연림 속에서 자전거 타기를 즐길 수도 있다.

이처럼 모둘자리 계곡의 생태환경과 어우러진 인프라들을 토대로 모둘자리 힐링체험마을은 계절별로 1박 2일 코스의 테마 패키지를 운영하여 방문객들의 만족도를 높이고 있다.

〈그림 5〉 계곡 위를 지나는
에코 어드벤처 체험
(출처: 모둘자리 힐링체험마을 홈페이지
www.moduljari.co.kr)

3월부터 6월까지는 봄 패키지, 7월부터 9월까지는 여름 패키지가, 10월부터 11월까지는 가을 패키지와 12월부터 2월까지는 겨울 패키지가 연중 진행되고 있다. 봄과 가을 패키지는 짚라인과 에코 어드벤처 등 자연 속에서 즐기는 아웃도어 레저 체험을 중심으로 구성되어 있고, 여름 패키지는 야외수영장에서 진행되는 맨손 송어잡기와 계곡 물놀이 등이 진행된다. 겨울 패키지는 인공 호수에서 진행되는 얼음 송어낚시와 눈썰매 등이 진행된다. 모든 패키지에는 무제한 바비큐 석식을 포함한 3식이 제공된다. 계절별 테마 패키지 상품을 비롯한 모둘자리 힐링체험마을의 모든 이용은 홈페이지를 통한 사전예약제로만 참가할 수 있어, 철저한 정원관리로 쾌적한 시설 및 체험 프로그램 이용이 가능하다.

모둘자리 힐링체험마을의 경쟁력은 아무런 준비 없이 방문해도 아름다운 자연경관 속에서 힐링과 레저, 놀이체험 및 안락한 숙박과 양질의 식사까지 즐길 수 있다는 것이다. 또한 이러한 패키지가 4인기준 352,000원의 가격으로 책정되어 있어 한 사람당 90,000원이 되지 않는 가격 역시 경쟁력이 되고 있다.

<그림 6> 한옥형의 객실들
(출처: 모둘자리 힐링체험마을 홈페이지 www.moduljari.co.kr)

모둘자리 힐링체험마을을 테마파크 비즈니스의 관점에서 바라보면 단일한 테마성이라는 측면에서 다소 부족한 점이 없지 않다. 자연 속에서의 힐링 체험이라는 테마를 제시하고는 있지만, 테마의 구체성은 모호한 것이 사실이고 파크가 제시하는 스토리텔링도 두드러지지 않는다. 오히려 테마파크 이전 시기의 어트렉션 중심의 어뮤즈먼트 파크와 휴식형 리조트의 복합 수준이라고 설명하는 것이 적절할 수도 있겠다.

그럼에도 불구하고 모둘자리 힐링체험마을을 고찰하고자 하는 까닭은 농촌의 생태공간을 적극적인 체험공간으로 개조하여 문화상품화하려는 사업자의 노력에 있다. 1980년대에 버려진 산간지역의 토지를 매입하여 자연 속의 휴식과 놀이가 가능한 문화공간으로 만들어보겠다는 사업자의 의지는 1990년대 후반부터 시작된 힐링 수요와 결합하여 힐링체험마을이라는 콘셉트를 구축할 수 있었다. 이후 다양한 세부 체험 프로그램들이 적용되면서 농촌의 버려진 공간을 문화체험공간으로 변신시키려는 노력이 결실을 거두고 있다.

실제로 모둘자리 힐링체험마을의 안병학 대표는 주말 패키지의 저녁식사 시간이면 인공호수에 마련된 수변무대에 올라 전자피아노를 직접 연주하며 방문객들의 노래자랑 프로그램을 진행하고, 송어잡기나 눈썰매 등의 계절 프로그램도 손수 진행하며 모둘자리 힐링체험마을에서 보낸 시간들이 감성체험이 될 수 있도록 의식적인 노력을 기울이고 있다.

이러한 사업자의 노력들이 테마성과 스토리텔링 텍스트의 부족이라는 약점에도 불구하고, 방문객들의 자발적인 참여에 의한 풍부한 스크립톤의 창출을 가능하게 해주고 있다고 볼 수 있겠다.

2006년부터 현재까지 모둘자리 힐링체험마을은 12,000평 규모의 인근 토지들을 매입하여 오지마을을 추가적으로 조성하고 있는데, 새롭게 오지마을을 조성하는 것을 기점으로 기존의 힐링체험마을과 오지마을을 관통하는 테마와 캐릭터, 스토리텔링 등을 개발·적용하여 모둘자리 힐링체험마을의 정체성을 보다 구체화한다면 농촌 생태공간을 활용한 훌륭한 체험형 테마파크의 성공사례로 발전할 수 있으리라 기대한다.

## 4. 가평 남이섬 '나미나라공화국'의 사례[3]
### '낭만과 추억이 가득한 예술의 섬'

경기도 가평군 가평읍에 소재한 남이섬은 1944년 청평댐의 완공 이후 물길이 바뀌면서 생성된 육지섬이다. 이후 별다른 쓰임새 없이 존재하던 남이섬은 1966년에 고 민병도 선생이 경춘관광개발공사를 설립하여 남이섬을 사들여 유원지로 조성하면서 시민들을 위한 생태공

---

3    남이섬 나미나라공화국 홈페이지 (www.namisum.com).

원으로 재탄생하였다. 2000년에 외환위기 극복 등의 이유로 주식회사 남이섬으로 법인이 변경되어 설립되었고, 이때 현 강우현 대표가 취임하였다. 그리고 2011년 '문화예술 자연생태의 청정정원'을 표방하며 재 창업을 선언한다. 2002년에는 남이섬을 배경으로 제작된 드라마 '겨울연가'가 큰 성공을 거두어 '국제적인 관광휴양의 성지'로 남이섬이 급부상하게 되었다. 그리고 2006년 3월에 국가형태를 표방하는 특수 관광지 '나미나라공화국' 독립선언을 통해 새로운 마케팅 전략을 전면적으로 추진하며 세계 책나라 축제 등 자연친화적인 문화행사를 지속적으로 유치 혹은 개최하고 각종 전시, 체험 시설 및 어트렉션과 숙박시설을 확충해오고 있다.

〈그림 7〉 남이섬 입구(출처: 남이섬 나미나라공화국 홈페이지 www.namisum.com)

현재는 전시, 공연시설과 다양한 먹거리를 제공하는 식음시설, 수영장 등 체험시설, 모노레일 등의 어트렉션, 숙박시설 및 생태공원 등이 운영되고 있으며, 2011년 기준 외국인 관광객 42만 명을 포함하여 연간 총 230만 명의 관람객이 다녀간 것으로 집계되었다.

남이섬의 특징은 댐 건설에 따라 생성된 볼모지에 다양한 수목을 옮겨 심어 인공적인 생태공원화에 성공한 사례라는 점이다. 수도권으로부터 최대 2시간 이내 거리에 입지한 대규모 생태공원이라는 장점으로 1970년대와 1980년대에는 휴양 유원지로 인기를 모았었고, 1990년대 후반 외환위기를 계기로 스토리텔링이 접목된 종합 생태문화 테마파크로 브랜드 정체성을 정립할 수 있었다. 여기에 2007년 한옥호텔 정관루의 개관을 통해 한국형 생태 테마파크 리조트단지로서의 입지를 굳히게 되었다.

〈그림 8〉 남이섬 대표 생태경관인 메타세쿼이아 길
(출처: 남이섬 나미나라공화국 홈페이지 www.namisum.com)

남이섬이 국내외 관광객들의 지속적인 호응을 받는 테마파크로 성장할 수 있었던 데에는 드라마 '겨울연가'의 영향이 적지 않았다고 할 수 있지만, 드라마의 종영 이후에도 단발성 트렌드로 그치지 않고 지속적인 성장을 할 수 있었던 데에는 무엇보다 남이섬만의 차별화된 스토리텔링의 개발과 통합적 적용이 가장 큰 성공요인이었다고 할 수 있다.

남이섬은 '나미나라공화국 독립선언'의 단순명료한 메시지만으로 섬 전체 공간의 테마와 스토리텔링을 완성하고 있다.

남이섬 공식 홈페이지에서 밝히고 있는 '나미나라공화국 독립선언문'에는 남이섬 스토리텔링의 콘셉트가 명료하게 나타나 있다. 대자연 속에 어린이들을 위한 동화나라라는 콘셉트를 메인으로 하여 가족단위 관람객들을 위한 판타지를 제공하겠다는 것이다.

나미나라공화국 독립선언문

우리는 나라를 세웁니다.
노래의 섬 남이섬에 동화나라를 세웁니다.

同化되고
同和되어
童話를 쓰고
童畫를 그리며
動畫처럼 살아가는

동화세계를 남이섬에 만듭니다.

행복한 상상이 꿈틀대는 북한강 대자연 위에
이 세상에 하나뿐인 대한민국 속의 꼬마나라
새소리 물소리 바람소리가 인간의 숨소리와 하나 되어
콧노래가 저절로 흘러나오는 노래의 섬 남이섬에
상상과 창조의 자유를 마음껏 구가할 수 있는 꿈의 세상,
나미나라공화국을 만듭니다.

남이섬에서는 모두 나미나라 국민입니다.

실제로 남이섬의 스토리텔링을 적용한 공간 및 프로그램 구성을 살펴보면, '상상 속의 대자연', '문화와 예술의 섬', '맛있는 상상' 등의

핵심 카테고리들을 편성하고 있는데, '상상 속의 대자연'은 어린이들이 가족들과 함께 즐길 수 있는 숲과 정원, 연못 등의 남이섬 고유의 생태환경을 스토리텔링화하고 있으며, '문화와 예술의 섬'은 각종 전시공간과 공연공간, 체험공간 등을 동화마을, 노래마을, 상상놀이터로 각각 스토리텔링하고 있다. '맛있는 상상'은 7개의 식당과 5개의 카페를 각각 '맛있는 여유'와 '달콤한 여유'로 스토리텔링하였다.

〈그림 9〉 나미통보(출처: 남이섬 나미나라공화국 홈페이지 www.namisum.com)

이 밖에도 나미나라공화국 국기와 국가, 입장권을 대신하는 나미나라 여권과 고유글꼴 '나미짜'의 사용, 남이섬 내에서 현금처럼 사용 가능한 나미통보와 나미나라 우표 등 스토리텔링을 적용하여 독립된 국가 시스템 체험이 주는 즐거움을 관람객들에게 제공하고 있다.

또한 남이섬은 '남이섬 세계 책나라 축제', '레인보우 페스티벌' 등 동화세계를 표방하는 문화예술 테마파크의 정체성을 구축할 수 있는 이벤트를 매년 개최하고 있으며, 대자연 속의 생태 테마파크의 정체성 확립을 위해서도 남이섬 환경학교와 녹색가게 체험공방의 운영, 다양한 테마의 숲과 정원, 산책로, 작은 동물원 운영 등의 정책을 꾸준히 추진해오고 있다.

이처럼 남이섬은 독립된 국가 이미지와 풍부하고 차별화된 자연경관에 문화예술 콘텐츠를 융합하여, 차별화된 스토리텔링을 구축하는 데 성공한 생태공간 체험형 테마파크의 성공사례라 할 수 있겠다.

## 5. 농촌 생태공간은 순환하는 스토리텔링의 시작이자 동기여야

농도원 목장과 모둘자리 힐링체험마을, 남이섬의 사례를 살펴보았다. 이들 사이에는 공통점도 있고 차이점도 있다. 공통점은 쓸모가 많지 않은 농촌공간에 투자하여 기왕의 생태환경을 활용한 새로운 가치를 창출하는 공간으로 재탄생시켰다는 점이다. 또 저마다의 공간 운영 목적은 다소 다른 결을 가지고 있지만 방문객들과 문화적으로 소통하기 위한 다양한 공간 스토리텔링을 개발하고 적용하고 있다. 차이점이라면 스토리텔링에 대한 인식의 차이이거나 개발 역량의 차이겠지만 어쨌든 공간 스토리텔링 적용에 있어 비중과 방법론의 상이함이 존재한다.

군이 공간 스토리텔링 강화를 위한 제언을 첨언하자면, 농도원 목장의 경우 가장 인기 있는 엄마젖소인 구칠이를 캐릭터화하여 구칠이를 중심으로 한 체험 스토리텔링을 개발한다든지, 모둘자리 힐링체험마을의 경우 운영 중인 체험 프로그램들을 연계하는 단계별 미션을 부여하여 1박 2일의 모든 일정이 마지막 최종 미션을 위한 하나의 체험 스토리텔링이 될 수 있도록 설정한다든지 하는 모델 등을 제시할 수 있겠다.

그러나 이 글의 취지가 스토리텔링 컨설팅에 있는 것은 아니므로 스토리텔링 강화 모델에 대한 상세한 서술은 생략하기로 하거니와, 그럼에도 불구하고 현재의 스토리텔링만으로도 살펴본 세 곳의 공간들은 모두 방문객들에게 일정한 공간 스토리텔링의 만족을 제공하고 있음은 분명하다. 이 글에서 보다 주목하고 싶은 것은 세 곳의 공간들에서 방문객들이 체험하는 공간 스토리텔링의 의미이다.

남이섬 나미나라공화국 스토리텔링처럼 창작된 스토리텔링이 주는 감성적 공간체험이 아니더라도, 농도원 목장은 잘 보존된 청정 생태환경 속 노동과 생산의 일상을 담백한 스토리텔링으로 적용하여 전원 속 어린 목동의 이야기를 방문객들 스스로 체험할 수 있도록 하고 있다. 모둘자리 힐링체험마을의 경우는 사업자의 공간 스토리텔링에 대한 이해의 정도가 크지 않아 보이지만, 계절에 따라 공간 곳곳에 배치한 어트랙션과 체험 프로그램에 일정한 스토리적 연계성을 부여하고 있으며 계절이 주는 자연경관의 매력과 어우러지면서 방문자들의 스토리텔링 감성을 자극해주고 있다.

반드시 많은 수의 텍스톤이 수용자의 스크립톤을 활성화시키는 것이 아니며 수용자의 감성과 태도에 따라 적은(혹은 단순한) 텍스톤이 보다 왕성한 스크립톤의 생성을 자극하기도 한다는 점을 생각하면, 어떤 의미에서는 농도원 목장과 모둘자리 힐링체험마을의 단순명료한 스토리텔링이 방문자들 스스로 만들어가는 스크립톤 생성을 위한 감성적 공간을 더욱 확장해주고 있다고 볼 수 있을 것이다.

앞서 이 글을 시작하며 세 가지 화두를 던져보았다. 첫 번째 화두는, 도시의 문화를 경험해보는 것만이 농촌지역 주민들의 문화수요일까? 하는 것이고, 농촌문화의 중심은 농촌 고유의 생태환경이어야 하지 않을까? 하는 것, 세 번째 화두는, 농촌이 스토리텔링의 종착지여야만 하는 것일까? 하는 것이었다.

도시의 문화를 경험(소비)해보는 것도 농촌지역 주민들의 문화수요 가운데 일부분일 수 있을 것이다. 그러나 문화의 진정한 본질이 나와 공동체의 삶과 사연을 심상화하고 표현하는 데 있다면, 자신들의 삶의 공간과 그 안에서의 이야기들을 문화화하는 과정도 농촌지역 주민들의 문화수요를 충족시켜주는 의미 있는 영역이 될 수 있을 것이다. 그리고 그 결과물이 다른 지역의 다른 결의 삶을 살고 있는 사람들과 공유될 수 있다면 문화창조의 기쁨은 더욱 커질 것이다. 그런 의미에서 농도원 목장과 모둘자리 힐링체험마을, 남이섬 나미나라공화국 등은 농촌의 생태공간을 스토리텔링화하여 체험형 공간으로 탄생시켰고, 이 공간을 통해 외지 방문객들과 즐거운 교감을 나누고 있다. 이처럼 농촌지역 주민 스스로가 스스로의 삶을 문화로 만드는 과정 역시 중요한 가치를 지닌 농촌문화정책의 테마이자, 농촌 문화수요에 대응하는 방안이 된다는 점을 진지하게 고민할 때가 아닐까 싶다.

농촌지역 주민 스스로가 만들어가는 농촌문화의 범주에는 글과 그림, 음악 등 문화예술의 양식을 통해서 창작하는 행위만이 포함되는 것도 아닐 것이다. 농촌 고유의 생태환경은 그 자체로 도시문화와 차별되는 훌륭한 문화 창조의 씨앗이 된다. 도시인들이 차창 밖으로 흘려보내는 농촌의 풍경도, 약간의 공간 스토리텔링의 과정을 거치면 당장이라도 찾아가 머무르고 싶은 전원 판타지를 제공하는 테마파크로 변신할 수 있음을 이 글에서 살펴본 세 곳의 공간들을 통해 확인할 수 있었다.

스토리텔링의 종착지로서의 농촌이라는 의미는, 농촌이 문화콘텐츠 산업의 순환구조 속에서 완결된 도시문화 스토리텔링이 마지막으로 소비되어 그 생명력을 다하는 지점으로 머무르는 현상에 대한 문제제기이다. 앞서 두 가지 화두에 대한 고찰에서 깨달을 수 있었듯이 농촌의 생태환경은 열린 농촌문화 스토리텔링의 매력적인 동기가 되어주고 있다. 열린 농촌문화 스토리텔링이 활성화되고 그러한 공간 스토리텔링의 좋은 사례들이 여러 지역으로 확산된다면, 더 이상 농촌은 도시문화의 종착지에 머무르지 않을 것이다. 오히려 보령 머드축제가 세계 10대 축제의 하나로 각광받게 된 것처럼 농촌문화가 세계문화의 출발지가 될 수 있다는 발상의 전환도 필요하다고 생각한다.

스토리텔링의 역량을 갖추는 데에는 많은 시간과 학습, 그리고 무엇보다 많은 습작의 과정이 필요하다. 이러한 특성을 감안하여 농촌지역 주민들이 자신들의 생태공간과 일상을 스토리텔링화할 수 있도록 지원하는 다양한 교육 프로그램들이 개발된다면 기존의 농촌 생태공간 테마 테마파크들의 활성화는 물론, 새로운 농촌 생태공간 스토리텔링 모델의 개발과 발굴에 큰 도움이 될 것이다. 농촌지역 주민들의 스토리텔링 역량 강화를 위한 프로그램에 민간과 정책 차원의 많은 노력과 지원이 모아지기를 기대한다.

김미소

# 9 크리에이티브 농촌! 농촌 디자인경영 이노베이션

## 1. 프롤로그

지방 출장이 잦아 KTX를 이용할 때면, 꼭 KTX매거진을 찾아본다. 알지 못했던 지역 곳곳의 뉴스는 물론, 여가생활과 바른 먹거리 등의 꽤 쏠쏠한 정보를 체크하다 보면, 금세 목적지에 다다른다. 여느 때처럼 KTX 매거진을 보던 중 꽤 흥미로운 기사를 발견했다. 농산품에 창의적인 디자인이 더해져, 생산자의 신념을 부각시켜주는 상품들을 소개해 주는 기사였다. 지인들에게 불어닥친 유기농 먹거리와 디톡스 열풍, 농사에서 삶과 음악을 배운다며 귀농을 하거나 도시 텃밭을 꾸리는 뮤지션, 유기농 먹거리에 디자인 경영을 도입해 스타트업 사업을 하고 싶다는 디자이너 등이 주변에 있어서인지, 유독 그 기사가 눈에 들어왔다. 언젠가는 꼭 구입해보리라는 마음가짐으로 휴대폰 카메라로 기사를 스캔했다. 그리고 얼마가 지났을까, 스승의 날이 되어서 문득 휴대폰에 고이 저장되어 있던 그 기사를 떠올렸다. 오랜만에 찾는 스승님께, 뻔하지 않은, 소담스럽지만 바른 선물을 하고 싶었다. 그 중에서도 생산지에서만 만들 수 있는 제품을 도시에서도 건강하게 즐길 수 있도록 판매한다는 '농원에서 당신의 식탁까지, farm table in the city'라는 슬로건의 인시즌 제품에 끌렸다. 홈페이지에 들어가니 때마침, 스승의 날 맞이 특별 상품도 판매하고 있었다. 괴산의 농원에서 직접 재배한 원료로 만들어진 모과배, 오미자, 애플시나몬 3종 시럽과 꽃다발이 함께하는 구성으로, 깔끔한 패키지와 어느 식품매장에서도 쉽게 만나볼 수 없는 유니크한 구성이 맘에 들었다. 감사하게도 사무실까지 원하는 시간에 맞춰 직접 배송까지 해주는 친절함에 흡족해하며, 상품의 내용물을 확인했다. 감사카드와 인시즌의 제품 사진이 담긴 엽서 꾸러미까지 함께 들어 있었다. 주는 사람도, 받는 사람도 참으로 기분 좋아지는 선물이었다.

〈그림 1〉 농원에서 당신의 식탁까지, 인시즌의 스승의 날 맞이 **특별상품**

## 2. 농촌 디자인경영

디자인 경영(Design management)이란 회사와 같은 조직에서 디자인과 관련된 의사 결정을 할 때에 시장상황과 고객 중심적인 방법으로 최적화하여 접근하는 방법을 의미한다. 디자인 경영은 디자인을 통해 회사의 경영 목적을 이루려는 방법이기도 하며 이를 통해 서비스, 제품, 조직의 디자인과 관련된 사항을 최적화하여 생산성, 경쟁력과 품질을 향상시킬 수 있다. 이 분야는 지식경영의 중요한 분야 중 하나로서 산업디자인, 브랜드디자인, 인터페이스 디자인 등 다양한 디자인 분야와 관련되며 디자인 문제를 정의한 후 이를 해결하기 위한 디자인 프로세스를 거치면서 마케팅부서, 제조 및 개발 부서 같은 조직의 다른 부분과 협력하여 목표를 성취하려고 함께 노력한다. 크게 디자인 부서를 관리하는 것, 디자인 프로세스를 관리하는 것, 그리고 디자인의 결과물을 관리하는 것과 미래의 디자인 전략을 세우는 역할을 한다.[1]

프롤로그에서 소개한 인시즌의 사례는 농산품에 디자인경영이 도입된 대표적인 사례라고 할 수 있다. 앞서 언급한 디자인경영의 정의에서처럼, 단순히 농산품을 담아내는 패키지에만 디자인을 이용하는 것이 아닌, 농산품과 관련된 제품·유통·서비스·마케팅 등 경영전반에 걸쳐 디자인을 활용하고 있다. 과거 농촌이 다른 경쟁 기업 혹은 생산지로부터 양질의 제품을 '생산'하는 것 자체에만 중심을 두었었다면, 근래의 농촌은 다른 산업군과 마찬가지로 제품 차별화, 브랜드의 특별함, 새로운 유통망을 개발하고 선점하는 것과 같은 디자인 경영을 도입하여 각 농촌 기업의 정체성을 강화하고 차별화하며, 새로운 생존 전략을 모색하고 있다. 또한 이를 통해 공급자가 제품을 사용자에게 제공하는 것이라는 정의를 넘어서서, 수용자의 행동변화를 이

---

1    위키백과

끌어내는 디자인으로의 전환, 즉 조금 더 고객에게 편리하고 스마트한 서비스 가치를 제공함으로써 공급자와 수용자 쌍방향의 커뮤니케이션 등이 가능해지는 공유 가치를 창출하고자 한다.

이처럼 농촌 경영 혁신이 이루어지고 있는 가장 큰 중심에는 농촌 산업에 디자인경영, 서비스디자인과 같은 새로운 비즈니스 모델을 도입하고자 한 젊은이들이 적극 유입되기 시작한 데 있다. 창조경제 시대에 힘입어 많은 젊은이들은 자발적으로 창조적인 산업군을 개척했고, 이와 관련한 정부 차원의 지원과 독려 등으로 농촌을 주목하는 젊은이들이 늘어났다. 더불어 빡빡한 도시의 기준이나 원칙으로부터 벗어나 삶의 대안을 마련하는 귀농, 그린라이프를 실현하는 농촌 이민자들의 확산도 이에 큰 영향을 미쳤다. 단순히 웰빙, 슬로우 라이프와 같이 반짝하는 트렌드로 농촌이 부각되었던 과거에 비해, 삶의 터전 자체를 농촌에서 재발견하려는 주체적인 젊은이들이 늘어남에 따라, 농촌의 지형은 크게 변화하고 있다.

디자인 경영으로 산업혁신이 이루어지고 있는 크리에이티브 농촌, 달라진 제품 디자인에서부터, 디자인 프로세스와 결과물의 관리, 유통·서비스·마케팅 경영 전반에 디자인이 도입된 대표적인 사례들을 소개한다.

### 3. 농원에서 당신의 식탁까지, 인시즌 (IN SEASON)

부모님의 갑작스런 귀향에 떠밀려 타의로 농원의 맏딸이 되었지만, 그곳은 많이 멀었습니다.

아일랜드나 중국에서 수년간 일하다 보니, 더욱 시골 농원의 존재는 잊고 지낼만 했고,

매번 새로운 도시에 갈 때마다 마트를 순례하고, 현지의 수제 식품을 찾고 맛보면서도

소위 가업이 되어버린 농촌은 남의 일일뿐, 그 날 전까지는 한 번도 꿈꾸지 않았습니다.

일본에서 처음 농원 브랜드의 고추장 소스와 간장 드레싱 그리고 된장딥을 만나던 그 날.

전혀 촌스럽지 않은 농촌 출신의 제품들이 도시에서 먹기 쉽게 팔리는 제품으로 나와

농부가 손수 만드는 제품이 그 귀한 가치를 인정받는 시장을 발견한 날.

눈이 띄였습니다. 새로운 세계가 열렸습니다.
이제 우리가 시작할 때라고 생각했습니다.[2]

〈그림 2〉 전통적인 발효기술을 살려 수제 잼을 생산하는 인시즌 제품

프롤로그에서 소개한 인시즌은 충남 괴산에서 배를 재배하는 아

---

2    인시즌, www.inseason.co.kr

버지와 인근 산에서 딴 산야초로 효소를 만드는 어머니, 그리고 부모님이 손수 기른 귀한 재료들로 잼과 시럽을 만들어 대중에게 선보이는 딸이 함께 협업하는 소규모 기업이다. 인시즌은 농원에서 직접 재배하는 우수한 농산물과 전통적인 발효기술을 살려서 매실, 산야초 발효효소, 애플시나몬, 오미자, 생강, 모과배와 같은 천연 과일 시럽과 배잼, 생강잼, 밤잼, 오디잼, 자두잼과 같은 수제 잼을 생산한다.

농원 테이블에서만 맛볼 수 있는 자유로움과 넉넉함, 보고 싶은 사람들과 둘러앉아 수다와 함께 나누는 푸짐하고 소박한 한 상, 농원의 테이블에서 맛볼 수 있는 진정한 맛이 깃들여진 핸드메이드 식품들을 테이블 레시피와 함께 소개하는 것을 기업 철학으로, 홍익대학교 국제디자인대학원을 졸업한 30대의 두 젊은 여성 대표 김현정, 이소영에 의해 시작되었다. 대학원 당시 지역발전을 위한 상품을 개발하는 공모전에 상품가치가 없어진 낙과를 활용한 음료를 만들어 지역사회를 살리는 방법을 제안하는 것이 그 출발이었다. 수확한 것을 그대로 팔아서는 이익을 볼 수 없는 구조라는 것을 알게된 두 대표는 가공과 유통, 포장과 마케팅에 대해 고민하며 선진국의 농산품 가공과 유통 방법을 배우기 위해 일본과 유럽 등지를 둘러보며 벤치마킹하고 인시즌에 디자인 경영을 도입했다.

인시즌의 제품디자인은 모던하고 심플하다. 시럽과 식초를 담은 투명한 유리병은 마치 투명한 꽃병을 연상시키며, 제품이 가진 천연색깔이 선명하게 드러난다. 식초와 시럽에 비해 상대적으로 가격이 조금 나가는 효소 같은 경우는 와인병을 연상시키는 고급스러운 병에 네임택과 함께 포장되어 있다. 제품을 소개, 판매하는 중요한 창구인 인시즌의 웹사이트는 마치 리빙, 인테리어 전문 잡지를 보는 것과 같은 깔끔한 레이아웃과 고급스런 제품 사진으로 잘 정돈되어 있다. 인시즌의 웹사이트를 보고 있으면 제품의 건강한 맛도 맛이지만, 제품을 세트로 구입하여 부엌 진열장에 보관하거나 인시즌 제품을 이용하여 잘 갖춰진 테이블을 꾸리고 싶은 열망이 강하게 밀려온다. 제품에 담고자 한 철학만큼이나 단정한 패키지 디자인과 웹사이트, 제품 사진, 홍보물 디자인 등의 균형감이 뛰어나다.

인시즌은 패키지와 더불어 남다른 서비스 디자인을 선보인다. '테이블 매터스(Table Matters)'라는 타이틀로 인시즌의 제품을 일상 생활에서 잘 활용할 수 있는 레시피를 제공하며, 인시즌의 제품을 활용해 음식을 만드는 과정을 공개하고 직접 배워보는 오픈 키친과 테이스팅 세션, 인시즌의 제품과 어울리는 꽃꽂이와 테이블 세팅에 대한 원데이 클래스를 마련하기도 한다. 인시즌의 웹사이트에서 제품을 구매하거나 회원가입을 하면 인시즌에서 열리는 다양한 이벤트에 참가 신청이 가능하며 이와 관련한 정보가 개인 이메일로 발송, 인시즌의 페이스북 페이지를 통해서도 접할 수 있다. 인시즌의 제품은 인터넷 웹사이트 이외에도, 주말 시장, 온·오프라인 편집숍 등에서 만날 수 있으며, 깔끔한 디자인과 건강한 레시피, 고객과 소통하는 다양한 서비스 디자인으로 인해 젊은이들의 반응은 물론, 두터운 마니아 층을 형성하고 있다.

### 4. 사과를 활용한 융복합 문화 활동, 파머스 파티(Farmers Party)

파머스 파티는 자연을 벗삼아 농부와 디자이너가 함께 새로운 생태문화를 창조하는 네트워크다. 일교차가 큰 경북 봉화에서 친환경 농법으로 기른 사과가 대표 작물로 매년 8월 말부터 주문할 수 있는 사과는 싱그러운 사과나무가 아기자기하게 그려진 상자에 담겨 배송된다. 사과를 수확하거나 착즙하는 실제 과정을 일러스트로 표현해 믿고 구입할 수 있다. 맛 좋은 파파사과 중 당도가 높은 사과만 골라 직접 세척한 뒤 반으로 잘라 속의 상태를 확인하고 착즙한 100% 파파사과즙도 대표 상품이다.

파머스 파티는 사과를 활용한 다양한 캠페인, 이벤트, 전시, 프로모션을 펼친다. 'I am your farmer'라는 스타워즈를 패러디한 티저 광고부터 롯데갤러리, 광화문 원 갤러리 등에서 〈갤러리로 간 사과〉라는 의외성을 선보인 파머스 파티와 같은 기획전시를 선보인다. 그런가 하면 '사과'에 담긴 중의적인 의미를 살려 고객의 사연을 받아 선정하고 직접 찾아가서 대신 사과를 전달하고 사과하는 '100% Sorry 사과 드리러 왔습니다' 캠페인, 파머스 파티의 패키지 상자를 재활용하는 아이디어를 공모하는 '100% 박스를 완성해주세요'와 같은 캠페인을 펼친다. 농업과 식문화의 미래에 대한 그림을 함께 그리며 생산자와 소비자의 공생적 가치를 추구하는 농산물 브랜드의 사회적 의미의 역할에 대해 대학생들과 함께 고민하고 만들어 가는 미래 상상 워크숍을 개최하기도 하고, 파머스 파티의 고객을 대상으로 맛있고 건강한 삶을 실현하는 '파파노을 피크닉'을 개최하는 등 다양한 이벤트를 통해 고객에게 다양한 서비스디자인을 제시한다. 뿐만 아니라 그랜드 민트 페스티벌, 안산 벨리 록 페스티벌, 현대카드 슈퍼 콘서트와 같이 젊은이들이 많이 찾는 음악 페스티벌에 홍보 부스 및 다양한 체험행사를 마련하고, GAP과 같은 의류 브랜드의 매장 런칭의 마케팅 협력 파트너로 참여하는 등 브랜드 노출과 홍보에도 많은 노력을 기울이고 있다.

## 5. 사랑을 전하는 벌꿀의 모든 것, 허니스푼

사랑을 전하는 벌꿀, 허니 스푼은 2010년 6월 정식으로 오픈한 온라인 벌꿀 쇼핑몰이다. 30년을 넘게 벌을 기른 아버지와 디자이너 딸 이민진이 설립한 허니스푼은 천연 벌꿀에 아버지의 사랑과 생활의 편리함을 담았다. 사양산업인 양봉일에 한결같이 매진하는 아버지를 돕고자 하는 마음, 디자이너로서 자기 브랜드를 갖고 싶다는 욕심이 접점에서 만나 벌꿀을 이용한 온라인 쇼핑몰을 창업했다. 벌꿀이 연세 지굿하신 분들끼리 선물로 주고받는 건강식품 정도로만 인식되는 현실에서 인식의 전환이 필요하다고 생각했고, 얇고 긴 병에 꿀을 담아 투박하지 않고 세련된 디자인을 고안해 냈다. 뿐만 아니라 어디서든 쉽게 짜 먹을 수 있는 튜브허니와 휴대용으로 좋은 스틱허니를 개발하는 등 패키지의 변화로 일상에서 꿀을 활용할 수 있는 범위를 확대시켰다. 또한 아카시아 꿀, 야생화 꿀, 밤꽃 꿀, 꽃가루 등의 다양한 종류의 꿀을 선보이기도 하고, 천연 벌꿀을 활용한 립밤, 비누를 개발하기도 했다. 벌꿀을 활용한 다양한 레시피, 꿀과 관련한 다양한 정보 또한 제공한다.

## 6. 농사는 예술이다, 농부로부터

'농사는 예술이다'라고 말하는 쌈지 농부 천호균 대표와 20년간 유기농 기술의 보급과 발전에 힘써온 사단법인 흙살림 이태근 대표가 함께 기획한 농산물 유통 매장 농부로부터는 농부가 정성어린 손길로 땅에서 일군 먹거리를 통해 소비자를 연결하는 공간이다. 천 대표는 농업으로 사업 초점을 맞추면서 안 사고는 못 배기는 상품을 만들어 소비자들을 유혹하기보다 친환경적인 소재를 재활용할 수 있는 지속 가능한 디자인을 하고 싶다는 지론을 갖고 2009년부터 사회적 기업 '쌈지농부'를 만들어 '농사는 예술이다'라는 슬로건으로 농촌 디자인 컨설팅을 했다. 이어 2010년에는 경기도 파주 헤이리에 생태문화공간 '논밭예술학교', 유기농 레스토랑 '오가닉 튼튼밥상' 등을, 2011년에는 흙살림과 손잡고 헤이리 예술마을과 홍대에 농산물유통매장 '농부로부터'를 열었다. 우리농산물+문화+텃밭예술+먹거리를 콘셉트로 하는 농부로부터는 국내산 토종 곡물, 된장, 간장, 김치, 효소 등 숨 쉬는 발효 식품, 유기농 과일, 아이들을 위한 쌀 과자와 주전부리 등을 판매한다. 농부로부터의 매장은 폐가구와 버려지는 집기에 새 생명을 불어넣는 작업으로 소박하고 따뜻한 감성을 살려 인테리어되어 있으며 농부로부터의 로고는 쌈지길의 간판 글자로 유명한 이진경 아트디렉터의 손 글씨체로 농부가 주인공임을 표현하고 있다.

아이들의 바른 생각을 키워 주고 바른 성장을 돕는 먹거리들을 준비, 꿈꾸는 도시 농부의 도시 텃밭, 지역 장인들의 예술품과 함께 만드는 자연 친화적인 그릇 생산, 농부로부터의 식자재로 운영하는 친환경 식당 '밥, 농부로부터' 경영, 겉모양새로 가치를 결정하는 시선에서 조금만 벗어나 못난이 과일들의 판로를 개척하는 '생긴대로 좋아' 캠페인 등을 펼치며, 농업과 관련한 사회적 가치를 발견하고 이를 조화롭게 해결하고자 하는 데 앞장선다.

## 7. 안전한 음식 재료로 만든 고급 장터, 마르쉐@

마르쉐@는 음식을 매개로 생산자와 소비자가 직접 만나, 이야기하고 안심하면서 사고 파는 도시형 장터로 2012년 10월에 문을 열었다. 농부와 요리사 그리고 장인과 시민 등 다양한 개인들의 맛과 이야기가 담기는 작은 시장, 먹거리를 중심으로 다양한 참여자들의 스토리와 다양한 개인들 사이에 만남의 즐거움이 담기는 도시 속 대안적 커뮤니티와 공간을 추구한다. 먹는 즐거움을 만끽하며 함께 행복한 시간을 나누는 이 장터는 건강한 농업과 좋은 요리사들, 건강한 식문화와 핸드메이드 라이프를 응원한다. 농부와 요리사, 장인, 아티스트, 코디네이터로 이루어진 '마르쉐 친구들'이 주관하고 여성환경연대, 마리끌레르, 문화예술위원회 아르코미술관이 공동 주최한다.

마르쉐@혜화동은 매월 둘째 주 일요일 대학로 마로니에 공원에서 개최된다. 마르쉐@혜화동은 밀과 보리, 콩, 씨앗, 봄나물, 뿌리 발효와 같은 매달의 주제를 정하고 엄선된 요리팀, 농부팀, 수공예팀이 장터에 참여한다. 오전 11시~오후 4시, 다섯 시간 동안 서는 장을 찾는 사람이 통상 3,000명을 웃돌 정도로 2년 만에 놀라운 성장을 이뤘다. 홈메이드 과일 잼, 우리밀과 프랑스 밀로 만든 건강한 발효종빵, 우뭇가사리와 콩국이 조화를 이룬 우무콩국과 마른나물 떡볶이와 같은 별식, 제철 토마토피클, 생새우 텃밭쌈장, 자연산 곰취장아찌, 한복을 만들고 남는 자투리 원단들로 만든 냄비 손잡이 장갑, 텃밭 채소 수확용 앞치마, 농장의 생두만 사용해 로스팅한 원두와 드립 커피, 자연 재료로 염색하고 다양한 무늬를 수놓는 라오스 남짱마을의 이야기를 전하는 컵받침 등, 먹거리와 관련한 상상 이상의 것들이 넘쳐나는 곳이 바로 마르쉐@혜화동이다. 여기저기서 맛있는 음식을 시식할 수 있고, 구입해서 바로 먹을 수도 있다. 장터 한쪽에서는 그 달의 테마 공연이 이루어지기도 하고, 작은 꽃다발이나 핸드메이드 수공예품을 구입할 수도 있다.

〈그림 3〉 대학로 마로니에 공원에서 열리는 마르쉐@혜화동 장터

이외에도 살림워크숍, 〈먹는 밥, 말하는 밥〉 '우린 어떤 밥을 먹고 살고 있나요?, 어떤 밥을 먹고 싶나요?' 질문들을 나누며 먹거리와 나

문화농촌·창조농촌

와의 관계를 천천히 되묻는 작은 대화의 마당, 국내외 작가, 요리사 등과 함께 하는 키친워크숍 등이 개최된다. 마르쉐@는 이처럼 안전한 음식 재료로 만든 고급 장터음식, 믿을 만한 농산물과 음식을 사고파는 장터를 통해 지속 가능한 세상을 만드는 데 기여하고자 한다.

## 8. 에필로그

필자가 친하게 지내는 뮤지션 중에 '윈디시티'라는 그룹이 있다. 노래 'Think about You'로 잘 알려진 김반장이 주축이 되는 팀으로 레게 & 소울을 선보이는 그룹이다. 이들은 2012년 돌연 '청국장 레게'라 명명된 한국적이고 토속적인 레게를 선보이며 '룻츠 앤 컬처(Roots & Culture)'를 외쳤다. 내가 아는 그 누군가들보다 자유분방하게 많은 것들을 접하고 흥이 많은 이들은 우리의 뿌리를 발견하는 일을 모색하기 시작했으며, 도시의 일반적인 기준과는 조금 다른 삶들을 실현했다. 보육원이었던 낡은 집을 개조해 작업실을 마련했으며, 작업실 한 켠에 텃밭을 꾸려 직접 채소를 재배하고 나눠 먹었다. 그 중 한 멤버는 농부의 삶에 큰 영감을 받는다며 시간이 날 때마다 홍천에 가서 농사를 익히기도 했고, 이들은 틈나는 대로 옥상 텃밭 잔치, 전통 음식과 술이 함께하는 축제 등에서 품앗이 형태의 공연을 펼치기도 했다. 이들과 함께했던 2013년 미국 샌프란시스코 인근에서 개최된 시에라 네바다 월드뮤직 페스티벌(Sierra Nevada World Music Festival)은 룻츠 앤 컬처, 바른 먹거리, 유기농과 친환경, 남녀 노소가 함께 어우러져 잘 먹고 잘 노는 건강하고 행복한 삶을 실현하는 진정한 의미의 축제였다. 결국 우리 삶의 뿌리는 잘 먹고, 잘 노는 것에서부터 시작된다. 거창하게 창조 농촌, 문화 농촌과 관련해 디자인경영, 서비스 디자인과 같은 전략을 소개했지만, 결국 다시금 발견되는 것은 잘 먹고 잘 사는 건강하고 행복한 삶이 무엇인가, 더불어 함께 잘 살 수 있는 삶은 무엇인가와 관련된 문제이다. 변화는 이것에 대해 가슴 깊이 고민하는 것에서 출발한다. 돌아서면 팍팍하고 분주한 도시 생활, 꼭 짬을 내서 마르쉐@혜화동에 들려봐야겠다. 음악하는 나의 친구들도 함께 손잡고 가야겠다. 맛있는 먹거리도 나눠먹고, 시시콜콜한 이야기들을 나누고, 장터 한 켠에서 소담스런 즉석공연을 마련해 보아야 겠다. 그리고 언젠가 기회가 되면 내가 하는 음악 축제에 좋은 먹거리와 건강한 삶을 실현하는 작은 공간과 꺼리를 마련해 봐야겠다. 결국 우리모두가 각자의 삶의 가장 가깝고 작은 부분에서부터 함께 실현하고 관심을 갖는 일, 그것이 바로 창조 농촌, 문화 농촌이 되는 지름길이다.

이한진

# 10 지방자치단체와 민간기업 연계 6차산업 육성

컴퓨터 기술을 활용한 전자매체의 발전이 온라인 문화를 변화시키고 있다. 실물 상품은 물론 비실물 콘텐츠를 사이버 상에서 거래할 수 있는 전자상거래 시장도 이에 따라 크게 성장하여 기존의 유통시장을 변화시키고 있다. 온라인 시장은 신속함과 편리함, 365일 24시간 가능한 시공간을 활용하여 상거래를 할 수 있는 최적의 장소가 됨으로써 전체 상거래 시장에서도 큰 두각을 나타내기 시작했다. 2011년 상반기 대형 마트의 시장 총 매출액을 뛰어넘은 이후로 2012년 39.5조, 2013년 43조를 기록하고 있으며 2015년 상반기 매출 추이를 보았을 때 약 60조를 돌파할 것으로 기대되고 있다(2012, Deloitte Anjin LLC).

이 중 오픈마켓 즉, 일반적인 쇼핑몰 판매 방식에서 벗어나, 개인과 소규모 판매업체 등이 온라인 상에서 자유롭게 상품을 거래하는 '중개형' 인터넷 쇼핑몰 시스템이 점차 그 영역을 넓혀가고 있다. 기존의 종합몰과 폐쇄형 거래시장과 달리 개방된 시장에서 플랫폼을 제공한 대가로 상품을 등록한 사용자에게서 판매수수료 수익(약 10% 정도)을 얻으며, 중간 유통마진을 생략할 수 있어 기존보다 저렴한 가격으로 판매가 가능하다. 이러한 이점 덕분에 약 30만 명의 판매자가 오픈마켓을 통해 매일 거래를 발생시키고 있으며 결제방식과 물류비용의 절감, 주문 시스템 통합 등의 편리성 덕분에 빠르게 성장하고 있다.

국내에서 가장 큰 오픈마켓 비중을 차지하는 곳은 G마켓, 옥션인데, 이들은 각각의 특성을 가지고 2000년대 중반부터 온라인 시장에서 성장세를 보였다. 이런 가운데, 두 회사는 세계 최대 전자상거래 기업인 이베이와의 만남으로 지금은 하나가 되었고, 명실공히 대한민국 최대의 오픈마켓 브랜드로 자리매김하였다. 몇 가지 시장지표를 살펴보면 다음과 같다.

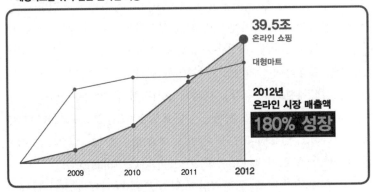

〈그림 1〉 온라인 시장의 성장 추이 (자료출처: 2012 Deloitte Anjin LLC)

문화농촌·창조농촌

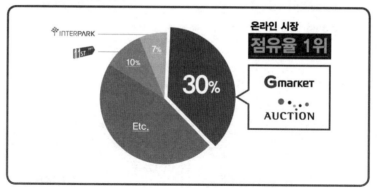

〈그림 2〉 온라인 시장 내 사이트별 점유율 (자료출처: 한국온라인쇼핑몰협회)

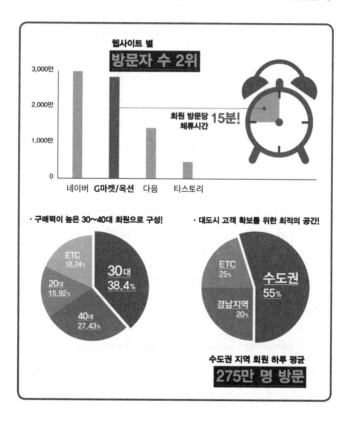

> # G마켓·옥션 회원 수  각 4,000만 명 이상
> # 하루 평균 방문자 수  총 500만 명

〈그림 3〉 G마켓 및 옥션의 시장 지표
(자료출처: 이베이코리아 내부 분석 리포트 / 코리안클릭 도메인 리포트 2013.12)

〈그림 4〉 G마켓 및 옥션의 상품 거래 지표 (자료출처: 이베이코리아 내부 분석 리포트)

이처럼 이베이코리아는 G마켓·옥션을 통해 다양한 상품들을 홍보하고 판매하여 대한민국 유통시장의 선두주자로 활약하고 있다. 비단 대도시의 공산품만 취급하는 것이 아니라 지역의 농산물과 수산물 등의 먹거리는 물론 지역 축제와 관광상품 등의 볼거리도 온라인으로 거래하는 데 도움을 주고 있다. 이렇게 상품별로 1주일 7일 24시간 휴점 없이 판매가 가능하고, 고객들이 직접 작성한 상품평을 통해 누적된 고객들의 반응을 보며 브랜드의 인지도를 확인할 수 있는 장점을 가진 매체로 창조경제에 앞장서고 있다. 특히, 모바일을 통해서도 소비시장이 확대되어 나가는 부분에 있어 그 흐름을 같이 하고 있다.

### 1) 체험여행과 연계한 지역 농특산물 판매 활성화 유형
최근 들어 소비자들이 직접 맛보고 느끼며 오감을 통한 만족을 추구하는 트렌드가 확산되며 체험여행이 지역 농특산물 판매에 직접적인

문화농촌·창조농촌

영향을 주는 사례가 늘어났다. 기존의 대형버스를 통한 축제의 모객이 주는 여행패턴에 이어 3~4인 가족단위 중심의 자유여행패턴(FIT)이 늘어나면서 체험이 연계되는 부분이 더욱 중요해졌다. 이는 과거 공동체 기반의 여행객들에 비해 독립적이면서도 적극적인 참여를 선호하는 젊은 층의 필요와 잘 맞아떨어져 점점 활성화되고 있는 것으로 보인다.

대표적인 사례로 충청남도와 함께 충청남도권 관광 및 농특산물 소비 활성화를 도모하기 위한 〈두근두근 느낌여행, 충남〉 공동캠페인을 소개할 수 있겠다. 이베이코리아는 충남도청 및 도내 6개 시군과 협력해 충청남도만의 차별화된 관광콘텐츠를 발굴하여 G마켓과 옥션을 통해 알리는 프로젝트를 진행했다. 이에 서천군, 당진시, 부여군, 공주시, 홍성군, 아산시 등이 참여하여, 관광상품과 더불어 지역 농특산물도 알뜰한 가격에 판매하여 시너지 효과를 배가하였다.

이번 온라인 프로모션 페이지를 통해 참여 지역의 개성 넘치는 축제와 주요한 여행 정보를 제공하며, G마켓과 옥션의 VIP 고객(문자 수신 동의 고객에 한함)에게는 행사에 관한 사전정보 문자안내(MMS)도 약 7천 건 이상 발송하였다. 아울러 캠페인 홍보를 위한 고객참여 이벤트도 진행하였는데, G마켓과 옥션 프로모션 페이지를 통해 '가장 설레는 여행지'를 묻는 설문을 진행하여 추첨을 통해 4,000명에게 아이스크림 '설레임'을 제공했다. 또한 양사 공식 페이스북에서는 같은 설문으로 총 60명에게 도시락 및 토이카메라를 증정하는 이벤트를 통해 재미적인 요소를 추가하여 고객 관심도와 충성도를 적잖이 높여나갔다.

이에 그치지 않고 오프라인 행사와의 접점을 더 만들고자 캠페인 공식 대학생 SNS 서포터즈도 모집하였다. 지역축제와 농특산물을 알리고자 희망하는 국내 대학생들에게 응모기회를 주어 총 2,750명이 참가하였으며 그중 서류심사와 면접을 통해 60명을 선발하였다. 선발된 정예의 대학생들은 5개월간 SNS를 통한 충청남도 지역 홍보에 나서는데, 지역별로 진행되는 투어에 참여해 체험여행과 축제 현장을 온라인으로 알리는 임무를 수행하고 있다. 이렇게 활동하는 대학생들 중 우수 활동자에게 G마켓-옥션 쇼핑지원금을 지원하였으며, 나아가 이 프로모션을 보고 G마켓 회원 중 개인 SNS로 캠페인을 홍보하는 회원 1,000명에게도 여행 카테고리 5% 할인쿠폰을 증정하였다.

이러다보니 아래처럼 젊은 감각의 다양한 콘텐츠들이 페이스북과 블로그, 인스타그램 등 온라인매체를 통해 지역경제 활성화와 농촌에 활력을 불어넣어주는 역할을 하고 있다. 6개월 간 진행하여 약 1,670개의 지역 콘텐츠가 생성되어 타 지역에서도 많은 문의들이 오고 있는 상황이다.

〈그림 5〉 당진감자축제 및 왜목마을관광 SNS 홍보 예시

〈그림 6〉 한산모시축제 SNS 홍보 예시

## 2) 시즌 이슈를 활용한 6차산업의 판로개척 유형

한국에서는 유독 숫자마케팅이 좋은 효과를 보고 있다. 2월 14일은 밸런타인데이로, 3월 3일은 일명 삼겹살데이로, 4월 4일은 소위 짜장면데이로 많은 사람들에게 쇼핑을 할 수 있는 재미를 준다. 마찬가지로 농촌지역에서도 계절별로 주요한 이슈들이 있을 텐데, 이러한 부분들을 온라인으로 흡수하여 진행할 수 있을 것이다. 매실과 복분자가 풍성하게 나는 6월은 〈술 담그는 날〉로 전통적으로 많은 지역에서 마을 행사가 있어 왔고, 추석이 지나고 절임배추가 나는 시기에는 〈김장하는 날〉이 우리의 인심을 훈훈하게 해주었다. 〈배 들어오는 날〉,

〈소 잡는 날〉, 〈봄나물 먹는 날〉 등 1년 12달 절기에 따라서 우리의 고향에서는 함께 하는 공동체 문화가 활발하게 진행되어 왔다.

### (1) 전라남북도의 김장과 추석명절 프로모션

이 프로모션은 2013년 9월 1일부터 2013년 11월 30일까지 추석을 앞두고 사전홍보의 성격으로 진행되었는데, 총 80개 품목이 소비자들과 만났다. 추석 명절에 가장 효자상품인 완도 김 세트부터 장성의 한우, 여수 전복, 영광 굴비, 나주 배 등 지역의 대표상품을 가지고 명절 선물세트를 구성하였다. 아울러 절임배추, 고춧가루, 파, 마늘 등 김장을 대비하는 이벤트도 함께 진행하여 온라인 소비자들을 대상으로 김장맞이 준비를 진행하였다.

〈그림 7〉 전라남북도의 김장 및 명절 준비 이벤트 예시

여기서 흥미로운 부분은 1차 생산 농산물뿐만 아니라 새우젓과

다진 마늘 같은 2차 가공품의 판매도 두드러졌을 뿐만 아니라 김장할 때 필요한 바가지와 통, 고무장갑과 일회용장갑 등 공산품까지도 함께 구매하는 패턴을 보였다는 점이다. 소비자들은 온라인 쇼핑을 통해 편리하고 경제적인 소비생활을 통해 지역과 농촌을 더 가깝게 만나고 있었다. 이런 결과로 해당 프로모션 기간 동안 약 17억 원의 매출이 발생했고, 이러한 결과 지역 농가에도 유통비용이 줄어들어 더 많은 소득이 환원되는 등 궁극적으로 지역경제 활성화에 크게 이바지하였다.

### (2) 6차산업의 기회를 제공한 진도군 통합마케팅

'진도'를 떠올리면 진돗개가 가장 먼저 생각나고, 홍주와 울금 정도가 소비자들에게 많이 알려져 있다. 그러다보니 진도의 다른 좋은 농산물의 경우 적극적인 홍보가 필요했고, 진도의 가장 유명한 축제인 〈신비의 바닷길축제〉와 연계하여 마케팅을 하는 방안이 아이디어로 나왔다. 창조농촌의 시작은 바로 경계를 허무는 데 있는 것 같다. 농산물유통 담당과 문화축제를 담당하는 관계자들이 모여 업무를 진행하면서 지역경제 발전을 위한 방향이 서로 모아지게 된 것이다.

그리하여 1년에 딱 2차례, 신비의 바닷길이 갈라지는 시기를 골라 진도의 여러 농산물과 축제를 함께 알리는 온라인 마케팅을 진행하였다. 진도의 특산품인 검은 쌀, 흑미와 진도 아리랑을 브랜드화한 전통 쌀의 우수성을 온라인으로 알리는 한편, 〈진도쌀과 함께 한 그릇 뚝딱!〉 캠페인을 통해 좋은 쌀 먹기 문화를 조성해나갔다. 대국민 홍보 이벤트로서 '진도쌀 할인쿠폰 총 2,200명 증정', '진도쌀 구매고객 상품평 이벤트(쌀 10kg, 10포대 증정)'를 진행하는 것은 물론, 시대 흐름에 맞게 'SNS 이벤트 진도군 소문내기' 등의 이벤트를 진행하였다.

이 중 멋진 상품평을 남겨주신 고객 80분을 대상으로 직접 현장에서 진도 쌀을 맛보고 평가할 수 있는 체험단을 운영하여 3차 서비스 산업을 농촌까지 이어갈 수 있도록 하였다. 그 결과 상품평 이벤트에 참여한 고객 수가 무려 22만 명이나 되다 보니 진도군청에서는 군 인구수가 3만 명인데, 7배가 넘는 사람들이 온라인을 통해 진도에 관해 알 수 있는 계기가 생겨 고무적이라는 보도자료까지 내었다. 이처럼 독립적인 1차 농특산물 판매만이 아닌 저장성과 유통성이 좋은 2차 가공품 개발, 고객체험 연계 6차산업의 판로개척이 궁극적으로는 창조농촌의 밑거름이 된다는 점을 다시 한 번 상기시켜 주었다.

〈그림 8〉 진도군 6차산업 온라인 마케팅 예시

### 3) 지역별 자치단체 브랜드 홍보를 위한 온라인 마케팅 유형

전국의 200여 곳의 지역별로 다양한 브랜드가 소비자들을 만나고 싶어 한다. 농산물부터 지자체 브랜드, 지역 색채를 담은 캐치프레이즈와 캐릭터 등 다채로운 이미지들이 각 농어촌을 앞다투어 홍보하고 있다. 그러다보니 지역의 공동 브랜드를 홍보할 경우, 농산물의 대한 친숙함과 신뢰도가 자연스럽게 쌓이고 이것이 충성도 높은 고객을 형

문화농촌·창조농촌

성할 수 있다는 장점이 있어 많은 투자가 이루어지고 있다.

G마켓과 옥션에서는 경기도, 포항시, 부여군 등 여러 지자체들과 이러한 지역 브랜드의 경쟁력을 높일 수 있는 전략을 실행하고 있다. 먼저 경기도 농특산물 브랜드 'G마크'는 경기도지사가 인증하고 엄격한 품질관리와 프리미엄 가격대로 소비자들에게 많은 인지도를 갖고 있는 상황이다. 이에 '여주 햅쌀', '안성맞춤 배' 등의 홍보를 위해 G마켓 식품팀 담당자가 경기도 여주·안성을 직접 방문해 취재하고, 최첨단 설비로 여주 쌀이 도정되는 과정과 안성 배가 꼼꼼히 분류되는 과정 등을 동영상으로 담았다. 이렇게 제작된 영상 콘텐츠는 온라인 소비자들에게 생산현장을 그대로 전해주어 여주 햅쌀과 안성맞춤 황금배의 판매활성화에도 크게 도움을 주었다.

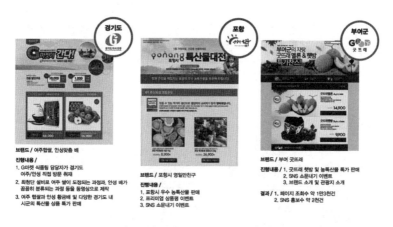

〈그림 9〉 지자체 브랜드 마케팅 예시

또한 포항시의 지역 공동브랜드 '영일만친구'는 가장 유명한 과메기와 오징어, 산딸기와 포항초 등 친환경 농특산물의 가치를 올려주고 있다. 사실 포항은 공업도시로서의 이미지가 강하다 보니 쉽사리 농수산물을 떠올리기가 어려운 상황에서, 공동 브랜드를 만들어 먹거리 배후도시로서의 새로운 이미지를 형성해가고 있다. 아울러 최근

3~4년 간 히트상품이 많았던 부여군의 '굿뜨래'는 제철별로 깨끗하고 맛있는 농산물을 소비자의 식탁까지 이어주는 역할을 톡톡히 하고 있다. 3~4월의 토마토, 5~6월의 수박, 7~8월의 포도와 멜론, 9~10월의 밤과 쌀 등 1년 열두 달 찾을 수 있는 풍성함이 큰 강점으로 자리매김 하고 있다.

### 4) 소셜 네트워크 서비스(SNS)를 활용한 입소문 마케팅 유형

온라인 서비스를 사용하는 대표적인 고객층인 30대 직장인들에게 간식시장은 상당히 큰 의미를 갖는다. 그것도 최근 건강과 웰빙 트렌드가 중요해지면서 깨끗한 농촌의 농산물로 만든 유기농 간식은 일종의 유행이 되었으며 실제로 이런 부분의 매출규모가 커지고 있다. 대표적으로 다이어트에도 좋고 맛도 좋은 고구마, 옥수수, 방울토마토, 사과, 유자 등이 그 주인공들이다. 이에 발맞추어 '명품 해남 고구마를 만나는 2가지 방법'이라는 주제로 SNS 입소문 내기 이벤트를 진행하여 전라남도 땅끝마을과 직접 이어주는 성공사례가 만들어졌다.

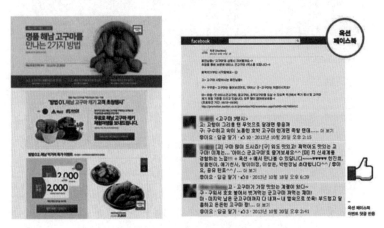

〈그림 10〉 유기농 간식을 활용한 SNS 입소문 마케팅 예시

고구마가 생산되는 시기인 가을을 맞아 온라인에서 사전 홍보 및

　　　　　　　　　　　　　　　　　　　문화농촌·창조농촌

고구마 판매 특별 페이지가 만들어졌다. 이를 SNS로 정성스럽게 공유하는 젊은 친구들에게 해남 고구마를 땅으로부터 만날 수 있는 〈해남 고구마 캐기 고객초청행사〉로 80명을 초대하였다. 해당 체험행사 응모율이 모집인원 대비 약 350% 높았으며, 이벤트 기간 3일간 페이스북 댓글 반응이 547개, 좋아요 수 450명, 공유하기 275번 등 총 1,272번의 인터랙션이 집계되었다. 여기에 페이지 조회수는 약 2만 7천 건, 상품 쿠폰 다운로드는 약 1만 건까지 합친다면 가히 SNS의 위력을 실감하지 않을 수 없었다. 이제는 농촌과 도시가 SNS라는 작고도 촘촘한 네트워크를 통해 더욱 강하게 연결되고 있음을 실감하고 있다.

### 5) 지방자치단체 주요 추진사업 MOU를 통한 제휴마케팅 유형

이베이코리아는 G마켓과 옥션 브랜드를 활용해 2012년부터 안전행정부, 정보화마을중앙협회와 함께 〈정보화마을 활성화〉를 위한 업무제휴(MOU)를 통해 협업을 진행 중이다. 전국 359개의 정보화마을 특산물과 체험상품 개발 및 온라인을 통한 판로확대를 목적으로 홍보와 캠페인 활동을 벌이고 있다. 강원도 고성 화진포마을의 해양심층수를 활용한 수산물은 물론 금산 인삼마을에서 나는 다양한 특산품, 제주 한남감귤마을에서 맛볼 수 있는 밀감수확체험 등 창조농촌 개발에 앞장서는 일들을 만들어 왔다. 농촌의 경쟁력 강화와 정보화 역량 강화를 위해 만들어진 주요사업이 온라인과의 접목을 통해 새로운 전기를 맞고 있다.

또한 쌀가공 상품의 소비촉진을 목적으로 농림축산식품부 및 농림수산식품교육문화정보원(EPIS)과 함께 업무협약을 체결하여 2013년부터 다양한 공동 캠페인을 진행하고 있다. 〈농업, 농촌에 창조를 담다〉라는 주제로 열린 오프라인 박람회를 온라인에서도 동시에 오픈하여 전 방위로 네티즌들이 만날 수 있는 접점을 확대하였다. 약 12만 명의 G마켓과 옥션 회원들이 2주일 간 찾아오는 해당 공동캠페인을 진행하여 6차산업 박람회의 소개 및 홍보는 물론 우수 농수축 특산물을 특별 판매하는 장을 열어 오픈마켓으로의 역할을 수행하였다.

〈그림 11〉 정보화마을 온라인 프로모션 예시

〈그림 12〉 6차산업 박람회 기념 한가위 온라인 프로모션 예시

아울러 한국관광공사의 대학생 기자단(트래블리더)과 연계하여 지자체 여행 프로모션의 팸투어를 함께 진행하고 있다. 한국관광공사의 〈대한민국 구석구석〉 사이트 내 풍부한 여행 콘텐츠와 이베이코리아의 상품 판매 노하우를 결합하여 국내의 우수한 여행상품 홍보 및 지역축제, 재래시장 등 국내여행 시장을 활성화 중이다. 이 중 경상북도 청송군의 가을 사과축제에 외국인 유학생 60명 초청행사를 진행한 사례가 성공적으로 손꼽히고 있는데, 해외에도 한국의 우수한 사과를 널리 알리고 직접 체험할 수 있는 기회를 제공하여 고무적인 제휴가 되었다.

〈그림 13〉 한국관광공사 연계 청송군 사과축제 예시

## 3. 전자상거래를 활용한 6차산업의 발전을 위한 제언

이제 온라인을 통한 농촌과 지역의 발전은 필수불가결한 일이 되었다. 따라서 시대 흐름을 따라가는 적극적인 대응과 유기적인 협업만이 지속가능한 대책이 될 수 있을 것이다. 그리하여 먼저 창조농촌과 관련된 관계자들의 열린 소통이 중요하다. 이를 위해서는 행정자치부, 농림축산식품부와 문화체육관광부, 농어촌공사, 한국관광공사, 지역관광공사 등 주요한 정부 관계기관과의 협조가 필수적이다. 아울러 전국 225개의 지자체와 359개의 정보화마을이 갖고 있는 우수한 농촌자원들을 체계적으로 연결하고 홍보하여 소비자들이 찾도록 만들어야 할 것이다.

〈그림 14〉 G마켓 및 옥션의 주요 제휴 관계자

G마켓·옥션은 2014년 한국관광공사의 대한민국 구석구석 콘텐츠, 관광주간 캠페인은 물론 지역관광공사의 창조농촌 경진대회 및 우수사례 발표, 지방자치단체 문화관광과의 지역축제 및 여행콘텐츠의 활성화 방안, 농림축산식품부의 농촌체험여행사업에 관심을 갖고 온라인으로 홍보할 예정이다. 또한 전국의 정보화마을별 체험여행상품 14만 개를 API로 입점하고, 농림축산식품부의 우수 6차산업 예시를 활용한 다방면의 프로모션을 통해 지역 농특산물 및 체험상품들의

온라인 판로개척과 함께 나아갈 것이다.

이를 위해서 지역의 주요 파트너들과의 협력사업 진행과정을 명확히 하고, 상호 이해도를 증진시키는 방향을 발전시켜 나가야 한다. 1단계로 지방자치단체의 창조농촌 사업에 대한 진행 준비과정에서 부지와 건물과 같은 하드웨어적인 요소만 고려할 것이 아니라, 내부 프로그램을 얼마나 알차게 준비할 수 있을지 고민해야 한다. 특히, 예산안을 수립할 때 건축비 및 시설과 관련된 항목이 대부분인 경우가 많은데, 프로그램 운영비와 마케팅 홍보비 등이 수반되어야 사업의 지속성이 담보될 수 있을 것이다.

〈그림 15〉 G마켓 프리미엄지역관 페이지 예시

또한 상호 간의 발전적인 의견을 공유하고 전략을 만들어갈 수 있는 위원회 구성에 전문가를 포함할 필요가 있다. 각 계의 많은 전문가 그룹이 사업수행에 있어 최고의 역할을 발휘할 수 있도록 기회를 충분히 열어주는 것이야말로 사업 성공의 지름길이 될 것이다. 각자가 잘하는 영역에 성과를 낼 수 있는 여건을 지원하는 것이 충분한 요소들을 검토하며 업무를 추진해나갈 수 있는 방법으로 생각된다.

　　예를 들어 〈G마켓 프리미엄지역관〉과 같은 서비스를 활용하는 과정을 통해 창조농촌의 홍보마케팅을 극대화할 수 있을 것이다. 중앙정부와 지방자치단체가 추천하는 먹거리, 그리고 이 달의 축제 및 추천 여행지를 한눈에 볼 수 있는 통합 페이지로 운영되고 있다. 이곳에 여러 지자체별 콘텐츠를 충분히 담을 수 있는 장이 마련됨에 따라 소비자들에게는 소중한 정보를 접할 기회가 늘어날 것이다. 민간사업 분야의 경쟁력 있는 채널들을 행정에서도 활용하는 부분이 중요한 대목이다.

배은석

# 11 농촌마을의 재건, 알자스 에코뮤지엄

## 1. 에코뮤지엄, 공간을 축으로 하여 쌓인 시간의 흔적

시대의 흐름에 따라 인류 문화의 유산인 박물관의 역할과 기능도 변모하여 왔는데 자료 보존 중심으로 운영된 박물관 1세대를 거쳐, 제2세대는 자료의 공개 중심 운영, 제3세대는 시민의 참여와 체험 위주 운영이 진행되고 있다.[1] 최근에는 박물관의 영역을 박물관 건물 밖으로 확장하는 새로운 박물관의 흐름이 등장하였다. 특히 프랑스에서 1970년대부터 시작된 에코뮤지엄은 박물관을 모티브로 한 지역사회 운동으로, 1972년 조르주 앙리 리비에르(George Henri Rivière)에 의해서 아이디어가 제시되고 위그 드 바린(Hugues de Varine)에 의해서 프랑스 현실에서 적용되었다. 이들에게 창조적 영감을 준 모델은 스웨덴의 스칸센 야외박물관이었다. 살아있는 지역의 문화를 그대로 보

---

1    최병식, 『뉴뮤지엄의 탄생』, 동문선, 2010, p.207.

존하면서 자원과 인간과 환경을 보존하고자 하는 그들의 이상은 크뢰조 몽소 에코뮤지엄을 통하여 실험적으로 실현되었다.

'에코뮤지엄(Ecomuseum)'이란 본래 생태 및 주거환경을 뜻하는 '에코(eco)'에 박물관이란 뜻의 '뮤지엄(Museum)'이 결합된 단어이다. 하지만 지역의 문화특색과 환경에 따라 여러 가지 모습으로 나타나기 때문에 생태박물관, 환경박물관, 지역박물관, 민속박물관, 에코뮈제(Écomusée), 지역 공동체 박물관 등의 여러 가지 이름으로 혼용되어 불리고 있다. 전통적인 박물관과는 다른 개념의 새로운 박물관으로 지역의 전통문화 유산과 자연유산 그리고 그 지역에 오랫 동안 유지되어 온 전통과 생활양식 등을 계승하면서 이를 발굴, 보존, 조사, 연구하는 과정에 지역의 주민들이 정체성을 찾고 지역을 찾은 관람객에게 지역의 삶을 알리고 직접 체험해 볼 수 있도록 한다.[2] 에코뮤지엄의 시간과 공간에 대한 리비에르의 생각은 다음과 같다. '에코뮤지엄은 시간의 박물관이다. 그 시작은 인류가 나타난 때로부터 거슬러 올라가며 인간이 살았던 선사시대와 역사시대를 통해서 시간이 나뉘고 사람이 살고 있는 현대에까지 이른다. 미래를 이해하는 수단으로 에코뮤지엄은 결정기관의 역할이 아닌 비평적 분석과 정보를 제공하는 역할을 맡는다. 에코뮤지엄은 공간의 박물관이다. 그 공간은 사람들로 하여금 걸음을 멈추게 하거나 산책하고 싶게 만드는 특권적 공간이다. 에코뮤지엄은 주민들의 자연유산과 문화유산의 보존과 활용을 지원하는 보존기관이다.'[3] 즉 에코뮤지엄이란 한정된 영역을 정하

---

2   배은석, 「지속가능한 농촌 발전을 위한 에코뮤지엄 모델 연구-이천 율면 부래미마을을 중심으로-」, 한국외국어대학교대학원 글로벌문화콘텐츠학과 박사학위논문, 2012, p.39.

3   배은석, 위의 글, p.42. 리비에르는 에코뮤지엄에 대한 정의를 계속 수정 보완하면서 발표하였는데, 이를 리비에르의 발전적 정의라고 한다. 여기에 나타난 정의는 1976년도에 발표한 내용으로 크뢰조-몽소 에코뮤지엄의 홈페이지에 소개되어 있다.

고 그 공간을 축으로 하여 쌓인 시간의 흔적을 수집한 것이다. 오랜 시간의 축적은 지역의 관습, 민속, 역사, 지역의 유산, 산업, 건축물, 자연환경 등과 그 안에서 생을 영위하여 온 마을의 연장자, 집단의 기억 등은 모두 에코뮤지엄의 관심의 대상이다. 이것은 전통박물관의 소장품의 개념으로 볼 수 있다.

이러한 에코뮤지엄은 주민들이 중심이 되는 지역문화 운동이기에 삶의 터전인 주거공간을 배경으로 형성된다. 프랑스의 알자스 지방에는 주민들의 힘으로 마을을 복원한 테마파크형 에코뮤지엄이 있다. 알자스는 프랑스와 독일의 접경 지역인데 질곡의 역사를 간직한 곳으로 지역 공동체 의식이 강한 지역이다. 본 연구에서는 알자스인의 문화적 정체성을 알아보고자 한다. 또한 그들이 알자스 에코뮤지엄 마을에서 방문객에게 무엇을 이야기하고자 하는 것인지 살펴보고자 한다.

## 2. 알자스의 지리적 특징과 산업 그리고 정체성

### 1) 알자스의 지리적 특징

알자스는 프랑스 동북부에 있는 주(州: Region)로서 주도(州都)는 스트라스부르(Strasbourg)이다. 보주산맥과 라인강 사이에 위치하며, 라인강 지구대의 서부를 형성하며 독일의 슈바르츠발트와 마주 대한다.

알자스는 지리적으로 유럽의 중심부에 있으며, 두 개의 도(Departement)로 구성되어 있는데 바렝(Bas-Rhin)과 오렝(Haut-Rhin)이다. 바렝의 도청 소재지는 스트라스부르(Strasbourg)이며, 오렝의 도청소재지는 콜마(Colmar)이다. 면적은 8,280㎢이고 길이는 190㎞ 그리고 넓이는 50㎞에 인구는 바렝에 1,120,000명 그리고 오렝에 685,000명으로 총 1,775,000명의 주민이 산다. 고도 1,424m의 그랑발롱(Le Grand Ballon)이 가장 높은 지역이며 낮은 산을 따라 라인강

이 흐른다. 유럽연합(EU)이 탄
생한 곳이며, 유럽의회가 위치하
고 있다. 남부유럽과 북부유럽의
교역이 이루어지는 곳이며, 자동
차, 석유화학, 생명공학 등이 발
달하였고, 홉과 백포도주용 최고
의 포도가 지역의 농업 특산물이
다.[4]

알자스의 라인강은 독일과
스위스의 국경 역할을 하면서 서
유럽의 해운에 있어 주요한 역할
을 한다. 20세기 초에는 알자스
운하의 건설로 그 강폭이 늘어났
다. 수력자원은 물론이고 산업과
물류에 지대한 영향력을 갖고 있

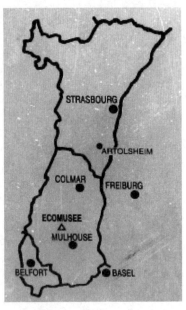

〈그림 1〉 알자스의 지도와 주요 도시

다. 알자스 대운하와 수력발전 개발로, 라인 지방과 론강·지중해 방면
에 이르는 중심지역으로 발전하고 있다. 주요도시로는 북부에 스트라
스부르, 중부에 콜마, 남부에 뮐루즈 등이 있다. 스트라스부르는 12세
기에 도시화가 이루어진 지역이고, 1354년 신성로마제국 시대에 꼴
마, 뮐루즈를 비롯한 도시들이 동맹을 맺어 다시 스트라스부르그와
연맹을 맺었으며, 이 도시들은 황제의 자유도시로서 특권을 가졌다.

이 가운데 알자스 에코뮤지엄이 있는 뮐루즈는 일(Ill)강과 돌레
(Doller)강이 가까운 습지로 1746년 날염 옥양목을 생산한 이래로 19
세기에 이르기까지 섬유산업이 급성장한 지역이다. 당시에 제사공장,
직물공장, 기계 제작 공장, 증기기관용 보일러 공장, 염색 공장 등이

---

4    배현식, "알자스의 인문지리 연구", 『프랑스문화예술연구』, 1999, 1, pp.85-
96.

설립되었다. 1955년에서 1970년대에 이르기까지 섬유산업이 후퇴하자 도시는 위기에 처하였고, 이를 극복하고자 일 나폴레옹(Ill Napoleon)과 라인강 부근에 산업 지대를 만들어 기계, 화학, 플라스틱 등을 생산하였다.[5] 오랜 역사와 산업적 전통을 갖고 있는 지역이며, 일찍부터 도시가 형성된 지역이기도 하다.

### 2) 알자스의 농업과 정체성

#### (1) 알자스의 농업

알자스는 기후와 지형의 영향으로 자연의 혜택을 많이 받은 지역으로 농업 활동에 유리하였다. 오랜 농부들의 땅이지만 농업인구가 프랑스 평균보다 적은 지역이다. 또한 전통적으로 가족 단위 경작 형태이다. 농업 노동력은 다양하여 노동자이면서 농부, 피고용자이면서 농부, 공무원이면서 농부인 경우 등 두 가지 직업을 갖는 농부가 많으며, 계절 농업 취업자들과 여성들도 중요한 농업 인구로 분류된다.

농업은 일찍부터 상업화되었는데 그 이유는 군부대의 군마들과 군인들이 먹을 음식을 공급하기 위해서 군부대와 계약하여 농산물을 공급하였고, 부대에서는 말에서 생산되는 거름을 농부들에게 경매로 팔았다. 또한 식료품 산업도 일찍부터 발달하였다. 군부대에 납품하기 위한 담배농사가 많이 생산되었는데 스트라스부르그의 담배농장은 아직도 존재한다. 홉은 19세기 초부터 경작하였으며, 알자스는 프랑스 전체 홉 생산의 94%를 차지한다. 사탕무 재배는 19세기부터 시작되어 3년 윤작으로 재배된다. 알자스 전통 요리인 슈크르트(choucrute) 등의 재료인 배추는 스트라스부르그 남부 지방에서 주로 생산된다. 알자스의 배추 생산량은 프랑스 전체의 54%에 해당한다. 전통적으로 각 농가는 한두 마리의 돼지를 키웠는데 오늘날에는 산업

---

5    배현식, 위의 글, pp.98-105.

적인 축산으로 변모하였다. 돼지고기는 알자스의 음식문화와 경제에 이바지하는 측면이 많지만 현재는 외부로부터 들여온다. 이유는 환경 보호를 위한 법령 때문으로 축산업을 하기 위해서는 주거지역과 일정 거리를 유지해야 하기 때문이다.[6] 그 외에도 로마시대부터 시작된 포도재배는 오늘날까지 주요한 농업자원이며 여기서 생산된 백포도주는 그 맛과 향으로 세계적인 명성을 갖고 있다.[7] 다양한 산업을 발전시켜 왔으나 농업에 있어서는 전통적인 농업 방식을 고수하면서 농촌문화를 유지하여 왔다.

### (2) 알자스의 정체성 : 경계지역적 성격과 그 이해

알자스는 1648년 웨스트팔리아 조약으로 프랑스에 귀속되었다. 그러나 루이 나폴레옹 시대에 알자스와 로렌 지역은 보불전쟁의 막바지인 1871년에서 1918년까지 47년간 독일의 영토가 된다. 1차 세계대전 이후에는 베르사유 조약으로 다시 프랑스로 귀속된다. 또 2차 대전 당시 1940년에서 1945년까지 약 5년간 두 번에 걸쳐 독일에 합병되었다. 이곳의 민족은 물론 언어(알자스어 Alsacien) 역시 독일어에 가까운 언어로 알레마니아어(Alemanique)에 근원을 두고 있으며, 알자스 지역의 주민 약 1/3이 알자스어를 사용하고 있다.

프랑스에 속하면서도 독일의 문화적 특성을 갖고 있는 지역이라고 볼 수 있으며, 남쪽으로는 스위스와 국경을 접하고 있어서 알자스 사람들은 1939년 이전부터 스위스의 직장에 종사하여 왔으며 이것이 본격화된 것은 1960년대부터이다. 스위스의 발르(Bâle)는 경제가 발전하여 알자스의 노동자들이 월경을 하여 취업하였다. 그 외에도 독일로 취업하는 사람들도 많았다. 독일 통일 이후 알자스인들은 실직

---

6    배현식, 위의 글, pp.91-97.
7    정남모, "알자스의 기후와 지형 그리고 포도주에 대한 지역 연구", 『프랑스 문화연구』, 2009, 19, pp.251-253.

을 우려하였으나, 월경 취업자는 꾸준히 증가하였다.[8] 행정 수도인 스트라스부르그는 유럽의 수도라는 수식어가 붙는 지역으로 유럽회의, 유럽의회, 유럽 인권 법정, 유럽군 등이 있다.

알자스가 주목받는 것은 독일과 프랑스를 오가며 국가 정체성이 혼란스러운 역사를 갖고 있지만 양국의 문화가 자연스럽게 융합된 양상으로 새로운 조화를 창출한 지역이라는 것이다. 프랑스계 작가이자 향토연구가였던 피에르 부허(Pierre Bucher)는 알자스 문화의 특성을 두 민족의 영향권에서 이뤄진 '이중문화'로 규정하였고, 곧이어 두 문화의 통합을 통해 '하나의 동질적인' 알자스 문화가 이루어졌다고 보았다. 이러한 알자스에는 문화적 자치운동과 지역정체성을 모색하는 일련의 움직임이 지속적으로 진행되어 왔다.[9] 알자스인들이 원하는 것은 어느 한 국가의 정체성을 갖기보다는 유럽문화의 중심도시로 자리 잡는 것이라고 할 수 있다. 알자스는 유럽 문화의 보편성을 추구하면서 유럽의 중심도시가 되기를 원하는 매우 독특한 지역문화공동체이다. 이제, 이런 독특한 문화를 배경으로 태동한 알자스 에코뮤지엄의 탄생과 형성 그리고 그 안에 담긴 알자스인들의 삶과 문화를 살펴보고자 한다.

### 3. 알자스 에코뮤지엄에 투영된 알자스인의 삶과 문화

#### 1) 알자스 에코뮤지엄 개요

1984년에 개관한 알자스 에코뮤지엄은 프랑스 알자스(Alsace) 지방 오랭(Haut-Rhin)도의 뮐루즈(Mulhouse)에 소재하고 있다. 프랑스 알

---

8  배현식, 앞의 글, pp.89-90.
9  박용희, "알자스인에게 알자스를!: 20세기 알자스 지역운동과 지역정체성의 모색", 『독일연구』, 2008, 15, pp.120-121.

자스(Alsace) 지방의 마을을 해체, 복원해서 실제 알자스 마을을 재현한 테마파크형 에코뮤지엄으로 분류할 수 있다.[10] 일반적인 에코뮤지엄에 현지의 주민이 살고 있는 것과는 다르게 알자스 에코뮤지엄은 마을을 옮겨놓은 곳에 마을을 복원하여 유지하고 그들의 전통을 구현하고 있다.

'삶에 담긴 그 많은 이야기'라는 제목으로 시작되는 안내지에는 1984년에 개관한 알자스 에코뮤지엄은 프랑스에서 가장 큰 에코뮤지엄이며 유럽에서도 손꼽히는 매력적인 장소로 매우 특별한 명소라는 것을 강조하고 있다. 소멸 위기에 처했다가 구조되어 복원된 농가가 70여 채로 구성되어 있는 마을은 알자스 문화의 정수를 모아 그 진정성을 응축하였다. 계절의 순환에 따라 이 마을을 찾는 사람들은 예술과 지역의 민속, 전통을 가로지르는 태초부터 오늘에 이르기까지의 마을의 삶을 발견할 수 있다. 공방, 요리실, 시식 체험 등에서 장인, 집 주인, 초등학교 교사, 농부, 소작농 등 마을 사람들을 마주치게 된다. 방문객은 상설전시와 기획전시, 길과 동물농장 등을 산책하면서 알자스 마을의 특별한 체험을 경험하게 된다. 알자스 마을은 방문자에게 다양한 실현가능성을 제공한다. 그들은 이곳을 찾는 방문자들에게 '당신은 당신의 이야기와 당신의 생활 속에서 주인공'이라고 말한다.[11]

알자스인들은 자신들의 삶을 재현하고 방문객에게 전하고 싶은 메시지를 표현하면서 자신의 모습을 찾는다. 이는 조르주 앙리 리비에르의 에코뮤지엄의 발전적 정의에 나타난 주민의 자기 성찰과 같은 맥락에 있다. 그는 '에코뮤지엄은 이러한 주민이 스스로를 인식하기 위해서 서로를 바라보는 거울이다. 거기에서 주민은 자신들이 살아왔고, 살고 있고, 또 살아갈 지역을 세대의 연속성이나 비연속성을 통해서 이전 세대 주민의 설명에 이어서 설명을 하려고 노력한다. 에코뮤

---

10  배은석, 앞의 글, p.88.
11  알자스 에코뮤지엄 안내지 참조.

문화농촌·창조농촌

지엄은 이처럼 주민이 자신들을 좀 더 알리기 위해서 자신의 일과 행동 그리고 내면성에 자부심을 갖고 방문자에게 내미는 거울이다.'[12]라고 규정한다. 그렇다면 소멸되어 가는 마을을 붙잡아서 다시 옮겨놓은 그곳에 알자스인들은 무엇을 어떤 과정을 거쳐 어떤 방식으로 재현하였으며 방문객에게 스스로를 비추어 보는 거울로서 에코뮤지엄의 의미는 무엇인지 살펴보자.

### 2) 마을의 해체와 복원으로 탄생한 알자스 에코뮤지엄

소멸되어 가는 마을을 해체하여 안전한 장소로 복원하기 위한 알자스인들의 노력이 뮤지엄의 개관이라는 가시적인 성과로 이어지기까지 10여 년이 소요되었다. 이 과정에 알자스 사람들의 자원봉사가 계속 이루어졌고, 그 결과 주택과 가게, 학교, 농장, 제재소 등 알자스 지역의 전통건물들이 재현되었다.

에코뮤지엄의 태동은 1972년에 고메르도(Gommersdorf)의 농가마을의 고건축 애호가들로 구성된 자원봉사자협회를 결성하면서부터라고 할 수 있다. 시대의 변화에 의해 파괴되고 운명이 다하여 폐허가 된 건물들을 복원하고 재건하기 위함이었다. 뮐루즈의 황야에 알자스 마을을 재건하고자 하여 1980년에는 자원봉사자협회에 의해서 황야가 쓸모 있는 땅으로 변화되었다. 그들은 곳곳에 보존 가능한 전통적인 건축물들을 해체하고 전통적인 방법에 따라 개축하였다.

1984에는 복원된 건물이 대중에게 공개되면서 알자스 에코뮤지엄이 개관하게 된다. 이 과정에서 알자스 민중은 자원봉사자협회를 도왔다. 개관 이후 수년이 지나자 기증된 유물이 100,000점에 달하여 옛사람들의 일상을 읽을 수 있게 되었다. 1989년에는 작업장과 정원이 복원되었다. 농장에서는 옛사람들의 기술을 보존하여 다양한 품

---

12  오하라 가즈오키, 『마을은 보물로 가득차 있다』, 김현정 (역), 아르케, 2008, pp.24-25 참조.

종을 탄생시켰다. 강과 까날 협력조직의 설립은 새로운 에코뮤지엄의 활동에 새로운 활력을 제공하였다. 1992년에 에코뮤지엄은 재미있는 박람회를 열어 잘 알려지지 않은 유산을 발굴하는 행사를 진행하였다. 2002년에는 기차역이 세워지고 에코뮤지엄 마을과 로돌프 피트 야드 간을 잇는 기찻길이 재현되었다. 자원봉사자 광부들은 기계를 복구하고 '클래르 광산' 프로젝트를 수행하여 2004년 6월 19일에 방문자들을 맞이할 수 있었다. 에코뮤지엄 개관 20여 년이 지난 지금도 끊임없이 개발을 계속하고 있다. 후원자와 자원봉사자, 방문객들의 공로에 힘입어 수많은 사람들이 이곳을 찾았다. 끌래르 광산의 개관과 국제 하우스 페스티벌 개최 등 알자스 에코뮤지엄은 유산의 복원과 함께 시대적 변화에 대응하는 다양한 프로그램을 제공하고 있다.[13] 에코뮤지엄의 패널에는 그들이 어떻게 노력하여 마을을 만들 수 있었는지를 사진 자료와 함께 자세하게 설명하고 있다.

또한 알자스 에코뮤지엄 곳곳에는 해체되었다가 복원된 건물들이 있는데 그 앞에는 건물이 당초 위치했던 알자스 지역의 명칭과 건물에 얽힌 내력이 소개되어 있다. 마을을 복원하는 일을 추진한 자원봉사자 협의회는 오래된 마을의 전통적 건축법과 해체 및 복원을 위하여 자료조사와 학습을 지속적으로 하였다.

〈그림 2〉는 뮐루즈의 남쪽 블로이쳄(Blotzheim)에 위치한 건물 원형 모습의 사진과 설명이 적혀있는 패널이다. 〈그림 3〉은 〈그림 2〉의 건물이 알자스 에코뮤지엄에 옮겨져서 복원된 모습이다. 이렇게 건물이 해체되고 복원되는 과정에 자원봉사자 협회 회원들은 물론이고 후원자들에 이르기까지 전통적인 건물 제조법을 익히고 이를 재현하기 위한 학습을 지속적으로 하였다. 〈그림 4〉는 전통적인 방법으로 건물을 복원하는 장면을 모형으로 제작하여 전시한 모습이다.

---

13 알자스 에코뮤지엄 패널 자료 참조 정리.

〈그림 2〉 해체된 건물의
지역과 연원을 설명하는 패널

〈그림 3〉 해체되었다가
복원된 가옥

〈그림 4〉 전통적인 방법의
건물 복원 장면 모형

이러한 에코뮤지엄은 전통적 박물관과 차별성을 가진다. 르네 리바르(René Rivard)는 에코뮤지엄을 전통박물관에 대한 비교를 통해 정의한다. 전통적 박물관의 공간 개념이 건물이라면 에코뮤지엄에서는 이에 해당하는 것이 건물에 국한되지 않는 영역 즉 지역이다. 또한 전통적 박물관의 내용 또는 활동의 대상이 유물 등 소장품에 집중되어 있다면, 에코뮤지엄에서는 지역의 유산, 무형의 기억 등을 모두 중요하게 여긴다. 그리고 전통적 박물관의 활동에서 주체는 학예사, 교육전문가, 유물보전전문가 등의 전문가이고, 객체는 관람객 즉 대중이었다면 에코뮤지엄에서는 행위의 주체와 객체가 모두 주민이며 여기에 방문객이 더하여진다는 것이다.[14] 이를 알자스 에코뮤지엄에 적용하여 보면 다음의 표와 같다.

〈표 1〉 전통적 박물관과 에코뮤지엄 그리고 알자스 에코뮤지엄의 구성 요소

|  | 전통적 박물관 | 에코뮤지엄 | 알자스 에코뮤지엄 |
|---|---|---|---|
| 장소 | 건물 | 영역 | 알자스, 뮐루즈 |
| 내용 및 활동 대상 | 소장품 | 유산+기억 | 알자스의 유산+기억 |
| 사람 | 전문가+대중 | 주민+방문객 | 알자스의 주민+방문객 |

---

14　Davis, Peter, *Ecomuseums A SENCE OF PLACE*. Continuum, 2011, pp.82-83.

알자스 에코뮤지엄의 경우 영역에 해당하는 것은 두 가지 차원에서 생각할 수 있다. 하나는 에코뮤지엄이 위치하고 있는 프랑스 알자스 지방 오랭도(道)의 뮐루즈에 위치한 알자스마을이고, 또 하나는 알자스 전체이다. 일반적으로 에코뮤지엄은 영역의 한계를 짓고 그 안에서 이루어지는데 알자스 에코뮤지엄의 경우는 현재 위치하고 있는 곳은 뮐루즈이지만, 그 안에 내포하고 있는 영역은 알자스 전체이기 때문이다. 내용 및 활동의 대상은 알자스라는 영역에 집적된 지역유산과 주민의 기억이고, 이 활동의 주체와 객체가 되는 사람은 알자스의 주민이며 이곳을 찾는 방문객이다.

### 3) 알자스 에코뮤지엄 : 삶에 담긴 그 많은 이야기

알자스 에코뮤지엄은 그들이 살았던 주택과 그 위에 앉아있는 황새를 복원하였는데 그 마을에 황새가 와서 산다는 것은 마을이 완벽하게 복원되었다는 의미로 받아들일 수 있을 것이다. 알자스 에코뮤지엄의 입구에는 농가의 벽에 그려진 마을 풍경 벽화가 있는데 매우 서툰 솜씨로 순박하게 표현하였지만 이 에코뮤지엄 마을이 무엇을 꿈꾸고 있는지를 보여주고 있다.

농가 벽에 그려진 벽화에는 마을의 경작지와 농기구, 집, 나무, 벤치에 앉아 있는 사람, 가축과 황새가 표현되어 있어 전통적인 알자스 마을에 대한 그들의 향수를 보여준다. 또한 소멸 위기의 마을이 새로 건설되어 만들어진 알자스 에코뮤지엄을 소개하는 안내 지도에 따르면 몇 가지 중요한 건물과 지점에 대한 표시가 되어 있다.

〈그림 5〉 농가 건물 벽에 그려진 마을의 모습

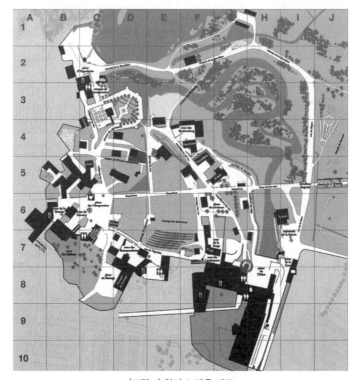

〈그림 6〉 알자스 마을 지도

　　지도 안내문에는 주요한 지점에 대한 표시가 되어 있는데 이를
정리하여 표로 만들면 다음과 같다.

〈표 2〉 알자스 마을 지도의 중요 지점과 좌표

| 좌표 | 명칭 | 위치 |
|---|---|---|
| J5 | 예배당 | 예배당 길 |
| F4 | 수레제조 작업장 | 란드그라븐(Landsgraben) 3번가 |
| J4 | 묘지 | 안식의 길 |
| F7 | 구두점 | 포도재배지 10번가 |
| F7 | 증류소 | 포도재배지 3번가 |
| C5 | 학교 | 썬가우(Sundgau) 1번가 |
| C2 | 격납고1 | 고메르도르(Gommersdorf)의 정원 |
| H7 | 격납고2 | 에덴(Eden) 광장 |
| F7 | 대장간 | 쉐브르(Chèvres) 1번가 |
| D8 | 헛간 | 타작 광장 |
| C4 | 기름 짜는 집 | 썽가우(Sundgau) 5번가 |
| C7 | 맛과 빛깔의 집 | 목수의 광장 |
| G5 | 도기제조소 | 3번 대로 |
| B6 | 나막신제조소 | 나막신장이 안뜰 |
| C6 | 제재소 | 기차역 광장 옆의 제재소 터 |
| C6 | 마구제조장 | 목수의 광장 4번가 |
| F5 | 통제조장 | 란드그라븐(Landsgraben) 5번가 |

위의 지도와 표에서 확인할 수 있듯이 이들은 단지 건물이 아니라 사람들의 삶이 살아있는 마을을 복원하고자 하였다. 알자스인들은 예배당, 수레제조 작업장, 구두점, 증류소, 학교, 창고, 대장간, 헛간, 기름 짜는 집, 맛과 빛깔의 집, 도기제조소, 나막신제조소, 제재소, 마구제조장, 통제조장 등 다양한 농가마을의 건축물을 복원하였다. 아울러 이들을 연결하는 마을길을 재현하였으며 그 안에 살아있는 생물과 마을 사람들을 복원하고자 하였다. 건물에 살았던 사람들의 이야기는 패널 자료로 기록되어서 방문객에게 그 집에 살았던 사람들

의 역사를 말해준다. 좁지만 그 곳에 모여 살았던 가족들의 사진과 부
엌의 살림살이들이 그대로 보존되어 있다. 장인들의 공방에는 다양한
시연과 체험 활동이 운영되고 있다. 마을 곳곳에는 염소, 돼지, 오리,
닭 등 알자스 사람들이 키웠던 가축들도 있다.

〈그림 7〉 에코뮤지엄으로 구현된 알자스 마을

위 그림 첫 번째는 에코뮤지엄으로 태어난 마을의 모습이다. 두
번째는 가옥에 재현된 드레이 에셔(Drey Herrscher) 가정의 모습이
다. 가족의 가계도와 함께 당시 사용했던 생활기구가 그대로 전시되
어 있다. 방문객은 마치 그의 가정을 찾은 것처럼 생생하게 알자스 가
정을 만날 수 있다. 세 번째는 물레방앗간의 모습이고 다음은 기찻길
과 기차, 마지막 그림은 제재소의 모습이다. 마치 당장이라도 작업을
할 수 있을 것 같이 나무와 모든 기구들이 정비되어 있다. 알자스 에
코뮤지엄이라는 작은 마을에 알자스 전역에서 구조되어 온 각기 다른
건물과 그 속에 담겨진 사연들이 이곳을 찾은 방문객에게 자신들의
이야기를 들려주고 있는 것이다. 그들은 에코뮤지엄의 개관 이후에도
꾸준하게 마을을 복원하는 작업을 진행하여서 그들이 소중하게 간직
한 마음속의 알자스 마을을 복원하고 이를 찾는 방문객들에게 보여주
면서 설명하고 있다.

또한 에코뮤지엄에는 알자스 지방의 향토음식을 먹을 수 있는 식당이 있어서 방문객에게 알자스 음식을 소개하고 있다. 〈그림 8〉은 에코뮤지엄에 위치한 향토음식점 라 따베른(La Taverne)의 모습이다. 이곳에서는 에코뮤지엄의 방문객이 알자스 식문화를 맛보고 느낄 수 있는 기회를 제공한다. 그림에서 보듯이 알자스 가옥을 재현한 인테리어와 테이블보는 알자스의 정체성을 강하게 보여주고 있다.

〈그림 8〉 에코뮤지엄의 알자스 향토음식점 라 따베른(La Taverne)

알자스의 음식문화에도 역시 경계지역적 특징이 나타나는데, 슈크루트라는 소금에 절인 양배추 요리를 그 예로 들 수 있다. 〈그림 8〉의 세 번째 사진은 슈크루트에 곁들인 돼지고기 요리이다. 일반적으로 슈크루트는 소시지나 절인 돼지고기, 감자 등과도 곁들이는데, 응용하여 먹는 방법이 다양하다. 슈크루트는 전통적으로 독일과 동유럽 요리이지만, 1648년 베스트팔렌조약에 따라 알자스와 로렌이 프랑스에 병합된 후 프랑스 요리로 발달하게 되어 오늘날에는 프랑스 요리로 널리 알려져 있다. 독일의 지배를 받았던 알자스에서 독일음식을 기초로 하여 프랑스 음식으로 발달하게 된, 역사가 깃들인 음식이라고 할 수 있다. 문화에 있어서 음식이 갖는 가치는 매우 복잡한 속성을 내포하고 있다. 인류학자 캐롤 M. 코니한은 음식은 많은 문화현상을 반영하는 프리즘[15]이라고 보았다. 음식은 생물학적인 생존에 절대적인 가치를 지니면서 사회와 문화의 구성에서 무수한 의미를 지닌다

---

15  캐롤 M. 코니한, 『음식과 몸의 인류학』, 김정희 (역), 갈무리, 2005, p.28.

문화농촌·창조농촌

는 것이다. 또한 카를로 페트리니는 음식은 그 지역의 산물이며, 그 지역에 일어났던 일들의 산물이자, 그 지역에 살고 있는 사람들과 그 곳의 역사, 그 지역이 다른 지역들과 맺고 있는 관계의 산물이라고 말한다.[16] 그러므로 한 접시의 음식 속에는 그 지역의 역사, 교역, 경제, 사회 등을 모두 아우른 문화가 담겨 있는 것이다. 알자스 에코뮤지엄의 방문객이 알자스 지역의 향토음식을 먹는다는 것은 이들의 문화를 맛보는 것이며 이들이 보존하고자 하는 알자스 음식문화 유산의 보존에 참여하는 것이라고 할 수 있다.

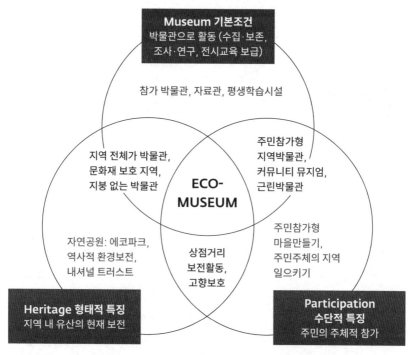

〈그림 9〉 에코뮤지엄의 개념도 (오하라 가즈오키大原一興, 1996)

---

16  카를로 페트리니, 『슬로푸드, 맛있는 혁명』, 김종덕·황성원 (역), 이후, 2008, p.63.

오하라 가즈오키는 에코뮤지엄의 이념에서 중요한 특징은 어느 특정의 영역 또는 지역을 대상으로 보고 있다는 것이라고 규정하면서 이것은 두 가지 측면에서 고려되어야 한다고 보았다. 하나는 지역사회와 주민의 일체화로 '주민의 주체적 참가'를 위한 '수단적 특징'을 갖고 있다는 것이다. 또 하나는 지역에 존재하는 다양한 '유산의 현지보전'이라는 '형태적 특징'을 갖고 있다는 것이다.[17] 〈그림 9〉는 오하라 가즈오키가 그린 에코뮤지엄의 개념도이다.

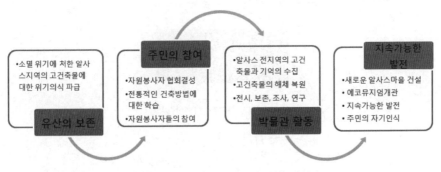

〈그림 10〉 알자스 에코뮤지엄의 개념도

여기서 에코뮤지엄의 개념이 도출되는데 어느 특정의 '지역(territory)'을 중요한 대상으로 지정하여, 그 위에 지역의 유산(Heritage), 주민의 참여(Participation), 박물관 활동(Museum)의 세 가지 요소가 서로 상호작용할 수 있는 구조로 성립될 때 에코뮤지엄이 유지되는 것이다. 지역의 유산(Heritage)이란 지역의 자연환경, 문화유산, 산업유산, 기억의 수집 등을 현지 보존하는 것이다. 다음으로 주민 참여(Participation)는 주민 스스로 정체성을 발견하면서 능동적으로 참여하는 것이다. 마지막으로 박물관 활동(Museum)은 발굴, 전시, 보존, 조사, 연

---

17 '영역'이라는 개념 아래서 양자를 겸비하고 통합한 존재가 에코뮤지엄이라고 할 수 있다는 것이다. 오하라 가즈오키, 앞의 책, p.31.

구 등의 전통적인 박물관의 활동 영역에 속한다. 이를 알자스 마을에 적용하여 풀어보면 〈그림 10〉과 같은 개념도가 성립될 수 있다.

먼저 유산의 현지보존이라는 측면에서 살펴보자면, 도시화와 산업화로 접어들면서 해체와 소멸 위기에 처한 알자스지역의 고건축물에 대한 위기의식이 번지면서 시작된 고건축물 구명 운동이 이를 충족시킨다. 다음으로 주민의 참여는 자발적으로 결성된 자원봉사자 협회와 이들의 지속적인 학습활동, 이들을 후원하는 수많은 사람들의 적극적인 참여와 운동을 들 수 있다. 끝으로 에코뮤지엄의 완성을 위하여 박물관 활동이 필요한데, 마을의 오래된 농가를 보존하기 위하여 건물을 해체하고 다시 재건하는 과정에 수집, 보존, 조사, 연구, 교육 활동 등이 더해져서 알자스 에코뮤지엄이 성립되었다. 이렇게 탄생한 알자스 에코뮤지엄은 비록 뮐루즈에 위치하고 있지만 알자스 지역 전체의 유산과 기억을 모아 놓은 곳이며 알자스 사람들의 마음의 고향이라고 할 수 있다. 이는 알자스 지방 전체를 포함하되 이를 뮐루즈에 응축시켜서 구현되었다고 볼 수 있을 것이다. 또한 이러한 과정은 단절되는 것이 아니라 연속적인 과정에 있다. 이러한 연속적인 활동이 이어지는 가운데 더 이상 새로운 것을 건설하지 않고 환경을 파괴하지도 않으면서 지속가능한 발전을 이룰 수 있게 되는 것이다.

## 4. 에코뮤지엄에서 알자스 체험하기

국가 정체성의 혼란을 극복하고 유럽의 중심이 되기를 원하는 알자스인들이 소중하게 만들어 가꾸어 온 알자스 에코뮤지엄은 유럽의 명소에서 세계의 명소로 자리잡아가고 있다. 2010년에 알자스는 가장 유명한 세계여행 안내서인 론리 플래닛(Lonely Planet)이 꼽은 '여행객이 꼭 가야하는 세계의 지역'에 꼽히기도 했다. 방문객들은 그곳에서 알자스 음식을 먹을 수 있고, 알자스 옷을 입은 사람들을 만날 수 있고, 알자스의 오래된 가옥 속으로 들어갈 수 있으며, 강에서 까날을 타는 체험을 할 수도 있고, 포도주를 마시거나 제조에 참여하는 체험도 할 수 있다.

알자스 에코뮤지엄에서 운영되는 다양한 체험 프로그램과 교육 프로그램은 가족단위의 부모와 어린이, 학생들, 혹은 개인, 내국인, 외국인 모두를 충족시킬 만한 아이디어로 충만하다. 알자스농촌체험 프로그램, 알자스 문화 교육 프로그램, 생일파티 등이 운영되면서 끊임없이 외부와의 소통을 모색하고 있다. 이러한 내용은 홈페이지에 소개되므로 방문객은 자신의 방문일정에 맞게 체험 프로그램을 예약할 수 있고, 전시, 이벤트 등을 확인할 수 있다. 또한 그들은 해마다 새로운 프로그램 일정을 담아서 다음과 같이 방문객에게 제공한다.

〈알자스 에코뮤지엄의 다양한 프로그램〉
- 다양한 아뜰리에 운영 : 나무 조각 공예, 점토놀이, 도자기공예,
- 자연 환경 체험 : 강과 숲 탐방하기
- 생일파티 : 자녀의 생일이나 친구의 생일날을 기념하기 위해, 마을주민이 되어 가장하고, 함께 축하음식을 먹으며 추억을 만들 수 있는 프로그램이다. 시간과 방문객의 선택에 따라서 아뜰리에 체험에 참여할 수도 있다.
- 장인과 식도락과의 만남 : 매달 세 번째 주에는 '장인의 토요일', 네 번째 주에는 '식도락의 토요일'이라는 두 행사가 열린다. '장인의 토요일'에는 수레를 만드는 장인, 도자기 장인, 대장장이 등등 그들이 작업하는 모습을 직접 볼 수 있으며 체험해 볼 수도 있다. '식도락의 토요일'에는 파티시에, 요리사들의 경험과 요리법이 제공된다.
- 농촌체험 프로그램 : 농사짓기, 다종작 재배, 우유 짜기, 돼지 먹이 주기 등의 체험 프로그램들이 운영되고 있다.
- 교육프로그램 : 옛날의 방식으로 수업을 하는 마을의 학교에서

문화농촌·창조농촌

알자스의 역사에 대해 다룬다. 과거의 방식에 따라 엄격한 수업 방식으로 진행되며, 프랑스와 독일의 역사를 가르쳐준다.

- 여러 가지 행사 : 계절에 따라, 기념일에 따라 여러 가지 행사들이 마을에서 진행된다. 음악축제, 꺄지모도(부활절 후 첫 주일), 불의 예술 등과 같은 행사들이 마을에서 펼쳐진다.

이처럼 알자스 에코뮤지엄은 부단한 노력으로 알자스의 민속과 생활양식을 보존하고 상품화하였으며 이를 통해 자신들의 이야기를 들려준다. 이러한 일련의 활동을 통하여 그들이 추구하는 것은 '살아 있는 알자스'의 전통을 보존하고 세계인과 소통하는 것이다. 알자스 에코뮤지엄은 그들 자신의 과거와 현재 그리고 미래를 예지하는 작용을 하면서 끊임없이 자신들의 정체성에 대해 묻고 있는 것이다.

지금까지 알자스 에코뮤지엄에 대해서 논하였다. 에코뮤지엄은 단일 영역의 학문이나 이론에 의해서 정립될 수 없는 특성을 갖고 있으며 그 운영에 있어서도 끝없는 도전과 시도, 새로운 것들의 연계를 모색하는 연구와 실천이 필요하다. 에코뮤지엄의 이상을 실현하려면 주민주도의 지역문화운동이 일어나야 하며 다양한 전공의 연구자들이 열린 시각으로 지역의 유산을 연구하여야 한다. 그렇기에 리비에르의 발전적 정의에 입각하여 알자스 에코뮤지엄은 주민 스스로 지역의 유산을 보존하고, 연구하고, 배우는 보존기관이자 연구소이고, 학교이며, 실험실의 역할을 하고 있는 것이다. 알자스인들은 그들의 문화에 대한 자긍심을 갖고 전통을 재현하되 과거를 과거에 머무르게 하지 않고 현재에서의 가치로 이끌어내고 미래를 보는 거울로 활용하고 있다.

# 참고문헌

김건희, "열린 박물관과 열린사회: 에코뮤제와 지속가능성", 『문화예술경영학연구』, 2008, 1, pp.193-201.

미셸 L. 스테파노, "무형유산 보호: 잉글랜드 동북부의 박물관들이 처한 다섯 가지 주요 난관", 『국제저널 무형유산』, 2009, 4, pp.87-97.

박용희, "알자스인에게 알자스를!: 20세기 알자스 지역운동과 지역정체성 모색", 『독일연구』, 2009, 15, pp.107-140.

배은석, "지속가능한 농촌 발전을 위한 에코뮤지엄 모델 연구-이천 율면 부래미마을을 중심으로-", 한국외국어대학교대학원 글로벌문화콘텐츠학과 박사학위논문, 2012.

배현식, "알자스의 인문지리 연구", 『프랑스문화예술연구』, 1999, 1, pp.85-106.

서울대학교 불어문화연구소, 『프랑스 하나 그리고 여섯』, 강, 2008.

성혜영, 『박물관이 나에게 말을 걸었다』, 휴머니스트, 2004.

알자스 에코뮤지엄 (www.ecomusee-alsace.fr).

오하라 가즈오키, 『마을은 보물로 가득차 있다』, 김현정 (역), 아르케, 2008.

이재영·이종오, "프랑스 에코뮤지엄 개념의 형성과 발전과정 연구", 『EU연구』, 2011, 28, pp.229-247.

정남모, "알자스의 기후와 지형 그리고 포도주에 대한 지역 연구", 『프랑스문화연구』, 2009, 19, pp.251-273.

최병식, 『뉴 뮤지엄의 탄생』, 동문선, 2010.

최종호 외 공저, 『한국박물관교육학』, 문음사, 2010.

최혜실, 『테마파크의 스토리텔링』, 글누림, 2008.

크뢰조-몽소 에코뮤지엄 (www.ecomusee-creusot-montceau.fr).

Hurbert, François, "Ecomuseums in France: contradiction and distoritions", *Museum*, 1985, 148, pp.186-190.

Marstine, Janet, *New Museum Theory and Practice*, Australia: Blackwell, 2011.

Davis, Peter, *Ecomuseums A SENSE OF PLACE*, Continuum, 2011.

이지현

# 12 농촌문화 컨설팅 사례

## 1. 농촌은 단순히 농사를 짓는 마을인가?

한 개인이 향유하는 풍요로움은 그 사람이 가지고 있는 문화력에 있다[1]고 한다. 문화력은 다양한 프로그램으로 표현된다고 봤을 때 우리는 '현재의 농촌이 가진 문화력이 무엇인가'라는 질문에 농사짓는 곳 말고 어떠한 대답을 준비하고 있는가? 농촌이 가진 문화력에 대한 대답, 다양한 프로그램을 찾기 위해 들여다본 농촌은 정책에 의한 프로그램들이 가장 먼저 눈에 띈다.

1960년대부터 시작된 지역개발사업의 일환으로 농촌은 공간의 물리적 정비를 시작했고, 1970년대에는 기초환경개선사업, 1980년

---

1   강형기, "농업과 농촌이 문화를 만나다", 한국문화관광연구원, 『농촌문화를 논하다, 농촌자원의 가치와 활용』 한국문화관광연구원·한국농촌경제연구원 공동심포지움, 2010, p.5

대에는 취락구조개선사업, 농어촌주거환경개선사업들이 진행되었다. 1990년대 이후 정부 부처의 기능에 따라 다양한 지역개발사업이 추진되면서 농촌은 농어촌민박, 농어촌휴향단지 등과 같은 하드웨어가 조성되었다. 2000년에 들어서면서 「삶의질향상특별법」이 제정되어 국가균형발전정책의 틀에서 부처별로 추진되어온 유사사업이 일원화되고 농촌자원활용과 주민자발적 참여형태의 사업이 시작되었다.[2]

농촌마을만들기 사업이 시작되면서 2,000여 개의 전국농촌마을이 사업 대상이 되었다. 현재 농림축산식품부의 인증을 받아 휴향마을로 지정된 마을은 400여 개에 달한다. 그러나 인증을 받은 마을 중 활발히 사업이 진행되는 곳은 120여 곳에 불과하다. 농촌의 마을만들기 사업은 하드웨어 중심으로 이루어져 콘텐츠 생산의 한계를 가져왔고, 전국 농촌마을 중 개성 있는 마을이 많지 않은 현실과 마주하게 되었다. 이러한 한계를 극복하고자 농촌마을은 콘텐츠를 생산하는 전문가를 찾게 되었고 마을만의 농촌문화콘텐츠를 생산하고자 하는 노력들이 컨설팅을 통해 이루어지고 있다.

농촌이 가지는 '잠재력'은 무엇인지, 농촌자원이 '콘텐츠'로 활용될 수 있는 것인지, '사람 사는 곳'인 농촌에서 어떻게 살아가고 있는지. 이러한 관점에서 접근한 컨설팅 사례를 통해 농촌사회에 어떠한 파장을 일으키고 있는지 살펴보고자 한다.

---

2    송미령, 『살기좋은 농촌만들기를 위한 정책 재편 방안(1/2)』, 농촌경제연구원, 2008, p.35

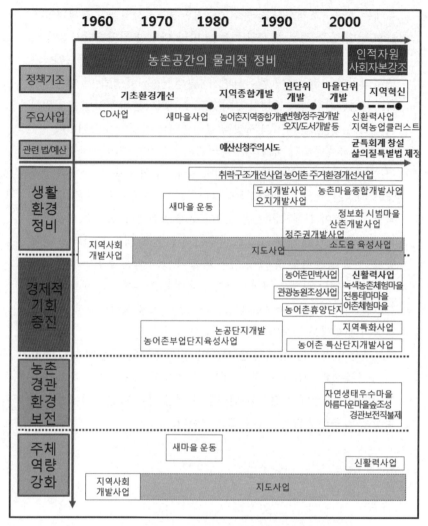

(출처: 류정아, 「농촌지역 문화환경개선방안연구」, 한국문화관광연구원, 2010, p.33.)

〈그림 1〉 농촌정책 및 사업의 시기별 진전과 현황

## 2. 농촌문화컨설팅 사례

### 1) 문화이모작 사업[3] 컨설팅 사례

#### (1) 충북 수안보면 수회리의 '엄마들의 그림자 연극'

2011년 문화체육관광부의 '2011 문화이모작 지원사업 - 농어촌마을 문화심기' 사업으로 선정된 후 문화컨설팅이 이루어지면서 마을이 활성화된 사례이다.

수회리의 활동은 '극단 하다'의 대표가 귀촌을 하면서 마을에 거주하는 또래 엄마들과 생산적인 활동을 고민하는 데서 시작하였다. 경찰대학교가 위치한 충북 수안보면 수회리는 타 농촌과 달리 30대의 젊은 엄마들의 수가 많은 편이다. 그 수가 6명을 넘어서면서 엄마들의 모임이 시작되었다. '엄마들의 그림자연극'은 함께 활동할 꺼리를 기획하기 위해 참가한 문화이모작 사업 매개인력양성과정 실습사업에 선정되면서 진행되었다.

〈그림 2〉 그림자연극 공연모습

---

3    문화이모작 사업은 2010년 문화체육관광부와 당시 농림수산식품부의 MOU체결과 함께 시작된 사업으로 2011년도부터 문화체육관광부의 단독 사업으로 지역문화재단들과 함께 사업이 진행되고 있다.

〈그림 3〉 마을사업으로 진행된 벽화그리기 사업

　수안보온천이라는 지역자원을 활용하여 '수안보 온천이야기'라는 지역스토리가 만들어졌고, 생산된 콘텐츠는 수안보 면과 충주시의 주목을 받게 되면서 마을이 다양한 지원을 받게 되는 계기를 마련해 주었다.

　사업진행 초기 참여가 힘들었던 다문화가정 엄마의 참여과정에서 느낀 한국농촌에 대한 긍정적 기억, 주변인들과 분리되고 싶었던 귀촌인의 마을주민화 과정, 엄마를 자랑스럽게 여기게 된 아이들의 마음은 농촌에서 문화사업을 진행하면서 얻을 수 있는 가장 큰 수확일 것이다.

　현재도 수회리에서는 마을주민들과 새로운 사업을 진행하는 움직임이 계속되고 있다. 수회리의 콘텐츠 생산 과정에서 주목할 점은 주민들과의 소통과 노력을 통해 공동체성이 발현되고 문화적 경험을 통한 콘텐츠 확대 재생산이 주민을 통해 지속적으로 이루어지고 있다는 사실이다. 이는 문화인력의 투입이라는 초기설정과 함께 콘텐츠의 유지관리에 대한 방법론을 보여주는 사례라고 볼 수 있다.

〈표 1〉 문화컨설팅이 이루어진 이후 수회리 마을의 활동

| 활동연도 | 주요활동내용 |
|---|---|
| 2011년 | - 문화이모작 사업 선정 '그림자 연극' 진행<br>"수회리, 엄마들은 배우다!" |
| 2012년 | - 수회초토요돌보미교실 운영<br>(그림자극 멤버 허윤희, 김종숙, 연선용, 이화순)<br>"엄마나라 동화로 만나는 그림자극"<br>다문화도서관 모두 연극활동 강사 |
| 2013년 | - 문화예술교육사 2급 자격취득(문화체육관광부)<br>- 충주 다문화도서관 모두 "마녀가 들려주는 엄마나라 동화"<br>  강사<br>- 충북문화재단 지역특성화문화예술교육지원사업<br>  "힐링 시와 그림을 싣고 가는 연극" 강사(마을회관에서 동네 엄마<br>  들 대상)<br>- 충북문화재단 시도기획지원사업(동네 엄마들 배우참여)<br>  "그림자극 사라진 선녀들" 공연 연출 및 배우(장소, 수안보물탕<br>  공연)<br>- 충주시 건축디자인과 마을만들기 공모사업<br>  (그림자극 멤버들이 벽화그리기에 참여, 우수마을 선정) "수안보<br>  온천수 설화 벽화가 되다"<br>- 마을만들기 포함 2회에 걸쳐 마을회관에서 진행<br>  (페실리테이터)<br>- 충주교통대 건축학과에서 수업중 마을만들기 프로젝트를 수회리<br>  를 모델로 진행<br>  1회 학생들 대상으로 허윤희 프리젠테이션(장소, 교통대)<br>  2회 건축학과 학생들이 마을회관과 마을탐방(장소, 수회리 마을)<br>  3회 건축학과 학생들 1차 조별회의(장소, 교통대)<br>  4회 건축학과 학생들 2차 조별회의 및 발표회<br>- 충주우륵문화제 "호랑이 뱃속잔치"책공연 배우<br>  (장소, 무술박물관)<br>- MBC 전국시대 방영 - 책읽어주는 마녀가 사는 수회리<br>  마을 방송 |

## (2) 전북진안군 평촌마을 '할매배움터 겨울학교'

진안군 '할매배움터 겨울학교 사업'은 평촌마을간사[4]의 사업지원으로 컨설팅이 시작되었다. 이 사업은 가가호호를 방문하며 주민들을 도와주던 마을간사가 텔레비전의 음소거 버튼을 인지하지 못한 채 고장난 TV를 고쳐달라는 할머님의 요청, 세금고지서를 대독하는 것에서부터 주변인의 도움 없이는 터미널에서 타 도시행 버스를 탈 수 없었던 할머니들을 돕고 싶다는 동기에서 시작된 사업이다.

사업을 시작하기 전 어르신들에게 사전 선호프로그램과 참여도를 조사하여 강사와 어르신들 간의 유대감을 증진시켰고, 주요 프로그램은 한글교육이지만 건강증진을 위한 요가, 굳어진 손가락 관절사용을 용이하게 하기 위한 한지공예배우기 등을 병행해서 진행하였다.

사업은 3개월 정도 진행되었고, 한글을 익히신 할머니들의 따뜻한 사연이 주변마을에 전달되고 군내 신문과 TV프로그램에 방영되는 등 긍정적인 반향을 일으키기도 하였다.

한글교실에서 배운 한글로 자신의 흰색 고무신에 까만 이름을 쓰고 뿌듯해 하는 어머니, 그런 어머니가 처음으로 쓰신 글자를 사진으로 찍고 형제들에게 보여주며 눈시울을 붉힌 자녀들은 본인들이 하지 못한 일을 해주셔서 감사하다며 동네어르신들과 강사들에게 점심 대접을 하기도 하였고, 주변인들의 도움 없이 버스를 타고 다니실 수 있다며 자랑스레 말씀하시는 할머님들의 뜨거운 프로그램 참여 의지는 젊은 강사들에게 감동과 보람을 가져다 주었다. 할머님들은 편지를 통해 손자손녀들과 소통할 수 있다는 것에 굉장한 기쁨을 느끼시고 시작할 때보다 훨씬 큰 호응을 주셨다.

---

4   진안군의 경우 마을간사지원사업을 통해 귀농귀촌을 준비하고 있는 사람들에게 마을간사를 수행할 수 있게 예산을 지원하고 있으며, 이 제도를 통해 귀촌 희망지역에 대한 사전조사를 진행할 수 있게 되어 귀농귀촌시 발생할 수 있는 리스크를 줄이고 있다.

이 사업을 컨설팅하고 평가했던 전문가들은 문맹률이 높은 지역에서 진행할 수 있는 문화보급프로그램의 가능성을 보여준 사업이라고 진단하였다.

〈그림 4〉 한글수업 중인 평촌마을 할머님들 모습

### (3) 제주도 조천읍 교래리 '풍경이 있는 족보'

'풍경이 있는 족보' 사업은 소장용 족보 제작 교육프로그램으로 문화기획을 전혀 접한 적 없는 귀촌희망자의 아이디어를 구체화하고 기획에 대해 실행예산을 지원한 2011년 문화이모작[5] 실습지원사업에 선정된 사업이다.

대부분의 족보는 한자로 기재되어 있고 부계중심으로 외가가 기록되지 않고 있다. 이 사업은 벽장에 쌓아두는 소장용 족보가 아닌 누구나 쉽게 읽을 수 있고, 남녀 구별 없이 가족의 역사를 사진과 함께 꾸며 언제라도 재미있게 살펴볼 수 있게 해주고자 하는 아이디어에서 출발했다.

사업을 구체화하는 과정에서 제주도 조천읍 교래리 교래분교를

---

5   2011년문화이모작 사업은 농어촌지역의 문화기획인력양성이라는 사업목표를 두고 문화기획입문과정인 기초과정, 기획실무과정인 심화과정, 심화과정에서 제안된 기획들 중 우수한 기획을 선정하여 실습을 지원하는 구조로 사업이 진행되었다. 이 과정을 통해 10개의 사업이 선정되어 진행되었다.

프로그램 대상학교로 선정하고 분교학생 총 15명의 10가족을 대상으로 프로그램이 진행되었다. 아이들을 대상으로 족보교육이 이루어지고 가족마다 '우리가족이야기'라는 'Family History Book'을 만들었다.

아이들 대상 교육프로그램은 총 10회가 진행되었고, 부모들을 대상으로 인터뷰가 총 4회 진행되었다. 가훈에 대한 질문, 외가 친척들의 성함 알아오기 등을 과제로 내주어 가족 간의 대화를 유도하였다. 실제 부모들도 고모부님이나 외숙모 등 친인척의 성명을 정확히 모르고 있는 경우가 많아 호적등본을 지참한 후 교사와 함께 이야기하는 시간을 가져야 했다. 가족의 역사를 담아야 하는 스토리북이기 때문에 가족의 탄생 지점에 대한 질문에 답변하는 부모들은 자신들의 이야기를 할 수 있다는 것만으로 심리치료 효과가 나타났고, 이야기할 곳을 찾지 못했던 아빠들이 더 흥미롭게 프로그램에 참여하는 모습이 확인되었다.

〈그림 5〉 가편집된 가족이야기　　　　〈그림 6〉 부모님들과의 인터뷰 모습

### (4) 양평군 단월면 '으라차차 4기 충전'

사업제안자가 양평군 단월면 단월중학교를 비롯한 인근 초·중·고등학교에서 미술치료 관련 수업과정과 지역에서 자녀를 키우며 보고 느꼈던 점을 사업으로 기획하여 추진, 진행된 사업이다. 귀촌자의 기존

이력을 활용하여 예술프로그램을 진행함으로써 예술강사모집에 어려움을 호소하고 있는 학교들과의 상호연계가 가능한 접점을 발견한 사업사례로 볼 수 있다.

단월면의 월력을 만들기 위해 학생들이 직접 월력에 사용될 그림을 그리고, 매월마다 별도의 이름을 지어주고, 자신들만의 기념일을 지정하는 등의 과정을 거치면서 도시 근교의 학생들이 가지는 농촌에 대한 이미지를 찾아내는 작업을 진행함과 동시에 청소년기의 창의적 사고를 경험하게 해주는 효과를 거두었다.

지역마다 농사와 관련된 일정이 다르다는 것에 착안, 단월면만의 월력을 만들기 위해 주변 어르신들을 인터뷰하고 지역에 거주하는 예술인과 이야기를 나누는 등 학생들이 교과과정에서 체험하지 못한 과정을 경험하게 되었고, 단월면에 거주하는 어르신들과의 직접 교류는 지역민들의 호의적인 반응을 이끌어내어 지속적인 방문을 요청 받기도 하였다.

〈그림 7〉 학생이 직접 그린 자화상 　　　　〈그림 8〉 월력을 만드는 학생들

사업이 진행되는 과정에서 결손가정의 학생, 학교폭력 가해자라는 이력을 가진 타 도시에서 온 전학생, 학칙을 어기는 전학생들의 모습에 충격을 받게 된 기존 학생들의 심리상담으로 이어지는 형태를 보여 예술활동을 통한 예술치료 효과를 나타내었다. 사업의 지속적 유

지운영의 필요성이 제기되었다. 그러나 심리치료가 필요한 학생들이 외부적인 문화활동을 통해 심리치료 효과를 얻는다 해도 가정 내 양육환경이 안정되지 않으면 장기적인 효과로 이어지기 힘들기 때문에 지속적 지원을 위해서는 사회복지 측면으로의 접근이 필요할 것이다.

학생수가 줄어들고 있는 농촌지역 학교에서는 심도 깊은 예술교육프로그램이 많지 않다. 교통편이 좋지 않은 외진 지역의 학교는 방과 후 프로그램을 진행할 예술강사 모집도 쉽지 않은 것이 농촌지역학교의 현실이다. 최근에는 특성화학교로 지정되는 농촌지역학교에 지역의 학생수보다 교육의 질을 고민하는 도시지역의 학생수가 더 많아지고 있다. 현재 이 사업을 진행했던 단월중학교도 줄어드는 학생수로 인해 학교유지의 어려움을 겪자 체육특성화 학교로 전환하여 전국의 학생들을 모집해 교육하고 있다. 타 지역에서 유입되는 학생들도 농촌에서 생활해야 하기에 거주하는 지역의 특성을 이해할 수 있는 교육과정이 필요할 것이다. 지역의 월력만들기 프로그램은 이러한 교육과정에서 효과적으로 사용될 수 있는 프로그램의 사례일 것이다.

## 2) 농어촌마을 사업 컨설팅 사례

### (1) 경남 고성군 '무지돌이 자연학교'

경상남도 고성군 개천면 나선리 무지돌이마을은 인근 도시 진주시와 거리 30km, 마을과 서울 간 거리 약 400km 떨어진 곳에 위치해 있는 전형적인 농산촌 마을이다. 독수리, 참매, 부엉이, 수달같은 천연기념물의 서식지 등 자연 생태계가 잘 보존되어 있어 2008년 람사르총회를 계기로 환경조사를 받은 바 있으며, 환경부로부터 자연생태우수마을로 지정된 바 있다. 무지돌이 마을명은 마을입구 초관산 중턱에 있는 홍암(무지바구) 무지바위의 '무지'와 아이들의 건강함을 나타내는 '돌이'의 합성된 단어로 마을 사업을 진행하면서 지어졌다. '무지개가 시작되는 마을의 동심'을 전달하고픈 마을주민들의 의견을 담아낸 마을명이라고 한다.

무지돌이 마을은 2008년에서부터 2011년까지 정부사업지원을 다양하게 받아 왔다. 농촌마을만들기사업이 진행된 마을의 전형적 형태로 마을기반시설 정비, 체험관, 휴향관, 생태공원조성 등 하드웨어 중심으로 사업이 진행되었다. 마을의 고유 콘텐츠 개발은 마을 사무장의 다양한 교육연수 이후인 2011년이 되어서야 논의되기 시작하였으며, 이후 '자연학교'라는 콘텐츠가 만들어져 현재까지 진행되고 있다. 현재는 산촌유학을 통해 자연학교의 확장을 꾀하고 있다.

〈표 2〉 무지돌이 마을 정부사업 지원현황

| 사업명 | 지원부처 | 사업기간 | 사업비 | | | | 주요 사업내용 |
| | | | 보조금 (백만 원) | | | 자부담 | |
| | | | 국비 | 지방비 | 민간지원 | | |
|---|---|---|---|---|---|---|---|
| 자립형 지역공동체 | 행정 안전부 | 2010 ~2011 | . | . | . | . | 자립형지역 공동체사업 1차년도 : 8000만 원 2차년도 : 3600만 원 |
| 녹색농촌 | 농식품 | 2006~2007 | 100 | 100 | . | . | 체험관, 쉼터(정자) |
| 산촌생태 | 산림청 | 2007~2010 | 500 | 500 | . | . | 휴양관, 생태공원, 공동작업장 등 |
| 팜스테이 | 농협 | 2008 | . | . | 5 | . | 간판, 식기일체 |
| 살기 좋은 마을 | 고성군 | 2008 | . | 20 | . | . | 쉼터(정자)조성 |

마을의 진행프로그램은 각종 농산물의 파종 및 수확체험, 마을 부녀회에서 만들어주는 시골밥상 체험, 전래놀이, 자연생태체험 등으로 전국 농촌체험마을에서 공통적으로 접할 수 있는 프로그램들이다. 무지돌이 마을에는 도자기공예가의 귀촌으로 도자기 만들기 체험을 할 수 있게 되었다. 농촌마다 거주하고 있는 인력풀에 따라 프로그램

이 변동되기도 한다. 목공예가가 마을에 거주하는 경우 목공예 체험 프로그램이 있다거나, 한지공예가가 있을 경우 한지공예체험프로그램을 진행하기도 한다.

<표 3> 무지돌이 마을 진행프로그램

| 프로그램명 | | 내용 |
|---|---|---|
| 만들기 프로그램 | 도자기 만들기 | 물레로 직접 도자기 만들기 |
| | | 컵이나 접시에 그림 그려서 굽기 |
| | 피리 만들기 | 대나무피리 만들어서 불어보기 |
| | 꽃누르미 | 압화로 펜던트나 열쇠고리 만들기 |
| | 밀랍초 | 밀랍(벌집)으로 천연초 만들기 |
| | 그 외 | 다양한 만들기 체험 |
| 교육 프로그램 | 전래놀이 | 전래놀이지도사와 함께 놀이 |
| | 자연생태 | 체험지도사와 함께 생태 체험 |
| 농촌체험 | 농사체험 | 각종 농산물 파종 및 수확체험 |
| | 농촌체험 | 소여물주기, 두레박질하기 등 |
| 식사 | 시골밥상 | 마을 유기농 식단 |
| | 특식 | 바비큐파티, 굴구이 등 |

무지돌이 자연학교는 부산 국제학교에 근무하는 선생님과 학생들을 주축으로 하여 한달에 2번씩 무지돌이 마을에서 자연생태수업을 진행하는 교육프로그램이다. 여름과 겨울에는 캠프를 운영하여 학생들의 부모님과 같이 마을에서 문화와 생태에 관련된 다양한 프로그램들을 진행한다. 국제학교의 특성상 외국인 아이들과, 한국을 찾은 외국인들이 한국의 농촌을 경험하고 싶어 함께 방문하는 편인데 그들이 경험하고 간 한국의 농촌과 자연생태는 한국 재방문을 유도할 만큼 인상적이었다고 한다.

아이들은 어른들의 도움 없이 토론을 통해 파종할 품목을 정한 후 시장에서 파종에 필요한 도구를 구입하고, 씨를 뿌리고 잡초를 제거하는 등 1년 동안 농촌의 생태를 직접 경험하면서 농작물을 길러낸다. 무지돌이 마을은 자연환경이 잘 보전되어 있는 편이어서 마을주변의 숲해설 프로그램이 진행되기도 하고, 친환경 논에 자라는 다양한 곤충들을 관찰하기도 한다. 특히 교사와 학부모의 구분 없이 함께 교육과정을 기획 운영하고 있다.

〈그림 9〉 무지돌이 자연학교 운영모습

### (2) 파주 한배미마을 주민역량강화 교육

파주시 주월리는 안전행정부에서 추진하고 있는 평화생태마을 조성사업[6]에 선정되어 마을조성사업을 진행하고 있다. 이 조성사업의 일부로 주민역량강화교육을 진행하고 있는데 농촌 마을조성사업의 구조를 살펴보면 사업대상 마을이 선정되고 선정된 마을의 주민을 교육하고 사업을 추진하는 과정을 거친다. 주민주도형사업을 표방하고

---

6 평화생태마을 조성사업은 안전행정부 국고보조사업으로서 이천2리, 대성동, 금곡2리, 주월리, 객현1리 등 5개 마을에 총 125억 원을 투입해 농촌체험마을 기반조성을 통한 농가소득 증대 및 일자리 창출기여를 목표로 하는 사업이다.

있으나 실질적으로 마을 주민 전체가 마을사업에 참여하는 것은 아니다.

일반적으로 농촌마을만들기 사업은 주민들의 동의 없이는 사업을 제안조차 할 수 없다. 그러나 주민들이 동참의사를 밝혔다고 해서 마을사업에 지속적 참여가 이루어지지는 않는다. 이러한 문제점을 개선하고자 마을 조성 사업시 주민역량강화교육프로그램을 진행하고 있다. 교육프로그램을 통해 주민들의 마을사업 참여를 독려한다는 것은 다분히 역설적이다. 마을주민의 사업추진 의지를 확인한 후에 선정되는 구조이기 때문이다. 사업에 선정되었지만 실제 몇 명의 마을 주민들에 의해 마을만들기 사업이 추진되는 경우가 많아 예산투입 이후 다양하게 건축된 하드웨어 운영자를 찾기 힘든 상황이 발생되고 있다.

최근 들어 이러한 농촌마을만들기 사업형태에서 벗어나고자 마을 문화자원을 활용한 소프트웨어 개발을 위한 문화기획 교육을 실행하는 마을이 늘어나고 있다. 한배미마을은 주민들의 사업참여에 대한 동기부여를 위해 예술가들과 함께 마을문화콘텐츠를 고민한 주민역량강화교육 사례이다.

〈표 4〉 한배미마을 주민교육과정 내용

| 교육단계 | 교육 주요내용 |
|---|---|
| 1단계 | 마을경관 우수사례를 통한 마을 특색 찾기 |
| 2단계 | 체험마을 우수사례 답사 |
| 3단계 | 주민의 삶과 역사를 이야기하고 표현하기 |

(출처: 기분좋은QX, 『파주한배미마을 조성사업 결과보고서』, 2013 참고)

한배미마을의 주민역량강화교육은 마을주민들과 함께 마을이 가진 콘텐츠를 찾아내는 교육을 시작으로 타 지역을 답사하고, 주민이 살아가고 있는 마을만의 역사와 주민 자신들의 삶의 이야기를 문패만들기에 녹여내는 작업을 예술가들과 함께 진행하였다. 이후 마을주민들이 만들어낸 결과물을 전시함으로써 '우리마을'에 많은 이야기들이 있다는 경험을 하게 되는 과정이 이어졌다. 한배미마을은 생태마을 조성을 위해 다양한 시설들을 만들고 이 시설들을 운영하고 홍보하기 위해 마을브랜드를 활용한 홍보전략 등이 필요한 시점이었다. 생태마을 운영을 위한 콘텐츠를 찾아내는 과정과 마을브랜드를 만들고 스토리를 입히는 과정을 전문가가 전담하는 것이 아닌 주민들과 전문가들의 협력에 의해 진행하는 과정을 택한 마을주민들은 문화예술에 대한 경험을 생소하면서도 즐겁게 받아들여 마을브랜드에 대한 애착심을 높이는 결과를 얻게 되었다. 이는 향후 사업진행시 마을주민들의 지속적 관심을 유도하는 장치로서 작용하게 될 것이다.

〈그림 10〉 주민교육 결과물, 마을주민과 예술가들이 함께 만든 문패

마을사업을 진행하는 데 있어 주안점을 두어야 할 것은 마을주민의 참여의지와 참여 지속성이다. 전문가가 마을에 상주할 수 없고 예

산지원도 계속될 수는 없기에 마을주민의 의지여부에 따라 마을사업의 지속성을 담보할 수 있기 때문이다. 마을주민의 참여의지를 높이기 위한 방안으로 도입되고 있는 교육프로그램을 통해 마을의 가치를 찾아내고 기획적 마인드와 실무를 익히는 문화예술기획프로그램과 접목되는 사례는 증가할 것으로 보인다.

## 3. 문화로 고민하는 농촌의 미래

문화는 다양하고도 복잡한 가치와 존재이유가 있다. 현대의 문화가 과거의 문화보다, 서양의 문화가 동양의 문화보다 우월할 수 없듯이 모든 문화는 그 나름의 존재 이유와 가치를 지니고 있다.[7] 문화의 차이가 있음을 인지하고 다양한 가치와 사람들을 통해 새롭게 탄생되고 재조합되는 과정이 필요한 것이 문화이다.

농촌에서 문화를 통한 컨설팅이 진행되고 있다. 단순히 문화의 다양한 속성을 받아들이고 만들어내려는 것이 아닌 스스로의 가치와 존재 이유에 대해 드러내기를 원하기 때문이다. 지금은 농촌이 현대인들에게 어떤 의미를 지니고 있는지 되짚어봐야 하는 시대이다. 농촌이 단순히 전통적 촌락을 대표적 형태라는 사전적 의미를 차치해 두고서라도 현재의 농촌은 단순히 농경지역을 의미하는 것에 그치지 않는다. 산업적 개념의 마을만들기는 관광 활성화를 이뤄내고 농업이라는 제약적 경제구조가 아닌 다양한 생산경제구조를 만들기 위한 노력일 수 있다. 농촌의 경제구조를 재편하는 것에 그치는 것이 아닌 농촌이 가지는 문화역사학적 의미와 농촌에 살고 있는 사람들에 대한 고민, 그리고 그들이 만들어내는 새로운 농촌 문화가 가져올 다양한 가능성에 대한 깊이 있는 고민은 계속되어야 할 것이다.

---

7    신동호, '농어촌문호의 가치발견', 2010 문화이모작 특강 내용 중 참고.

문화농촌·창조농촌

# 저자소개

**임학순**

현재 가톨릭대학교 미디어기술콘텐츠학과 교수로 재직하고 있으며, 문화비즈니스연구소장과 한국예술경영학회 회장을 맡고 있다. 한국문화정책개발원과 한국문화콘텐츠진흥원에서 근무한 바 있다. 주요 저서로는 〈창의적 문화사회와 문화정책〉〈문화예술교육사업과 파트너십〉 등이 있으며, 주요 연구분야는 문화정책, 예술경영, 콘텐츠산업, 문화예술교육정책 등이다.

**이상민**

가톨릭대학교와 동대학원에서 국어국문학전공으로 학위를 받았다. 현대소설과 스토리텔링에 대한 연구를 하고 있으며, 현재 가톨릭대학교 ELP학부대학 교수로 재직하고 있다. 저서로는 〈우리 시대의 레미제라블 읽기(공저)〉, 〈대중매체 스토리텔링 분석론〉 등이 있다.

### 임영숙

문화콘텐츠학 박사로 현재 국립아시아문화전당 예술극장 전문위원으로 재직 중이다. 정동극장과 유니버설발레단, 서울국제공연예술제에서 공연기획, 홍보, 마케팅, 극장경영 등 다양한 문화, 공연 분야에서 근무한 바 있다. 현장과 더불어 연구 분야에서는 가톨릭대학교 문화비즈니스연구소 연구실장, 한국예술경영학회 사무국장과 연구위원을 역임하였으며, 건국대학교, 가톨릭대학교 등 출강하였다.

### 조수아

가톨릭대학교 문화비즈니스연구소 연구원. (사)한국예술경영학회 기획간사이다. 가톨릭대학교에서 미디어공학과 문화콘텐츠학을 전공했다. 무형문화유산의 창조적 활용을 위한 정책적 접근을 연구하기 위해 서울대학교 행정대학원 정책학전공 석사과정에 재학 중이다. 무형문화유산 뿐만 아니라 문화기술(CT), 문화예술교육, 지역사회의 문화공간에도 관심이 있어 다양한 사례와 현장을 찾고 있다.

### 나보리

한국예술종합학교에서 미술이론을 공부하고 서울대학교에서 행정학을 전공하였다. 한미사진미술관, 서울사진축제, 한국문화관광연구원에서 일하며 문화정책에 대해 구체적으로 생각하기 시작했다. 문화기관의 자립과 시간을 다룬 시각예술에 관심을 갖고 있다. 현재 국립중앙극장에서 성과평가 업무를 담당하고 있다.

### 채경진

한국문화재정책연구원에서 선임연구원으로 재직 중이며, 한국문화예술위원회 정책평가부에서 근무한바 있다. 주요 관심분야는 문화예술정책, 문화유산정책, 정책평가이며, 현재 한양대 공공정책대학원 겸임교수, 한국예술경영학회 총무이사, 한국문화정책학회 기획위원, 서울

행정학회 섭외이사, 문화정책논총 편집위원으로 활동 중이다.

### 이선철

연세대학교 사회학과를 졸업하고, 영국 런던 시티대학교 문화정책대학원에서 예술행정과 예술경영을 전공하였다. 김덕수패사물놀이 기획실장과 문화벤처기업 (주)폴리미디어 대표이사 및 단국대학교 문화예술대학원 겸임교수와 용인대학교 문화콘텐츠학과 교수를 역임했다. 현재는 강원도 평창의 폐교활용 문화공간 〈감자꽃스튜디오〉를 운영하며 숙명여대 정책산업대학원 겸임교수로도 재직 중이다.

### 정영선

성심여대(현 가톨릭대학교)에서 중어중문학을, 가톨릭대학교 디지털미디어공학대학원에서 문화콘텐츠 전공으로 공학석사를 받았다. 스토리텔링 마케팅과 융복합 콘텐츠 전문기업 (주)브랜드스토리 기획이사이자, AR(증강현실)과 VR(가상현실) 콘텐츠 제작전문기업 (주)OVRO의 대표이사이기도 하다. 저서로는 스토리텔링 마케팅 실무서 〈나는 이야기장사꾼이다〉가 있으며, 현재 스토리텔링과 디지털 융복합 콘텐츠 시장을 개척하고 있다.

### 이춘아

서울여자대학교와 서울대학교 대학원에서 국민윤리교육전공으로 교육학석사학위를 받았다. 한국여성정책연구원, 한국문화복지협의회, 대전유성문화원에서 여성문화연구, 문화봉사자교육, 문화기획 업무 등을 담당하였으며, 현재 한밭문화마당 대표로 활동하고 있다.

### 정유용

전라남도 강진군에서 태어나 국립 목포대학교에서 국문학을 공부하고 한국방송통신대학에서 법학과 경영학을 공부하였으며 가톨릭 글로벌융합대학원에서 한류MBA를 공부하였다. TNS미디어코리아에서 TV시청률조사분석과 삼성에버랜드에서 고객관리 분석 업무를 담당한 바 있다. 현재는 대한무역투자진흥공사(KOTRA)에서 '장그래 교과서' 국가정보총괄 업무를 담당하고 있다.

### 이애란

꽃동네대학교에서 사회복지·복지심리를 전공했다. 2006년 문화예술교육단체인 〈어린이문화 사과〉에서 일하며 문화예술교육을 통한 삶의 자립과 연대의 삶을 대해 배우며 꿈을 키워왔다. 현재 〈문화학교 숲〉 대표로 지역에서 어린이, 청소년, 어른, 어르신 등 주민들과 함께하며 가르침과 배움을 주고받으며 살고 있다.

### 김병철

소포리 이장을 역임하였으며 현재 소포리전통민속 전수관장이다. 농어민 후계자, 문화유산해설사, 진도학회회원, 남도민속학회회원, 전남도지정진도북놀이 장성천류이수, 도지정 소포걸군농악이수, 연극인, 시나리오작가, 연극연출, 농촌종합개발 소포권역 추진위원장이다. 세상에서 가장 행복한 사람들이 사는 가장 행복한 마을을 꿈꾸며 소포리의 아름다운 전통 문화와 자연을 후대에 물려주기 위해 노력하는 꼴리는대로 사는 유기농업인이다.

### 정지수

1999년 태안문화원에서 근무를 시작한 뒤, 2000년부터 현재까지 사무국장으로 재직 중이다. 2014년부터 전국문화원사무국장협의회 수석부회장을 역임하고 있다. 이외에도 국립공원관리공단 태안해안사무소 공원관리협의회위원(2006~현재), 태안군기록물평가심의위원 (2011~현재), 태안도서과 운영위원 (2011~현재), 태안군소금명품화사업단 자문위원(2013~현재), 태안군립중앙도서관 운영위원 (2014~

현재) 등 지역의 문화발전을 위해 활발히 활동하고 있다.

### 송정은
미국 오하이오 주립대학교에서 문화정책 및 예술행정을 전공하였고, 2010년에 박사학위를 취득하였다. 2007년부터 오하이오 주립대학교 및 서경대, 중앙대, 경희대, 국민대 등에 출강하였으며, 2011년부터 현재까지 서울시립대학교 도시사회학과 사회과학연구지원사업(SSK) 글로컬문화와 지역발전 연구단의 연구교수로 재직 중이다.

### 박성식
동국대학교 사회학과를 졸업했고 가톨릭대학교 대학원 문화콘텐츠 전공 박사과정을 수료했다. 학산문화사, 서울국제만화애니메이션페스티벌과 부천국제만화축제의 디렉터로 활동한 바 있으며 한국문화콘텐츠진흥원에서 문화콘텐츠산업 진흥과 해외진출 정책을 관장하였다. SKT 웹툰 서비스 론칭, 어린이 실내 테마파크 공간 스토리텔링 등을 수행하였다. 상명대, 공주대, 중부대 등에 출강하였으며 현재 가톨릭대학교와 용인대학교에서 강의하고 있다.

### 김미소
2010년부터 2013년까지 울산월드뮤직페스티벌 & 아시아퍼시픽뮤직미팅 운영홍보팀 대리, MBC 문화콘서트 난장의 코디네이터로 활동했다. 현재는 소닉아일랜즈 엔터테인먼트의 대리로 한국음악의 전략적인 해외진출을 돕는 국제교류 관련 업무와, 음악 페스티벌 전문 기획운영 업무를 맡고 있으며 가톨릭대학교에서 '축제와 스토리텔링' 강의를 진행하고 있다.

### 이한진
연세대학교에서 사회학과 경영학 학사학위를, 커뮤니케이션대학원에

서 언론학 전공으로 석사학위를 받았다. NAVER 서비스기획실에서
오픈형 커뮤니티 기획 및 콘텐츠 서비스 운영업무를 담당하였다. 현
재는 eBay Korea(G마켓/옥션) 지방자치단체 제휴협력팀에서 지역 특
산물 및 관광축제를 온라인으로 홍보하고 판로 개척하는 상생협력 업
무에 전념하고 있다.

### 배은석

한국외국어대학교에서 문화콘텐츠학 박사 학위를 취득하였으며, 현
재 한국에코뮤지엄연구소장이다. 2001년부터 초전섬유·퀼트박물관
학예사, 2002년부터 떡박물관 개관에 참여하여 학예실장으로 재직해
왔고, 2012년 한국에코뮤지엄연구소를 개소하였다. 2010년 정부유공
학예사 문화체육관광부 장관 표창을 받은 바 있으며 한국외국어대학
교, 한국전통문화대학교에 출강하고 있다.

### 이지현

추계예술대학교 문화예술경영대학원에서 문화예술학 전공으로 박사
과정을 수료했다. 한국문화관광연구원에서 위촉연구원으로 농촌문화
정책사업인 문화이모작사업의 실무를 담당하였으며, ㈜기분좋은QX
에서 문화정책관련 연구 및 컨설팅 업무를 담당하였다. 현재 서울축
제평가위원과 종로문화재단 무지개다리사업 전담컨설턴트로서 활동
하고 있으며, 종로여성인력센터에서 문화기획인력양성과정의 강사를
역임하고 있다.

문화농촌·창조농촌